近代天皇制と古都

近代天皇制と古都

高木博志

岩波書店

序

古都とは、天皇がいなくなった旧都（もとのみやこ）である。[1]

明治維新から一八八九年の大日本帝国憲法の発布までに、近代天皇制の核心となる「万世一系」の「国体」（天皇をいただくにがら・国家体制）が定置され、それをうけて、奈良・京都の古都も、日本の「歴史」「伝統」「文化」を具現するものとして、近現代を通じて創りだされる。

その際、奈良は、ひとつには「神武創業」の「神話的古代」の場として、もうひとつには「日本文化」創生の起点として、ヨーロッパのギリシャ文明に比せられるものとして創りだされた。また京都は、一八九〇年代には「国風文化」として、中国や朝鮮にもない純粋な「日本文化」として表象され、一九一〇年代以降の「帝国」の時代には、今日につながる「日本国民の文化的素質」（内藤湖南「日本国民の文化的素質」『日本及日本人』第一八三・四号、一九二九年）の諸要素――歌舞伎・能・真宗・南蛮（欧州）文化につながる海外に開かれた安土・桃山文化のイメージ――が重層するものとなった（本書第四章）。

もっとも、「古都」という言葉で奈良や京都が自らを表象するのは、第二次世界大戦後であり、とくに一般化するのは「歴史的風土」が問題となる一九六六年の古都保存法（古都における歴史的風土の保存に関する特別措置法)以降のことである。

後発の国民国家として出発する日本は、明治維新以来、その「機軸」に、天皇制を政治的・文化的に据え、立憲制を目前とした伊藤博文は「我国に在て機軸とすべきは独り皇室あるのみ」(『伊藤博文伝』中、一八八八年二月十五日)と捉えた。したがって古都は天皇制の「故地」として、文化的に特別な意味をもった。

近代天皇制の研究史を振り返ると、一九八〇年代までは、講座派の寄生地主制や教育勅語を核とする天皇制イデオロギーの議論にみられるように、天皇制を「半封建」的で前近代から連続したものと捉える研究が支配的であった。しかしその後、明治維新史研究において、地租改正や秩禄処分など旧制度解体の徹底性のゆえに、明治維新を「ブルジョア革命」に近いイメージで「断絶」的に捉える実証研究が盛んになると、天皇制は「国民国家論」が示す「近代」のイメージと結果的に重なった。そして今日、政党政治期の天皇制や、象徴天皇制をめぐって、世界史のなかでの「君主制」一般の問題として捉える研究動向が出てきている。

それに対して、私自身は、京都御所のなかで「生き神」として、山城国を中心とする畿内の地域社会に限定されつつ宗教的・文化的機能を果たした天皇が、明治二年(一八六九)の東京「奠都《てんと》」により全国区へと飛躍し、かつ明治維新から大日本帝国憲法発布までの過程を通じて、「神武創業」の「万世一系」の系譜が創りだされた、その創りだされた側面を強調したい。一八八九年二月十一日に発布される大日本帝国憲法第一条では、「大日本帝国は万世一系の天皇之《これ》を統治す」、第三条には「天皇は神聖にして侵すへからす」とされ、第四条には、天皇が「国の元首」であることが明記される。ここに成立するのはヨーロッパの「君主制」一般に解消されない、「万世一系」の血統をイデオロギーとしてもつ、日本に固有な側面の強い近代天皇制としての統治体制である。その後、日清・日露戦争をへて、近代天皇制は社会に浸透するとともに、古都論も社会とつながり、展開してゆく。国家神道は、二十世紀には、祖先崇拝と天皇をいただく家族国家観を旨とする国民道徳となってゆく(磯前順一『近代日本の宗教言説とその系譜』岩波書店、二〇〇三年)。そして敗戦後の一九四六年正月元日の「人間宣言」のGHQ案に対して、裕仁天皇がクレームをつけ、最後まで守り抜いたのは、「神の裔《すえ》」として自らが位置づく神学であった[2]。すなわち近代天皇制には、始原のパワーを持つ天照大神の「天孫」として、新たに生まれいづる身体をもって自ら天皇として即位するという神学が存在した。間違いなく昭和天皇裕仁は、その神学を信じた[3]。かくして近代の一人ひとりの天皇は、百二十代をこえる「皇祖皇宗」の天皇たちを背負う器(いれもの)となったのである。

「天皇制」という用語は共産党の一九三二年テーゼで、「これらの階級(地主とブルジョアジー)の上層部ときわめて緊密な永続的ブロックを結び、かなりの柔軟性をもって両階級の利益を代表しながら、同時に自己の独自の、相対的に大きな役割と、えせ立憲的な形態でわずかにおおわれているだけのその絶対的性格とを保持」するものと規定される(歴史科学者協議会編『天皇制の歴史』上、校倉書房、一九八六年)。天皇制は、日本共産党が一九三〇年代に直面する政治課題(「打倒」すべき革命戦略上の対象)として登場する。その後今日までに、地主制や資本主義をめぐる研究の評価は変わったとしても、「国内の政治反動と封建制のあらゆる遺物との主柱である」(三二テーゼ)天皇制の核心として、「万世一系」の「国体」イデオロギーの「固有性」という問題の重大さが残ることは、間違いない。(4) 本書では、天皇の政治関与や政治過程だけでなく、文化・イデオロギー・社会をも含み込んだ広義の統治体制として天皇制を捉えたい。

日本の「天皇制」は一九三〇年代から四五年までの同時代における他の君主制と比すとき、世界史的に特殊である。第一次世界大戦後、ロシア・オーストリア・プロシアなどかつて日本が「模範国」とした国々の君主制が倒れ、その生き残りをかけたイギリスをはじめとする君主制一般の危機のなかで、それは明らかである。(5) ヨーロッパでは、政治・軍事から離れた社交君主・外交君主・文化君主を志向するが、それは日本の天皇制における天皇大権の強化、政治・軍事への結びつきの強化とは対照的であった(佐々木隆爾編『世界の君主制』青木書店、一九九〇年)。

戦後、「昭和」から「平成」への代替わりのなかで、明仁《あきひと》天皇は、「戦争責任」の議論から切りはなされ、また文化・社会事業・外交・社交といった、かつて第一次世界大戦後のヨーロッパの君主制が選び取った方向性を強めた。また皇室のソフトな家族イメージにおける女性の役割は大きく、GDP世界第二位(国内総生産、二〇〇二年)の物質的繁栄やグローバル化、メディア状況や環境問題など現実の課題に対応することで、現在の象徴天皇制への国民の支持率は八割に達している。今日、スキャンダルまみれのイギリス王室に典型的なように、ヨーロッパに模範国がない状況において、日本の天皇制は自らが先進国における王制のモデル、象徴天皇制の未来のありようを提示する必要性に直面している。そうしたなかでたとえば明仁天皇が一九八七年の即位前に、「あらまほしき皇室像」の実例として「平安以降」に言及し、京都の貴族社会を平和なイメージで語ったり(『朝日新聞』一九九九年十一月七日付)、二〇〇五年には京都御苑に外賓をもてなす迎賓館《げいひん》がつくられたように、象徴天皇制の文化として、古都の役割がますます重要視されている。

天皇制の装置としての古都の創出にかかわって重要な要素に、陵墓と御物があるだろう。「万世一系」の天皇制イデオロギーは、高度な先進資本主義国下の象徴天皇制へと衣替えした現在でも維持されている。これは言うまでもなく、非合理な神話であるが、非合理であるがゆえに、象徴天皇制の存続の一つのメカニズムとなっている。したがって、「万世一系」を視覚化し保証する陵墓は、「秘匿」された「聖域」であって、本来、国民に開かれた「文化財」としては扱われないし、三種の神器や聖徳太子「唐本御影《とうほんみえい》」は、戦前以来の「国民道徳」を体現する遺制として、昭和から平成への代替わりにおいても国有財産とはならず、レガリア中のレガリアとして、天皇家の私的財産として「御物」や御由緒物であり続けている。また天皇の就任儀礼である「秘儀」としての大嘗祭は、すべての天皇が天照大神《あまてらすおおみかみ》の孫(天孫《てんそん》)として生まれ変わる、天孫降臨神話を繰り返す。今日の女帝論議も、一八八九年の大日本帝国憲法・皇室典範成立による「男系・男子主義」、「万世一系」論理への抵触が最大の論点となる(奥平康弘『「萬世一系」の研究』岩波書店、二〇〇五年)。いわば「万世一系」の天皇制イデオロギーは、近代に新たに創りだされた一種の「身分制」としての天皇制を成り立たせる側面をもち、「天皇制」存続の核心である。(6)

そこで本書では、古都論の重要なテーマとして陵墓を、現代の天皇制とのかかわりにおいて論じたい(本書第二章、第五章)。記紀神話のなかの神代《じんだい》三陵や神武天皇からはじまる天皇陵は、一八八九年の大日本帝国憲法発布までに「万世一系」の皇統を保証するものとして確定された(高橋紘『象徴天皇』岩波新書、一九八七年)。天皇陵は、既述のように、国民に開かれた文化財ではない。したがって陵墓は、一九九二年に日本も加入した「世界の文化遺産及び自然遺産の保護に関する条約」における、国民・国境すらも越えた「普遍的価値」(その価値自体は欧米中心であり、相対化する視点を要するが)を有する「世界文化遺産」にはなりえない(本書第七章)。大仙陵《だいせん》(伝仁徳天皇陵)は、現状においては、国民に開かれたものとして文化財にも登録できないし、また「世界文化遺産」にもなりえない。江戸時代には花見の場であり、あるいは入会山として村人に開かれていた天皇陵が、明治維新を経て「国体」を体現する場となり、「秘匿」されるようになったドラスティックな変化のなかに、近代に天皇制が創造されたことの本質を見ることができる。二十一世紀に大仙陵が、史跡として世界文化遺産に登録されれば、日本の天皇制がまずは「君主制」への民主化の階梯を一つ昇ることになるだろう。

本書ではこうした問題意識から、近代に創りだされた「天皇制」の文化的顕現として、「古都」の創出を考えてゆきたい。

*

まず古都奈良や古都京都の、文化の創造ないし復興の歴史的過程について、あらかじめ素描しておきたい。

文久期に公武合体運動の中で本格的な治定・整備作業が始まった天皇陵は、一八八九年大日本帝国憲法発布直後に、すべて確定される。伊藤博文は、「万世一系」の皇統を有する帝国は、外交上の信用にかかわるゆえに、歴代山陵の所在を明らかにすべしと主張する。すべての天皇陵の確定により、神武天皇以来の歴史的「伝統」が、目に見える形で欧米列強に誇示できるという戦略である(『明治天皇紀』一八八九年六月三日条)。初代神武天皇畝傍山《うねびやま》東北陵から長慶天皇を含めて一二二代の明治天皇伏見桃山陵までのうち、奈良県には三〇基、京都府には六〇基の天皇陵が集中する。

畝傍山山麓(橿原市)における神武陵の創造は、「神武創業」という明治維新の理念、すなわち神話的古代を視覚化するものであった。文久三年(一八六三)、一万五〇六二両という破格の費用をかけて、田んぼの真ん中に、盛り土された円墳が突如つくりだされる。隣接して橿原《かしはら》神宮が立憲制の発足とともに創設される。神武陵・橿原神宮を含み込む畝傍山山麓は、一八九〇年代から「皇紀二千六百年」の一九四〇年まで、神苑として整備・拡張されてゆく(本書第一章)。そして近世には地域社会の民間信仰の対象であった「神武さん」は、明治天皇やヨーロッパの君主に擬せられる武人としての神武天皇像へと、転換してゆく。

一八八〇年代には、いったん廃仏毀釈で廃寺となり、僧侶が春日神社の神職となった興福寺が再興される。それは藤原氏の末裔である華族(近衛・九条・西園寺など)の権威づけのため、貴族院設立を射程においたものだった。東大寺の傾きかけた大仏殿も、明治から大正期にかけて補修されてゆく。

法隆寺も、一八七八年にその経済的疲弊を皇室への献納宝物(御物になる)によって乗り切り、一万円の下賜金をえる。大和三山《さんざん》を中心とした万葉の景観は、周辺諸村の入会地《いりあい》であった三山を皇室御料地へ編入することによって創り出されるし、月ヶ瀬や吉野山の景観も近代を通じて復興されてゆく。

京都では、明治二年(一八六九)の東京「奠都」以降、荒廃した京都御苑が、一八七七年(明治十)以降、整備されてゆく(本書第三章)。京都御苑という「伝統」空間において、即位・大嘗祭が施行されることになる。また賀茂祭や石清水放生会《いわしみずほうじょうえ》など平安時代以来の祭や、後七日御修法《ごしちにちのみしほ》といった仏教儀礼も再興される(高木博志『近代天皇制の文化史的研究』校倉書房、一九九七年)。

この時期にはフェノロサ(Fenollosa, Earnest Francisco)や岡倉天心により、古代以来の文化財・美術の調査、顕彰の作業がはじまった。とくに一八八八年からの全国臨時宝物調査は、はじめての体系的な全国調査である。仏像・絵画・工芸などの一点一点に、年代・作者・美の等級・ジャンルを確定してゆく。仏像は信仰の対象から美術の対象へと、その価値を転換する(木下直之『美術という見世物』平凡社、一九九三年)。そして流派・伝統の墨守ではなく、新たに創り出すことこそが美術であるとの原理論や、洋画に対する日本画概念の登場も、この頃である。こうした基礎作業を通じて、推古時代(飛鳥文化)・天智時代(白鳳文化)・天平時代・貞観時代・藤原時代(国風文化)・鎌倉時代などといった、時代区分を有する岡倉天心の「日本美術史」(一八九〇年)の叙述が可能となる。

古都論からいえば、「日本美術史」の成立により、古代・平安・鎌倉時代といった時間軸の流れと、奈良・京都・関東という空間的地平が、交差することになる。

日清・日露戦争という対外戦争を通じて、日本はアジアという他者、欧米という他者と向き合い、そのなかで「日本文化」を確定してゆく。国語や「武士道」概念が生みだされ、初詣、神前結婚式といった国民的神道儀礼が生成する。全国の城跡や小学校・師団に、戦勝紀念として、国花となった桜（ソメイヨシノ）が植えられてゆく（本書補論）。一八九七年の古社寺保存法では、国家が美をランクづける「国宝」概念を生みだし、パリ万国博覧会（一九〇〇年）という外からの視線のもと、はじめて活字となった日本美術史、『稿本日本帝国美術略史』が編集された。京都では、平安遷都千百年紀念祭（一八九五年）が祝われ、『平安通志』・平安神宮などを通じて、「優美」な幻想の平安文化がつくりだされてゆく。

日露戦後は、一人一人の国民を教化するとともに国民の自主性を地域のなかで引きだし、総力戦に対応する社会（村や町）をつくりだす時代である。国家のナショナリズムと地域のアイデンティティ（お国自慢）の形成が重層的に進行する。[7] 一九一五年に東京帝国大学教授黒板勝美《かつみ》は、たとえ史実でなくても、楠木正成親子の桜井の別れのように、国民を教化しうる伝説は、スイスのウィリアム・テルの伝説同様に顕彰に値すると断じる。南北朝正閏《せいじゅん》論争以後のこうした国民教化を主眼とする二十世紀の歴史学＝「国史」の登場は、全国に神武天皇の神話上の足跡をたどり碑を建てるという昭和期の神武天皇聖蹟《せいせき》調査、さらに今日の『新しい歴史教科書』（扶桑社）へとつながってゆく。

＊

文化史からいえば、二十世紀には、仏像・古社寺のみならず、奈良・京都自体も、「文化財化」の道を歩み始め、戦後になって「古都」という「文化財」として自己表象するにいたる。まさに今日、「古都京都」(一九九四年)、「古都奈良」(一九九八年)が、世界遺産として登録されている。近代における古代偏重指定により、二〇〇六年二月一日現在、全国の国宝(美術工芸品・建造物)一〇七一件のうち、京都府には二五五件(全国第一位)、奈良県には二〇七件(全国第三位)が集中する(文化庁「国宝・重要文化財都道府県別指定件数一覧」。第二位は明治期以降の美術工芸品の移動にもかかわり二三三件の東京都)。

『稿本日本帝国美術略史』(農商務省、一九〇一年)序文では、「吾人《ごじん》ハ既《すで》ニ斯《かく》世界ノ公園ニ棲息《せいそく》シ、又斯東洋ノ宝庫ニ衣食スル」と、九鬼隆一《りゅういち》は宣言する。大衆社会状況下で修学旅行が一般化するが、そのガイドブック、『修学旅行案内　近畿の史蹟と芸術』(三友社、一九三四年)では、従来の日本人が、ただ漫然と歩いていたことを否定し、「必ず地図や案内書類を忘れないといふ欧米の美風」を方法として称揚するとともに「たしかに奈良・京都の地は、法隆寺だけを観ても、貴い一大古美術館である」と論じる。こうした認識は、古都が「文化財」化してゆく流れのなかに位置づくであろう。

一九一一年十月十日に、奈良女子高等師範学校の修学旅行では、「人文上より観《み》たる京都」として(「明治四十四年　京都近江旅行録」奈良女子大学所蔵)、

> 平安京は人世を自然に融化せしめたり。(中略)されど今尚三府の一として、相当の繁栄を保ち得るは、千余年の間に作られたる、名所旧跡あるによる也。而も其名所旧跡は、杖ひく人々に、其上の歴史を語る。京都人口の大半は実にこの歴史によりて、生活す。余ハ「山水明媚《めいび》の地」によ

りて、作られたる美術を以て生活す。京都人は衣服庭園にいたるまで範を自然に取る。故に優美高尚なる点にいたりては、他に類を見ざるなり。其主なるものは、曰西陣織、曰粟田《あわた》焼、曰清水焼、曰絹織物、これなり。

と捉えるとともに、七条停車場、電線、疏水など「近時文明の利機《りき》」が、「この幽雅の地」を侵す、と論じる。ここにも女学生の目を通した「文化財化」する古都論をみることができる。

永井荷風に見いだされたばかりの二十代の谷崎潤一郎は、一九一二年に京都紀行の「朱雀《すざく》日記」を著し、「平安朝の生活に憧れる人々に取つて」、創り出された平安神宮を「絶好の企て」と賞賛し、幻想の「国風文化」にひたり、「何度も〲此処《ここ》を訪れて、じツと石甃《いしだたみ》に腰を据《す》ゑつゝ、遠い古へを偲《しの》ばうと思ふ」と記し、また二度宇治平等院に訪れ、「八百年の星霜を経て生存の力の稀薄になつた建物が、水面《みなも》に泛《うか》ぶ影と共に平安朝の幻の如く立ち現れて、暫《しばら》く虚空《こくう》に楼閣を描」くと、夢幻の境地にひたる[8]。

「文化財化」とともに、古代奈良に対して古都京都は、歴史的に光芒を見せた二つのピークの時代、「国風文化」と「安土桃山文化」とに、自らの表象を特化してゆく（本書第四章）。前者は一九三〇年代に源氏物語研究で「雅」な側面として強調され、後者は高度成長期の林屋辰三郎らによる「町衆」の市民文化として強調され、今日における二つの古都京都イメージの源泉となったのである。祭でいえば雅な葵祭と町衆の祇園祭とにそれぞれ対応するであろう（高木博志「明治維新と賀茂祭」大山喬平監修『上賀茂のもり・やしろ・まつり』思文閣出版、二〇〇六年）。一九五〇年代の国民的歴史学運動をうけて作家西口克己は、一九五六年に観光目的に創作された賀茂祭の「斎王代《さいおうだい》」・女人行列と比較して、祇園祭を位置づけている(西口克己『祇園祭』弘文堂、一九六六年)。ここに今日につながる二つの古都イメージが定置される。

「祇園会《え》といえば、内親王さまを斎王とされる賀茂の祭とはちがい、まさしく京町衆の祭のはず」、と。

(なお本書における年号の表記は、明治五年十二月三日を一八七三年正月元日とした太陽暦採用をもって画期とした。それ以前は元号を、それ以降は西暦を主体として用いる。また漢字は原則として常用漢字に、合字は通行の表記に、句読点は適宜補った。)

目次

第三部　陵墓と世界遺産

【図版一覧】

第一部扉　畝傍山東北ヨリ御陵之全景(洞部落から神武陵の俯瞰，奥野陣七発行，大阪玉鳴館製版，1901年)

図1　神武陵がつくられる前(幕末)の想像図(鈴木良「天皇制と部落差別」『部落』1968年2月号)

図2　橿原神宮創建時(1890＝明治23年ごろ)の地図(『明治前期地誌図集成』柏書房，1989年)

図3　1908(明治41)年特別大演習地図(『明治四十一年近畿地方特別大演習関係書類』古文書25-1，奈良県立図書情報館)

図4　神武天皇御神像(1881年)(『橿原神宮史』別巻，1982年)

図5　神武天皇討夷之図(1888年)(同書)

図6　内宮神苑図(奈良県行政文書『神苑会関係書類』)

図7　伊勢参詣曼荼羅(福山敏男監修『神社古図集 続編』臨川書店，1990年)

図8　畝傍神園設計略図(奈良県行政文書『神苑会関係書類』)

図9　畝傍山周辺現況(1999年)

図10　華原磬(興福寺蔵)

図11　日本美術及歴史参考館正面之図(『京都美術協会雑誌』84号，1899年)

図12　藤島武二「天平の面影」(1902年，石橋美術館蔵)

図13　安田靫彦「夢殿」(1912年，東京国立博物館蔵)

第二部扉　明治5年仙洞御所，公家町の築地塀(蜷川式胤『奈良の筋道』中央公論美術出版，2005年，67頁)

図14　烏丸通土塁門(武部敏夫他編『明治の日本』吉川弘文館，2000年)

図15　延宝度内裏他築地指図(延宝4＝1676年)(平井聖『中井家文書の研究』第3巻，中央公論美術出版，1978年)

図16　掌中雲上抜錦(慶応2＝1866年)

図17　名所手引京図鑑綱目(菊屋長兵衛刊，宝暦4 ＝ 1754年)

図18　正月の内裏空間(秋里籬島『拾遺都名所図会』天明7＝1787年)

図19　改正再刻京都区組分細図(橋本澄月編，風月庄左衛門刊，1883年)

図20　御影堂(『京童』明暦4＝1658年)

図21　『京都めくり』(享保3＝1718年)

図22　1893年シカゴ博覧会，鳳凰殿(東京国立博物館『海を渡った明治の美術』1997年)

第三部扉　「神功皇后と武内」の絵馬(茨木市太田，八阪神社蔵)

図23　太田茶臼山古墳，今城塚の航空写真(朝日新聞社提供．2003年1月31日)

図24　北摂の地図(同上)

図25　公園になったころの弘前城本丸(1890年代)(『弘前Ⅰ』津軽書房，1980年)

図26　春の弘前城本丸(1915年)(同書)

図27　西行桜(『拾遺都名所図会』天明7＝1787年)

第一部　古都奈良

「畝傍山東北ヨリ御陵之全景」(洞部落から神武陵の俯瞰)，本文4頁参照.

いわば日本古代史は、奈良盆地の歴史として描かれている。

——吉田栄治郎氏との会話で

第一章　近代における神話的古代の創造
――畝傍山・神武陵・橿原神宮、三位一体の神武「聖蹟」――

はじめに

幕末までは、大和国高市郡《たかいち》の田んぼの真ん中に、畝傍山《うねびやま》がぽつんとあった。それが文久三年（一八六三）に畝傍山北東の小字ミサンザイに突如盛り土がされ、円墳の神武天皇陵が築かれる（図１）。一八八〇年代には、皇室の財産として畝傍山（池尻村の神保幽山の民有地）が買い上げられ、植樹されてゆく。そして一八九〇年（明治二十三）には橿原神宮が立憲制の出発にあわせて創建される。畝傍山・神武天皇陵・橿原神宮の三位一体の畝傍山山麓は、近代を通じて、神武「聖蹟」の清浄な空間として整備されてゆく。古代の歴史時代を彩る、法隆寺・東大寺などの古社寺の美術・文化財と並んで、畝傍山とその山麓の神武聖蹟が、奈良県では最も重要な神話的古代の場であった。ここでは、この畝傍山とその周辺の景観全体が、神武天皇の「聖蹟」として創り出されてゆく過程を、幕末から、「紀元二千六百年」（一九四〇年）まで素描したい。図２でいえば、神武天皇陵と橿原神宮を結ぶ畝傍山東麓

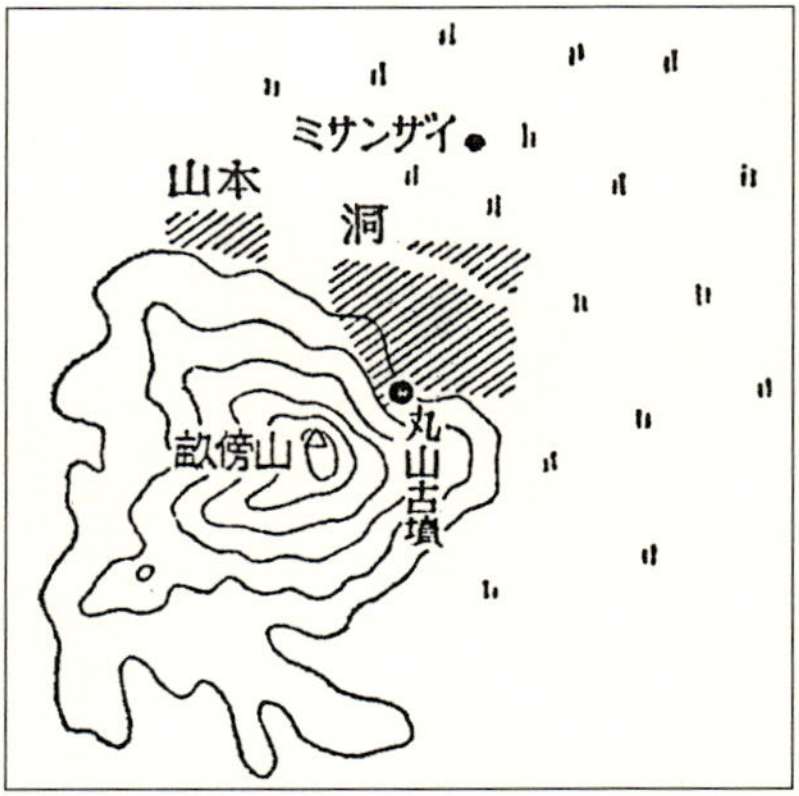

図1　神武陵がつくられる前(幕末)の想像図

において、まとまった集落としては、一般村である白《しら》橿《かし》(字《あざ》大久保)と畝傍、そして被差別部落である洞《ほら》が、一八九〇年から紀元二千六百年紀念事業(一九四〇年)にかけて移転させられることに注目したい。

こうした課題の前提には、鈴木良の一連の部落史の先行研究がある。鈴木は、文久期の神武陵の治定に際して、大和国高市郡において最有力地の丸山ではなくミサンザイに最終的に決定した理由として、丸山に隣接した洞部落への穢観があり、かつ洞部落を強制移転する時間的余裕がなかった事実を指摘する。(1) また一九一七年(大正六)に洞部落が畝傍山山腹から神武陵のさらに北東に強制移転させられた理由を、「神武陵拡張にともなって全部落が強制移転させられた」ためと結論づける。そして強制移転させられた証明として、『高市郡役所文書』の「白橿村大字《おおあざ》洞新部落敷地ニ関スル書類」(二・六－T－七－二)の一節、「神武御陵兆域《ちょういき》ヲ眼下ニ見ルノ地位ニアリテ恐懼《きょうく》ニ堪《た》ヘザルコト」を根拠とする(2)(第一部扉写真の視線)。

鈴木の研究では、近代天皇制の神話的核心である聖なる神武陵の創出・整備過程と、被差別部落である洞部落の強制移転が鮮やかなコントラストのもとに描かれる。

これに対し、私は明治三十年代の奈良県庁による橿原神宮の神苑構想を明らかにした。(3) 日本で最初

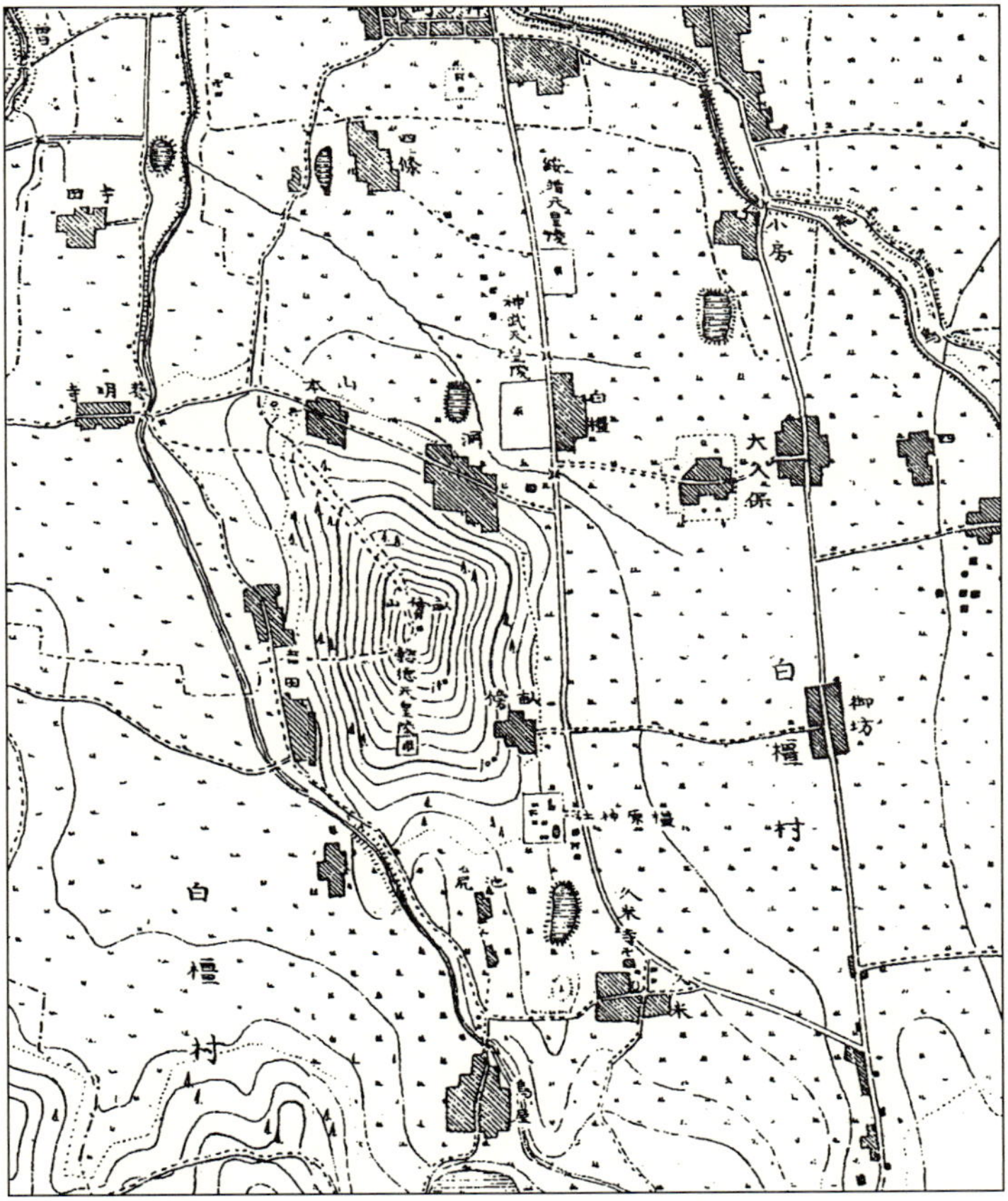

図2　橿原神宮創建時(1890＝明治23年ごろ)の地図

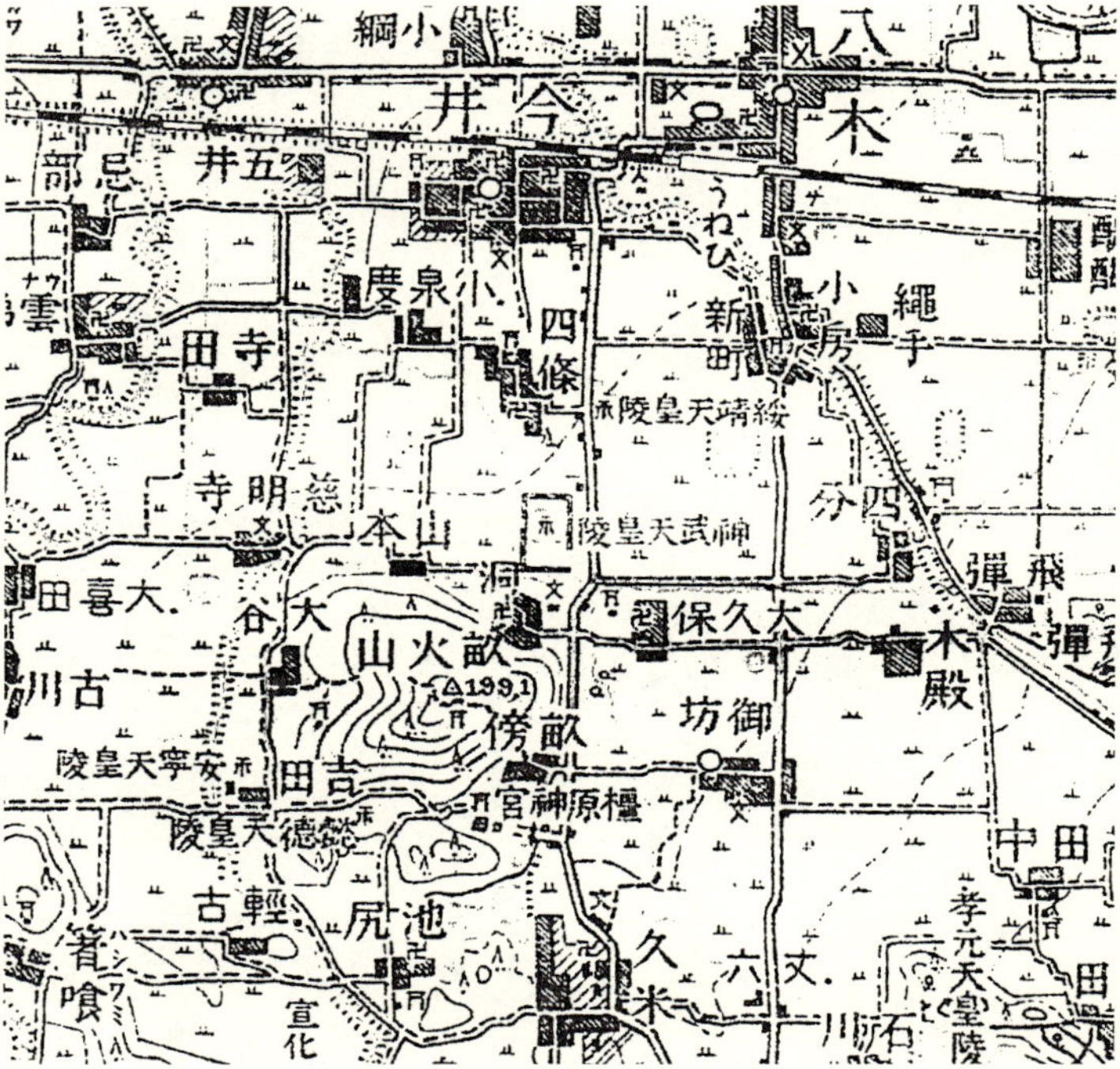

図３　1908（明治 41）年特別大演習地図

の神苑である伊勢神宮の神苑を模範として橿原神宮の神苑づくりがはじまり、そのなかで、洞部落のみならず畝傍・四条・山本などの周辺の一般村をも含む強制移転計画があったことを解明した。私の意図は、畝傍山とその山麓全体の清浄な景観づくりの解明であり、鈴木のように被差別部落の問題のみに特化できないのではないかという疑問があった。また一八八〇年代以降に、京都御苑、伊勢神宮・熱田神宮神苑、皇居とその周辺、そして畝傍山とその山麓といった天皇制にかかわる清浄なる空間・景観が整備されてゆくことが、全体として連鎖・連動しているのではないかという見通しがあった。

また竹末勤からは、やはり洞部落の移転問題の本質は、それが神武陵を見下ろす位置にあったことにあり、一八九八年(明治三十一)からはじまる、神武陵の兆域拡大と参道の整備が、大正期の移転の前提としてあった、という精緻な実証的批判がなされた(4)。しかし私が注目すべきだと思うのは、竹末が紹介した奈良文化財研究所所蔵の『奈良県行政文書』に現れる、神武陵の兆域拡大と参道の整備にともなって、一般村である大久保の民家が強制移転させられたという史実である(5)。神武陵の東南の兆域整備の必要から一八九〇年に字大久保の民家一戸が、一九〇一年には兆域拡大と参道の整備にともない字大久保の民家六戸の買収、移転がなされるのである。それらは図2でいえば、神武陵の東側に隣接する白橿(字大久保)の民家である。被差別部落である洞部落の移転に数十年先行し、すでに明治中期に一般村である字大久保の民家が強制移転させられている。そして一九一五年(大正四)には、橿原神宮の拡張にともない一般村の畝傍・久米・四条の一〇家の家屋が、さらに紀元二千六百年事業にともなって一九三〇年代には畝傍・久米の約五四〇戸の大集落が強制移転させられる。この間、もっとも大規模な移転の対象になったのは、図3における橿原神宮の北側にある字畝傍の集落である。こうした問題の分析は従来の部落史研究からはぬけ落ちていた。

その後、吉田栄治郎は、「畝傍山山麓全体」を問題にするとの私の議論を批判的に継承し、移転当時の洞村の平均収入が履物産業によって低くなかった点や、「移転に際しては田畑・宅地を実際の面積のほぼ二倍」に計算して、「積極的な交渉」を展開した点などを明らかにし、洞部落側から移転の要因を考察した。それは水平社設立の前提として、奈良県近代の被差別部落における一定の「豊かさ」イメージにつながる。そして洞部落移転問題に関わる史料を博捜し公開した上で、移転問題がすくなくとも一九一七年(大正六)一月、あるいはそれ以前にさかのぼる可能性や、元治元年(一八六四)に高市郡吉田村の安寧陵の「兆域内」九戸の移転した事例や、奈良県行政文書『洞移転一件書類』(県立同和問題関係史料センター所蔵)に含まれた、一九一二年の白橿村大字森川葆《しげる》の宮内大臣宛て建白などの新事実を明らかにした。[6]

さて奈良県行政文書の「大正十四年、橿原神宮ニ関スル一件」(一‐T一四‐一二九)のなかに、「帝国陸地測量部編製畝傍附近ノ図(二万分ノ一)写」(一九一〇年発行の地図に加筆したもの)がつづり込まれている。それによると畝傍山北東山麓は「畝傍山東北陵拡張区域」として青色で塗られ、畝傍山南東山麓は「橿原神宮拡張境内区域」として黄緑色で塗られている。つまり両者は、それぞれ神武陵拡張とその景観の問題、橿原神宮とその景観の問題として、展開してきたことになる。[7] 畝傍山山麓の神苑化は、宮内省を政策主体とする北東山麓と、橿原神宮を政策主体とする南東山麓の両者からはじまるが、土地の買収やそのための地域との交渉などの実務は、奈良県とその指示のもとで郡や町村が行なった。洞部落の移転においても、移転の交渉をした奈良県や高市郡関係者の「功労」が顕彰されている。[8] またすでに明治期から、山麓東側全体の「神苑化」が、奈良県や橿原神宮、民間で立案され、課題となっており、大正期以降、神武陵と橿原神宮をつなぐ陵道の問題や、両者のあいだの集落である字畝傍の移転問題が日程にのぼり、最終的には紀元二千六百年事業の中で、畝傍山麓の神武陵と橿原神宮の拡張事業は一つの神苑として完成してゆくことになる。

以上の研究史を踏まえて、畝傍山・神武陵・橿原神宮、三位一体の神武「聖蹟」形成というダイナミズムのもとに、神話的古代が近代にもつ意味に迫りたい。

第一節　神武陵と神武天皇像

文久年間にはじまる大和国高市郡の神武陵を頂点とする御陵修補《しゅうほ》事業は、大和国の地域社会が政治の焦点となる幕開けであった。

私も含めた従来の歴史学における見解、文久期に創り出された神武天皇陵という見解に対して、最近、考古学から反論がなされている。すなわち、壬申の乱の時に大海人《おおあま》皇子軍側の高市県主許梅《たけちのあがたぬしのこめ》が神武天皇陵に馬と種々の兵器をまつり勝利祈願をしたとする『日本書紀』(日本古典文学大系、岩波書店)天武元年(六七二)七月条の記述を、どう考えるかである。

高市郡の在地豪族許梅《こめ》が神懸りしていわく、

「吾は、高市社《たけちのやしろ》に居る、名は事代主神《ことしろぬしのかみ》なり。又、身狭《むさ》社に居る、名は生霊《いくみたま》神なり」といふ。乃《すなわ》ち顕《あらこと》して曰はく、「神日本磐余彦天皇《かむやまといわれびこのすめらみこと》の陵《みささぎ》〔神武陵〕に、馬及び種種《くさぐさ》の兵器を奉れ」といふ。

このあと事代主神や生霊神となった許梅は、天武天皇の前後に立って、野上の行宮(今の関が原)まで送り、軍隊を守護すると続ける。

もちろん、神話が言うように縄文時代後期の紀元前七世紀から「神武陵」があったわけではない。しかし少なくとも天武元年（六七二）の壬申の乱のときには、「神武陵」なるものがあったと考えるほうが自然であろう。

すなわち七世紀の律令制形成期に始祖神話としての神武神話が創出されて「神武陵」が築造され、千二百年のちの文久年間に再び神武神話が浮上し「神武陵」が築造されたのである。

七世紀に実在したとみられるこの神武陵について、七世紀後半の藤原京造成に際し、おしなべて墳丘が削られ整地作業がなされたなかで唯一残された塚山（現、綏靖《すいぜい》天皇陵）とする今尾文昭の見解や、畝傍山北東山麓のミサンザイ（現、神武天皇陵）を、中世の国源寺《こくげんじ》の伝承につなげる山田邦和らの研究がある。いずれも七世紀までの律令国家形成過程に、神武天皇を始祖とする記紀神話が創出され、始祖陵としての神武陵が築造されたというものだ[9]。

私もこうした見解を妥当とおもう。神武陵は歴史上、それぞれの政治的背景から二度築造されたと考えたい。古代律令制形成期の記紀神話を具現化する神武陵と、幕末・明治維新期の神武創業を体現する神武陵である。

神武天皇をめぐる畝傍山の「聖蹟」が近代に創り出される背景には、明治維新の理念である神武創業を視覚化し、その地に国民の崇敬を集め、参加・動員をはかろうとする意図があった。近世までの朝廷の始祖は、強いていえば平安京に遷都した桓武天皇であったり、さかのぼっては天智《てんじ》天皇であったし、また改革としては、王政復古の大号令をめぐる議論のように建武の中興が思い出されることもあった。

たとえば、一〇世紀の『延喜式』以降は、天智天皇を「始祖」視していたし、近世宮中の御黒戸《おくろど》から引き継がれた泉涌寺《せんにゅうじ》霊明殿の位牌は、「天智天皇とその子孫の光仁《こうにん》・桓武以後の天皇たちだけ」であったとされる[10]。王政復古後においても慶応四年（一八六八）一月の明治天皇元服奉告《げんぷくほうこく》使は、神武天皇陵に先立って、天智・光格・仁孝・孝明の四天皇陵に発遣されるし、同年八月の即位式にも伊勢神宮、神武・天智ならびに前帝三代の山陵に奉告使が発遣され、慶応四年段階においても天智陵が重視されている[11]。また後醍醐天皇についていえば、文久二年（一八六二）一一月に文久修陵の先駆けとして、神武陵より前にその陵が修補されている。陵が鳴動し、鳥居・瑞籬《みずがき》などが顚倒、破損したとして、孝明天皇が宇都宮藩家老・山陵奉行戸田忠至《ただゆき》に修理させたのである[12]。

十八世紀の本居宣長以来の国学や水戸学による記紀神話の発見は、閉じたサークルのなかでの思想であったのに対し、文久期には朝廷のヘゲモニーのもとで、神武創業の理念は神武天皇陵を核とした御陵修補の運動として政策化する[13]。

明治維新期の朝廷においては、武家の文化や大陸から来た仏教を否定し、古代を理想とする政治文化として、神武創業の理念が大きく花開く。それは皇祖皇宗や万世一系といった天皇にまつわる観念の成立と不可分であった。

文久二年（一八六二）十月十四日、戸田忠至などが中心となり、公武合体運動のなかで山陵修補が開始される。翌年の二月十七日には、高市郡ミサンザイ（神武田）が神武陵と決定される。元禄十年（一六九七）の修陵時には、神武陵は、四条塚山《つかやま》（現、綏靖《すいぜい》陵）に比定され周垣がめぐらされていた。[14] しかし幕末では、ミサンザイと丸山の両説にしぼられる。ここで興味深いのは、蒲生《がもう》君平《くんぺい》・本居宣長らが、古事記・日本書紀の訓詁学により最有力候補地とした畝傍山腹の丸山ではなく、畝傍山の北東のミサンザイに神武陵が決まった経緯である（図1）。

問題となるのは、すでに記したように、神武陵の候補地の丸山が、被差別部落である洞に隣接していたことである。鈴木良が採集した言い伝えによると、神武陵探索の勅使を迎えるのに、二〇〇余戸の部落を「ムシロ」で囲い、部落の上手に一夜づくりの新道をつくったという。[15] またミサンザイで、松や桜の木を伐った洞村の「穢多」が家内残らず死に絶えたとか、家畜は芝地の草を食べようとせず、また開墾しようとした洞村の「穢多、治平・藤兵衛・佐平治」の三人が死に絶えるといった「霊威之地」のたたりが伝えられる。[16] ここで、陵墓の祟りを受けるのは、「穢多」だけである点が注意を引く。

また陵墓の治定（決定）に発言力をもった国学者の谷森善臣《よしおみ》は、朝廷に提出した「神武天皇御陵考」[17]のなかで次のように記している。

然《しか》るに洞村之穢多治兵衛と申《もうす》者、威霊なる地之由《よし》虚言申者有之ニ付き、近年神武帝殯殿之跡抔《など》と
中立候《そうろう》儀も出来候得共《そうらえども》難心得《こころえがたき》儀ニ御座候

「洞村の穢多治兵衛」という者が、丸山を「威霊なる地」であると虚言したと、治定《ちてい》にもっとも影響力のあった谷森は非難しているのである。最有力地の丸山は、洞部落に隣接するがゆえに、排除さ

れたのである。

かくしてミサンザイ説を唱える谷森善臣と、津藩の国学者で丸山説をとる北浦定政の両者の意見が朝廷に提出され、勅裁でミサンザイに決定する。

神武天皇御陵之儀神武田之方ニ御治定被仰出《おおせいだされ》候事
尤《もっとも》丸山之方も麁《そ》末《まつ》ニ不相成様《あいならざるよう》被仰出《おおせいだされ》候事
右二月十七日夜御達

こうして二月十七日夜に、神武天皇陵は神武田（ミサンザイ）の方に治定されたが、丸山の方も麁末にならないようにと、天皇は達している。[18]

二月二十二日、徳大寺実則《さねつね》を神武天皇陵（ミサンザイ）に遣わして、山陵修造のことを奉告する。この土地は旗本の神保氏から献ぜられ、五月はじめより土木工事をおこして、津藩主藤堂高猷《たかゆき》は大和の長谷渓の石材を、郡山藩主柳沢保申《やすのぶ》は松材を献納し、文久三年（一八六三）十二月に竣功する。当時、ひとつの天皇陵の修陵費予算の平均が五五五両という見積もりのなかで、約三〇倍の一万五〇六二両一分二朱もかけて円墳が築造されたという。まさに神武天皇陵こそが、文久の御陵修補の中心であったのだ。修築された神武陵には鳥居や拝所が設置され神道的空間が生みだされる。[19] そして神武陵が造営されるとき、南側に隣接する洞村の一部が移転させられたという。葛下郡野口村西蓮寺住職竹園真証は、

爾《ここ》ニ三町〔約三二七メートル〕四方ノ内ニハ穢村ノ住家六七軒有テ取払ニナル、

評曰、是ハ御陵ノ地へ追々建出シタルモノト見ユ、其故《そのゆえ》ニヤ、コノ六七軒ノ穢人家内男女共各々五体不具、或ハ一眼又ハ無毛等ナリ、今各奇異トス

としている。[20]この住職の覚書は、他の史料では確認できないが、少なくとも神武陵に対して「穢〔多〕村」の隣接がふさわしくないとする観念が、生じていたことが確認できる。

しかし始祖を神武天皇とすることについては、いまだ朝廷全体の合意を得られたわけではなかった。慶応三年（一八六七）十二月の王政復古の大号令の内容を検討する議論のなかでは、中山忠能《ただやす》・三条実美・中御門経之《なかみかどつねゆき》らの公家は建武中興の制度を参考にすべきとの意見であった。一方、岩倉具視は、王政復古は玉松操《みさお》の意見に依った。

王政復古ハ務メテ度量ヲ宏クシ、規模ヲ大ニセンコトヲ要ス、故ニ官職制度ヲ建定センニハ、当《まさ》ニ神武帝ノ肇基ニ原《もと》ツキ寰宇《かんう》ノ統一ヲ図リ、万機ノ維新ニ従フヲ以テ規準ト為スヘシ[21]

この神武創業を理念とし、すべてにわたる維新を行なうべきとの玉松操の意見が入れられたのである。

こうして政治理念としても、慶応三年十二月の王政復古の沙汰書において「諸事神武創業之始ニ原《もとづ》キ」と宣言される。

明治四年（一八七一）九月の「服制改革の詔（尚武国体樹立の詔）」は、「天子親《みずか》ラ之ガ元帥ト為リ、衆庶以テ其風ヲ仰グ。神武創業、神功征韓ノ如キ、決《けっし》テ今日ノ風姿ニアラズ」とする。眉を剃りおしろいを塗った、軟弱で女性的な明治天皇は、一転して、元帥として、ひげをはやし洋服を着た軍人へ

と生まれ変わってゆく。東征する神武天皇のイメージの生成と、明治天皇がヨーロッパ的な軍人君主へと転換する過程は、パラレルである。(22)

時代は下がるが、図4の大和国十《と》市《いち》郡多《おお》社所蔵の神像をもとにした「神武天皇御神像」は、一八八一年(明治十四)一月に出版されたものである。これは神武天皇自らが製作したと説明されていた、近世の民間信仰を伝える徳にあふれた神像である。それに対し一八八八年(明治二十一)の「神武天皇討夷之図」(田村米造画、図5)は、金鵄《きんし》に導かれ長髄《ながすね》彦を討つ武人神武である。そしてこの時代の歴史画がそうであるように、その衣装、ひげといいヨーロッパ的で凛々しい。それは明治天皇の御真影の姿とも重なってくる。このように、社会のレベルでは若干遅れるが、一八八〇年代には、明治天皇と神武

図4　神武天皇御神像(1881年)

図5　神武天皇討夷之図(1888年)

天皇のイメージは武人として語られるようになる。

また奈良で古代文化を顕彰する契機となる一八七七年（明治十）の大和行幸においても、武人である神武天皇の陵墓への祈願がおこなわれるが、これは結果的には西南戦争への牽制と連関していた。『明治天皇紀』には二月十一日の紀元節祭典、および孝明天皇十年式年祭を主とするセレモニーが大和行幸の目的である旨が記される。それに対して奈良の郷土史家藤田祥光が一九三七年（昭和一二）に示した解釈は示唆に富む。

王政復古之御成功ヲ皇祖神武天皇御陵ニ御親告アラセ給ヒ、西南之叛徒《はんと》ヲ征討シ給フ[23]

すなわち大和行幸の目的は、明治維新＝王政復古の成功を神武天皇に報告することと、鹿児島「征討」勝利の祈願だというのである。これは、明治維新後に武人として立ち現れる神武天皇像と重なる形で、軍人明治天皇が反乱鎮撫への祈願を行なうとの解釈である。もっとも、土方久元が今井行在所《あんざいしょ》の明治天皇のもとに遣わされて、私学校の不穏な情勢が伝えられ、「事変の西南に発」しても、すぐの東京への還幸はないと決定されるのは、紀元節祭典の前日、二月十日のことであった[24]。ともかく、西郷隆盛挙兵（二月十四日）前夜の緊張のなかで、武人である神武天皇の陵墓での親祭がなされたのである。

ところで明治初年の神仏分離、神道国教化政策のなかで、陵墓をめぐる観念は一八〇度転換する。慶応四年（一八六八）閏四月七日の山陵御穢《おんけがれ》の審議をもって、神武天皇陵をはじめとする天皇陵は、仏教の死穢の場ではなく、死後の天皇の霊が宿る幽宮《ゆうきゅう》＝「聖」なる場として、国家によって意味づけられてゆくのである。あらたに幕末に造成された神武陵に仏教的な死穢観があったとは考えにくいが、近世泉涌寺の改革、歴代の陵墓群全体の権威づけと新たな価値の付与は、その頂点としての神武陵の権威を高めることになったのであろう。

神武天皇陵をめぐっては、明治三年（一八七〇）二月十一日に神武天皇祭が親祭となり、神祇官から勅使が発遣されるし、一八七六年三月二十八日には神武天皇陵祭に儀仗《ぎじょう》兵として歩兵一中隊が付与される。

明治十年代の神武陵の整備を、宮内庁書陵部陵墓課所蔵史料『陵墓沿革伝説調書』であとづけると次のようになる。[25] 一八七七年には勅使館および勤番所がはじめて建設され、一八八〇年には玉垣の改造、一八八四年十月には、「兆域・標杭」が建設される。興味深いのは、一八八五年五月の「御拝所前広場全部砂利敷トス（二四八円五三銭二厘）」との記述である。陵墓や神社の参道に砂利が敷きつめられる近代の景観の早い時期のものであろう。植樹も、一八八五年四月には二尺五寸から三尺五寸まで（約七六―一〇六センチメートル）の黒松二〇〇本・檜《ひのき》一五〇本が、三〇円かけて植え付けられる。さらに、一八八六年三月十四日、墳丘（御山内）に四三円かけて松樹が植えられる。

やはり神武陵の整備においては、一八七八年三月二十八日、陵墓が宮内省のみの管轄となるのが画期であろう。以後、近世の入会山や民有地であったあり方とは違い、しだいに社会から隔絶した場としての道筋をたどる。

しかしながら明治初期の神武陵は、橿原神宮が創建された一八九〇年代以降とはあり方が違っていた。たとえば一八七九年(明治十二)四月三日の神武天皇祭では、大和国有志が、神武天皇陵前において、春日神社の私祭に準じるかたちで競馬《けいば》を執行した。(26)

奉願候《ねがいたてまつりそうろう》

大和国四大区二小区高市郡大久保村

竹中久次郎始

外三拾四名

神武天皇御祭典四月三日ニ候処《そうろうところ》、近傍ノ者ト雖《いえども》本日群集不仕候《つかまつらずそうろう》ニ付、御陵前ニ於競馬執行仕候ハ、万民遠歩之苦ヲ不厭《いとわ》ス参拝群参仕候、左候得《さそうらえ》ハ敬神ノ一廉トモ可連《つらなるべき》儀ト愚考シ依テ近村近区ノ数名之有志協議之上、当国春日神社私祭之列ニ倣《なら》ヒ、本日翌日右両日十二時ヨリ五時迄《まで》御陵道路百五十間斗《ばか》リ御拝借ノ上奉納仕度《つかまつりたく》、就《つい》テハ雨天日送リ、且《かつ》他エ勧財ケ間敷《ましき》義ハ勿論奉幣之差間無之様可仕《これなきようつかまつるべく》、依テ費額積書相添え有志総代ヲ以《もつて》上願候間《あいだ》御許可被成下度《なしくだされたく》奉懇《こんがんたてまつり》願候

以上

神武天皇陵の前で競馬を執行すれば、「万民遠歩之苦ヲ不厭ス参拝群参」するので、敬神という人民の望みを達することができるとの趣旨である。

翌年の祭典には競馬だけでなく、京都伏見連によって昼夜の花火が奉納される。(27)

今井の御陵へハ、毎年勅使参向《さんこう》せられ、昨年も競馬の奉納もあり賑はしき御祭典なりしが、今年ハ有名なる山城伏見連より三日四日両日昼夜とも煙花の奉納を為すとて、此節同社連ハ日夜拵《こしら》へ

> 居る由、そのころにハ桜花もそろ〳〵綻《ほこ》ろびかけ、蝶舞ひ、鶯歌ふ好時節なれバ、芳野、初瀬をかけて出かける人も多かるべし

煙花《えんか》とは煙火(花火)のことである。競馬や花火の奉納を観桜の物見遊山とかねて出かける雰囲気が良く伝わる。

この年、一八八〇年(明治十三)六月七日、宮内卿徳大寺実則《さねつね》は、「神武天皇御陵東御門之儀、自今日々開扉可致《いたすべく》、尤人民参拝之者ハ別紙絵図面朱線内へ出入為致《いたさせ》不苦《くるしからず》候」と通達している。(28) 一八八〇年度より、神武天皇陵の南側の外柵と内柵の間に、参拝の人びとが入れるようにとの通達である。東門の開扉後、神武陵への参拝の人波は絶えず、「人民共不注意ヨリ往々中堤へ昇リ踏荒シ候《そうろう》モノモ有《これ》之《あり》」といった状態なので、陵掌が椅子をおいて取り締まっていた。さらに、一八八二年六月二〇日には番所の建設申請が大阪府よりなされ、翌月には許可されている。(29)

のちに畝傍教会の活動をする字畝傍の奥野陣七は、『皇祖神武天皇御記』(橿原神宮講員取扱所、一八九五年)のなかで、この間の神武陵参拝の経緯を以下のように伝える。

> 明治十三年春二月に至り、従前の木柵を除き周囲四百三十八間石柵新築着手、同年冬十一月成功す、已に維新後御陵参拝の有志は日に月に増加し、殊に例年四月三日勅使参向、午前第九時祭典執行、同十一時後諸民御門内へ参拝を許し給ふ外、平日は表御門前より拝《おがみ》たる所、明治十五年四月十有五日より日々表御門開扉、御陵中門迄《まで》庶民参拝を許させ給〔ふ〕

といった具合である。畝傍の在地の側からの記録である。

羽中田岳夫は、地域の信仰の対象として陵墓に神社が建てられている事例をいくつかあげ、近世のありようを示す(30)。橿原神宮が建てられる以前の、一八八〇年代の神武陵にはそのような信仰の対象としての山陵という属性が持続していたのではないか。

また一八八三年四月三日の神武天皇祭では、神武陵前の畝傍教会所で入社式が行なわれるが、排耶論を多く掲載する神道家の雑誌である『朝陽新報』(第二二九号、一八八三年四月一六日)は、いきいきとその模様を伝える。

其の景状ハ前日より大和を始め大阪、河内、阿波、近江等の国々より千里を遠しとせすして、此の式に預《あず》からんと、或《あるい》ハ旭日章旗《きょくじつしょうき》を掲け、或ハ神酒樽を牛車に挽かしめ抔《など》して参集するもの数十隊、早朝より教堂の内外に充満し雑踏一方ならす、午前十一時より祭典並に入社式、八乙女舞、説教等ありて実に盛大なりき

一八八〇年代の神武天皇陵は、神聖な天皇陵であると同時に参拝の場、祭典の場でもあり、民衆にとっては物見遊山の場でもあった。そして後者の機能は、一八九〇年代には、新たに設置される橿原神宮に吸収されてゆく。それはちょうど、京都御苑が、明治十年代なかばまで、博覧会や禽獣《きんじゅう》園などのイベント会場であったのと似ている。

死の直前の岩倉具視が一八八三年五月二十五日に桂御所で京都府知事北垣国道《くにみち》らに示した「綱領」では、京都御苑内に「桓武帝ヲ奉祀シ平安神宮ト奉称《しょうしたてまつ》」る社殿の建設が示されている(31)。そこでは平安遷都の十月二十二日を祭日とし、「府下人民ノ情願《じょうがん》ニ任セ能楽、相撲、花火、競馬等」の奉納を許

可するという。かつて江戸時代の節分の日に天皇に賽銭をしたり、あるいは御千度参りした民衆の記憶をすくいとるように、京都御苑への参拝は民衆の意識をつかんだものであろう。[32] 神武陵も京都御苑も、明治十年代半ばまで参拝の対象であったのだ。

岩倉具視の死後、一八八三年の宮内省京都支庁の設置以後に京都御苑はだんだんと囲い込まれた聖域となってゆく。群集が集う場としては、遷都千百年（一八九五年）の内国博覧会、平安神宮の創建を契機に、鴨川の東地域がその役割を担ってゆくのと、この神武陵の場の変化とは構造的に連動している（本書第四章）。

第二節　畝傍山神苑の形成

1　畝傍山

近世には芝や肥料を取ったり、自由に出入りすることができる場であった民有地、ないしは入会山であった畝傍・耳成《みみなし》・天香久山《あまのかぐ》の大和三山は、一八九一年の皇室御料地化によって、囲い込まれ植樹され、古代万葉の景観が創り出される。

一八七八年（明治十一）六月、堺県は政府に対し大和三山を名勝地として上申している。一八八〇年五月二十日に内務卿松方正義から太政大臣三条実美にあてた「大和国畝火山外二山之儀ニ付伺」では、

堺県下大和国高市郡畝火山、天ノ香久山、耳無山ハ大和三山ト唱、国初帝都之地ニシテ神武、

綏靖以来御歴代之陵地三山之辺傍ニ現存シ大和第一之勝景ニ有之《これある》趣ニ候処《そうろうところ》、該三山ハ総テ民有地ニ有之候得者《そうらえば》、追々樹木伐採漸次開拓等致シ候ニ付テハ上古ノ風致ヲ損傷シ遺憾之趣ヲ以、該三山立木トモ買上之儀堺県ヨリ伺《うかがい》出候ニ付、為取調《とりしらべさせ》候処、該三山之儀ハ歴代皇帝之陵地現存候ノミナラス、旧跡名区之部内ニモ列《つらな》リ居、全国中ニ於テ有名之土地ニ有之候[33]

とし、官有地への編入を上申した。

一八八一年度に堺県が作成した「大和三山取調一件」では、この内務省の伺いを受けて、大和三山の土地・樹木を買い、そこに植樹して「古景に復」す必要を説いている。買い上げの中心にあったのは、神武創業の地である畝傍山であり、この山は池尻村の元旗本神保幽山の所有であった。その権利関係を奈良県は細かに絵図に落とし、政府が買い上げてゆく[34]。

一八九〇年十二月八日には、畝傍山が皇宮地付属地として官有地第一種に編入されるのを受けて、畝傍山口神社祠官の大谷景次《かげつぐ》は、伐採林の窃盗を厳重に防ぐ監護人に任命されている[35]。そして一八九一年五月に政府より畝傍山は名勝地の認可がおりるが、この「名勝地」という指定は、奈良公園と並んで最も早い時期の指定となった。一八九一年には、畝傍山は帝国憲法下の皇室財産として組み込まれてゆく。

さて畝傍山の植生については、『帝室林野局五十年史』（一九三九年）によると、昭和戦前期においてアカマツの天然林におおわれている。そして一九一六年（大正五）以降、木がまばらな所や、畝傍山北東部の洞部落の地域には、クロマツ・ヒノキ・カシなどを植えて「山の森厳維持」という風致の問題を第一義にすえる。

この問題は、大正期以降に現れる、神苑の植生をいかにすべきか、あるいは明治神宮外苑の構想いかんをめぐる議論とかかわって、ドイツ留学経験を有する本多《ほんだ》静六《せいろく》や上原敬二らによる近代造園学の生成と不可分であろう(36)。

はやくは本多静六が、一九一二年に、社寺風致林は「社寺の後方と両脇は、一面に木を植ゑて幽翠荘厳神聖にして所謂神々《こうごう》しき状態」を理想とし、スギ・ヒノキ・カシ・アカマツ・クロマツ等を適当とする(37)。本多と同じく明治神宮外苑の造園に携わり、東京帝国大学で本多の弟子になる上原敬二は、神社は「郷党《きょうとう》を愛し国を愛する思想を培《つちか》ふ源泉」とし、橿原神宮は、熱田神宮・出雲大社・吉野神宮などとともに、歴史的参考として「なつかしみ」を覚える場であると述べていた(38)。

皇室財産である畝傍山をめぐっては、一八九三年十二月十四日に、白橿村大字畝傍・吉田・山本・洞・真菅村大字大谷・慈明寺の六カ村から奈良県知事小牧昌業に宛てて、「御料地畝傍山落柴御下附願」が出される。この願い出は、近世において畝傍山に接続する耕田では日陰になり、土砂が流出し、鳥獣の害があるなどのため、代償として領主である神保幽山から「山林ノ落柴」を貰い受けてきたとする。一八八七年度の御料地編入後も、「地押調査、山林境界取調」などで周辺諸村への負担もあるので、山林落柴の下付の存続を訴えている(39)。また同じ時期と思われるが、同じ六カ村から、「柴薪等乏シキ地方」で購入が困難なため、「畝火山名勝地樹木抜伐御払下願」がだされている(40)。近世の入会山としての畝傍山の機能と、近代の国家による囲い込みとの齟齬がうかがえる。

さらに畝傍山山上にあり、住吉大神、神功皇后《じんぐう》、豊受大神《とようけのおおかみ》をまつる畝傍山口神社でも、畝傍山の景観保存が構想される。近世以来、畝傍山口神社は、「妊娠婦女ノ安産起請」を求める信仰の対象であったし、摂津国住吉神社の祈年祭・新嘗祭では、畝傍山口神社の埴土が採集されて祭儀に供せられていた。同社は、奈良県にあてて、一九〇三年から畝火山住吉講社の認可を求めている。

一九〇七年(明治四十)三月十八日の畝傍山口神社宮司大谷数栄《かずえ》の「上伸書(ママ)」では、

抑《そもそ》モ本社ハ神武天皇定鼎ノ聖域タル畝火山頂松樹蔚葱ノ中ニ在リテ、北ニハ畝火東北御陵南ニハ官幣大社橿原神宮ヲ始メトシ創業十世間ノ皇陵此ノ四囲ニ在リ、祖国歴史ノ精華、山河霊秀ノ気鍾《あつ》マリテ此土ニ在リト謂フベキナリ、是ヲ以テ本社ノ維持保存ハ特ニ留意慎重ヲ加ヘ社殿ヲ修繕シ境内ヲ清浄ニシ以テ本社ノ荘厳ヲ保タサルベカラザルノミナラズ、延《ひ》ヒテ聖域ノ風致ヲ優美ニシ、其大観ヲ補ハサル可ラザル儀ト存《ぞんじ》候、而シテ之ヲ為スニハ、一般神社維持法ノ如キ経費ニテハ及ブベキ儀ニアラズ、若シ此儘《まま》ニテ遷移年ヲ過サハ社宇頽廃シ境内荒蕪《こうぶ》ニ帰シ、由リテ以テ畝火山聖域ノ風致ヲ損スルニ至ルヤ、必然ナリトス、

と論じる。(41) ここでは、畝傍山口神社を有する畝傍山が、山麓に神武陵、橿原神宮を擁する聖域であり、「風致」の維持が肝要であるとされ、一八九〇年には畝傍山御料地に組み込まれた境内の枯損木下草などの払い下げ代金の下付を求めている。明治維新後、財政的に疲弊した多くの社寺は、一八九〇年代以降になると、信者組織の再編と財政改善をめざし、講組織をつくってゆくが、畝傍山口神社の畝火山住吉講社もそうした一環であろう。(42) そこに社の意義づけとして、景観論が付加されるのである。

2　橿原神宮の創建と宗教講社

橿原神宮の宮址の顕彰を押し進めたのは、高取町上子島出身で初代橿原神宮宮司となる西内成郷《にしうちなりさと》と、畝傍橿原教会を主催する奥野陣七である。奈良県会議員西内が、一八八八年二月に畝傍村の字タカハタケの地を橿原宮阯にあてるべきだと建言したことが始まりである。宮内省はこの地を買収して橿原御料地とし、一八九〇年三月には、神武天皇および媛蹈韛五十鈴媛命《ひめたたらいすずひめのみこと》を祭神とする官幣大社橿原神宮を創建、京都御所の内侍所《ないしどころ》と神嘉殿の建物を神殿として移築する。

一八九一年十二月八日には西内成郷よりガス燈三対（六基）献納される。「官幣大社橿原神宮之図」（一八九五年、橿原神宮社務所発行）に描かれる洋装の参拝者・人力車をみても、橿原神宮がハイカラな空間であったことがわかる。[43] それはまた、同時期の京都御苑の石油燈・博覧会や、靖国神社の和洋折衷の灯明台やサーカスや洋装貴婦人といったハイカラな空間とも重なるものであった。[44]

なお社殿、境内の整備、神饌所・宝庫・社務所などに総工費三万四千余円がかかったが、下賜金一万円、国庫交付金一万円のほか、民間の献金一万六八〇〇余円が充てられた。献金は全国的に集められたが、特に奈良県では、県を上げて村ぐるみの献金活動がおこなわれた。[45] たとえば一八九三年（明治二十六）五月一日、葛下《かつげ》郡上牧《かんまき》村村長牧浦小重郎は、奈良県知事小牧昌業《まさなり》に宛てて、寄附金額二円三〇銭で褒状を与えられた者から、三銭の者まで、計一六一人、総額五八円六〇銭四厘の上牧村の寄付者リストを提出している。なお創立当初、橿原神宮の建築は私立の建築委員が担ったが、一八九四年(明治二十七)二月より奈良県社寺係第三課へ引き継がれた(46)。

ここで橿原神宮創建前後の時期の講社の活動をたどろう。明治十年代にはすでに橿原神宮創建に向けての動きがはじまり、宗教講社としての畝傍教会所の活動も盛んだった。

まず橿原神宮所蔵の文書で、神武天皇を崇敬する宗教講社の明治初年からの動きを見る。一八七四年一月に、河内古市郡軽墓《かるはか》村浅野源作が同村有志二六名と敬神会を組織し、四月三日の神武天皇祭の当日に輪番で神武天皇陵に詣でたという(47)。

一八八一年一月には前述のように、神武天皇拝所殿造営の計画がおこった。総裁大伴建蔵、世話方の中西儀平・萩村脩三によって神武天皇陵南面五千坪余に拝所殿と、神楽所・神饌所・教会所・同屋形・神馬屋や東南西方に大鳥居を造営しようとする運動であった(48)。先に紹介した奥野陣七の著作や『公文録』の記録によると、この計画はプランのみに終わったようである。

継続的な講社は、一八八二年十一月に新海梅麿等によって設立された畝傍教会で、皇道の振起をはかり、畝傍山麓に皇祖天神(天御中主《あまのみなかぬし》神・高皇産霊《たかみむすひ》神・神産霊《かみむすひ》神・伊弉諾尊《いざなぎのみこと》・伊弉冉尊《いざなみのみこと》・天照大神)と神武天皇とを祀る主神神殿建設を計画する、もう一つの神宮創建運動であった。橿原神宮が創建されると、畝傍教会は奈良県の許可を得て、一八九一年四月二日の御鎮座記念祭の巫女神楽の奉納以降、神楽または倭舞の奉納を恒例とするようになる。この畝傍教会活動は一九〇三年三月まで継続した(49)。

一八八九年十月十六日には、神武天皇の神霊を「奉崇」する畝傍橿原教会本院が地方庁より認可され、神武天皇陵門前に仮事務所が置かれる。畝傍橿原教会本院は、旧宮津藩主本荘宗武《むねたけ》を教長とし、副教長に少教正の川本正胤がなり、白橿村の地域で推進するのは監査主務を勤める権大講義の奥野陣七であった。畝傍橿原教会本院の「畝傍橿原教会々則」では、

> 神武天皇畝傍山東北御陵門前ヨリ畝傍山東南橿原御宮址ニ鎮坐ス橿原神宮表通リエハ直径八丁南ニ当レリ、則《すなわ》チ畝傍山麓ノ民地ニ拾町歩余ヲ本会々員ヨリ領収スル会費及ビ共有地有志集金ヲ以テ買求メ畝傍公園ト称スル花園ヲ設ケ該公園内エ御歴代天皇御陵真景ニ依リタル遥拝所ヲ築設〔する〕

とし、神武陵と橿原神宮をつなぐ「畝傍公園」の構想を示した(50)。

畝傍橿原教会は、一九〇三年三月の解散まで活動する(51)。この間、十数年にわたり、崇敬の社をめざす西内成郷と、橿原神宮の門前で畝傍橿原教会を主催する奥野陣七の活動が併存するが、「橿原神宮史原稿(52)」によると、「〔奥野陣七は〕その性稍々矯激に流れ、公私の別を弁へず、三十四年〔一九〇一〕頃には神宮との間に軋轢《あつれき》を生」じたという。また畝傍橿原教会の神符授与や神苑会開設の活動に対して、創建された橿原神宮サイドは牽制している(53)。一九〇三年(明治三十六)一月九日、西内成郷より畝傍橿原教会の取消申請がなされ、同年十二月十九日には、東京府により畝傍橿原(皇祖)教会は「設立許可取消」となる(54)。そして一九〇五年(明治三十八)十二月十二日、西内成郷は「全国に亘《わた》る講社を創設し、神宮社殿の増修、境内地の拡張を目的とする強固な崇敬団体を組織せん」とし、橿原神宮自前の敬神会を組織する(55)。二十世紀にははっきりと、橿原神宮は民間の宗教講社とは切れて、今日につながる「崇敬社」への道を歩みはじめることとなる(この点、西野敬一氏のご教示が大きい)。

さて畝傍橿原教会は、教育勅語を綱領とし、太祖教会とも称し、その会員を報酬会員と呼んだ。また「橿原神宮史原稿」には、「四月二日御鎮座記念祭には競馬及び煙火を奉納して神賑《しんしん》行事として居る。また(明治)二十六年五月には、神苑会を組織して、神宮境域の整備拡張を図り、参籠所を始め、皇学館徴古館等を設立し、更に神楽殿の献納をも企てたものであった。是より先、廿五年末に、神苑創設と称して、地方にて金員を徴募するものもあったから、此の運動は早くから始められたものらしい」とある。実は畝傍山山麓の橿原神宮・神武陵を一体とする神苑計画は、当初、奥野陣七の畝傍橿原教会によってまず立案され、続いて一八九六年(明治二十九)の今井町の石原治吉ほかによる畝傍神苑会などの建言もだされ、奈良県庁の神苑会開設構想につながってゆくことになる。

まず奥野陣七は、一八九三年(明治二十六)五月十一日に、「橿原神宮神苑会創立之主意」と「橿原神宮神苑会規約」とを草する。「橿原神宮神苑会創立之主意」のなかで、一八九〇年四月二日に、橿原神宮の創建の後に、「現在境外(則チ畝傍山ノ東南及ヒ東北ノ地)ニ遺憾ニ堪エ難キ勝地田畑宅地又ハ山林等弐拾町余歩アリ、是ヲ漸次買入ル方法ヲ設ケ完全ナル神都ニ復シ、以テ皇祖創業ノ太勲ニ奉酬セシメン」として尊皇報酬会を設置し三万余名の賛同を得たが、今回、橿原神宮神苑会と改称したとする。「橿原神宮神苑会規約」では、「現在境外ニ神苑会本部及ヒ参籠所ヲ建営シ該村内ニ追テ儀式館・舞楽館・皇学館・農学館・畝傍徴古館等ヲ設ケ、且《かつ》神都ヲ清潔美麗ニ」することをめざす。(56)「境外(則チ畝傍山ノ東南及ヒ東北ノ地)ニ遺憾ニ堪エ難キ勝地田畑宅地又ハ山林等弐拾町余歩」の中に洞部落が含まれていることは明かである。

続いて、一八九六年(明治二十九)九月一日、今井町の石原治吉ほか二八名による畝火神苑会の創立の動きについて、発起人は奈良県庁の認可をとったというが、橿原神宮サイドはとり合わない。一八九六年の石原らの建言である「畝傍神苑開設理由」には、

恐クモ皇陵ノ石柵ニ接近シ糞田アリ猥陋《わいろう》ノ家屋アリ甚シキハ其家屋ノ二階ヨリ石柵ヲ見越シテ、皇陵ノ御墳ヲ眼下ニ臨ミ降スモノアリ事態実《まこと》ニ忍ブ可カラズ、此レ神苑開設ノ必用闕《か》ク可カラザルモノナリト雖ドモ、抑《そもそも》神霊ヲ崇敬スルノ礼ニ至テハ、唯必用便利ニ供スルヲ以テ足レリトスベキモノニアラズ、必《かならず》荘厳ト風致ヲ副《そ》ヘ奉リテ以テ人始《はじめ》テ誠敬ノ念ヲ生ズルニ至ハ自然ノ勢ナリ、此レ荘厳ヲ備ヘ威厳ヲ視《あらわ》ス所以ナリ、故ニ伊勢大廟ノ宮地狭少ナルニアラズ、祭事ニ不便ナルニアラズト雖ドモ宮地ニ市街民屋ノ陋隘相接スルヲ不敬トシ大ニ掃除シ既ニ神苑ノ設アリ、敬神ノ礼宜《よろ》シク如斯《かくのごとく》ナルベシ、然ルニ皇祖ノ廟陵ニ於テハ啻《ただ》ニ国民タルモノ、ミニアラズ普《あまね》ク外国人ノ礼拝ヲ為スモノ少トセズ、而シテ外囲接近陋隘如此《かくのごとき》ハ臣民タルモノ、忍ビザル所ナリ（傍点は高木。以下同じ）

とある。この建言においては、二階より神武陵を見下ろす洞部落の「猥陋ノ家屋」を排除し、「荘厳ト風致」ある神苑を開設するモデルは、伊勢神宮の神苑にある。しかも伊勢神宮の場合、境内が狭いからでも、祭事に不便があるからでもなく、「市街民屋ノ陋隘相接スルヲ不敬」と主張する点に、この建言の眼目がある。そして具体的に、神武陵に接近する宅地・田畑など、およそ二万三〇三九坪を購入し「開園用地」にあてるプランを提示している。しかし橿原神宮サイドは、「計画等無之」との

対応であった(57)。

これらの民間の働きかけにより、後の節で見るごとく、奈良県は明治三十年代に畝傍神苑会構想にふみきる。しかし橿原神宮と民間の運動との軋轢もあり、奈良県による伊勢神宮を範とした畝傍神苑会は、理由はさだかではないが頓挫したと考えられる。

３　伊勢神宮神苑

本節では、畝傍山神苑計画の模範となった伊勢神宮神苑をとり上げる。

神苑とは、「神社の境内にある庭園」であると『広辞苑』は記す。

ここにかかげた「内宮《ないくう》神苑図」(図６)は、奈良県行政文書(橿原神宮創建にかかわる簿冊『神苑会関係書類』(58))につづり込まれた一葉の絵図である。伊勢内宮は、皇室の祖先神、天照大神をまつり、近代の国家神道下でもっとも高くランクされた神社である。

絵図にみえる五十鈴川にかかる宇治橋の向こう側が、一八八六年(明治十九)から一八八九年(明治二十二)にかけて創り出された神苑である。あらまほしき近代の神苑の理念型である。近世まで、橋の向こう側には、茶屋や民家が立ち並び、「不潔ヲ極」めていたのが、一斉に排除され、清浄な空間が創りだされたものである。

そのことは、近世中期以降に描かれた「伊勢参詣曼荼羅《まんだら》」(59)(図７)をみればわかる。画面左側が伊勢内宮《ないくう》、画面右側が外宮《げくう》である。画面右上の外宮のはずれでは、笛や太鼓に合わせて舞う巫女の姿、画面左下の太鼓状の宇治橋では、橋銭《はしせん》をまく参詣者とそれを川の中で争って拾う賤民の姿が描かれている。内宮の宇治橋の向こうの神域においては、茶店や厩、そして僧形のものがいる祠がみえる。概して、前近代の神社の空間は、仏教や土俗的宗教が混在し、芸能者や賤民もつどう、もっとも活気があり「猥雑」なものであった。これに対し、樹種が厳選され、玉砂利がしかれ、水で清められ、神経症

図6　内宮神苑図

図7　伊勢参詣曼荼羅

的なまでに潔癖な神苑の空間は、近代の属性である。この伊勢神宮の神苑がモデルとなり、奈良県では一八九〇年代から大正期にかけて、橿原神宮神苑整備事業がはじまる。そして一九一七年(大正六)には神苑内にあった被差別部落の洞村が強制移転させられる。国家は、清浄な神苑づくりにあたり、被差別部落に「穢」の烙印を再び押したのである。

こうして伊勢神宮にはじまった近代の神苑＝「天皇制の清浄な空間」は、橿原神宮、熱田神宮、そしてヨーロッパの造園学の影響を受けた内務官僚主導の明治神宮神苑(内苑・外苑)造営ののち、札幌神社、そして村々の神社へと全国に広がってゆく(60)。

奈良県行政文書『神苑会関係書類』の二冊の簿冊は、明治二十年代の伊勢神宮神苑会および熱田神宮神苑の取り調べの書類にはじまり、橿原神宮の神苑のプランをへて、大正期の明治神宮への奈良県からの献木関係記事で終わっている。この『神苑会関係書類』から明確に論証できるのは、明治三十年代の橿原神宮の神苑づくりが、先行する伊勢神宮の神苑をモデルとして立案・実行されたことである。

この簿冊のなかに一八九八年(明治三十一)十月四日づけで、神苑会会頭花房義質《よしもと》から神苑会奈良県委員総長水野寅次郎にあてて送られてきた伊勢神宮神苑会の「参考書」が綴りこまれている(一紙ものの印刷物)。そこには伊勢神宮の神苑会設立の経緯が端的に記されている。

神苑ノ設計ハ世ノ変遷ニ従ヒ民家漸次ニ宮域ニ接近シ不潔ヲ極ムルノミナラズ、往々火災ノ虞《おそれ》アルヲ以テ総テ是ヲ掃除シ清浄ナル園囿《えんゆう》ヲ造ラントスルニアリ、明治十九年神苑会ヲ創立シ広ク寄付金ヲ募リ二十二年五月ヲ以テ工事ヲ起シ、同年九月功ヲ竣工、概ネ設計ノ目的ヲ達ス、其面積内宮ニテ弐町五反壱畝三歩弐合八夕、外宮ニテ三町五反九畝二十歩八合三夕ナリ、二十七年五月ニ至リ、両苑地ヲ挙ケテ神宮司庁ノ直轄ヲ乞《こ》ヒ、其許可ヲ得テ是ヲ三重県庁ニ引継キタリ

一八八六年(明治十九)に創立された伊勢神宮の神苑会は、「本会ハ神宮宮域ノ規摸ヲ恢弘《かいこう》シ苑囿ヲ開キ徴古館ヲ設ケ待客ノ館舎ヲ建営スル等、神都ヲ清潔美麗ニシテ、且参拝者ノ便益ヲ謀ルヲ以テ其目的トス」(一八八九年四月、〈神宮〉神苑会規則第二条)ることにあった。「清浄ナル園囿」の創出を、一八八八年十二月の「神苑計画案」では、「猥雑塵囂《じんごう》ノ区」を「霊秀静潔」の境に変えると表現している。[61]

『神苑会関係書類』の綴りによると、伊勢神宮の神苑会は、東京と三重に事務所を置き、十円以上の寄付を行なったものを会員、五円以上のものを賛助員として、全国的に寄付金を集めた。また適宜、地方委員を置いた。そして伊勢神宮の神苑会は、「農作種樹・漁猟・牧畜・養虫類ノ産物並製品、及各種ノ標本・摸型・図書・統計表等」を陳列する農業館、休憩・宿泊のための賓日館、そして仮徴古館などを設けた[62](一八九八年時点)。

『神苑会史料』の一八八九年(明治二十二)三月七日条によると、伊勢神宮の神苑会初代総裁有栖川宮熾仁《たるひと》親王は、すでに決まっていた吉井友実《ともざね》神苑会会頭(宮内次官)のほか、副会頭に渡辺洪基《こうき》大学総長を選んだ[63]。さらに評議員として、三条実美内大臣、山田顕義司法大臣、土方久元宮内大臣、松方正義大蔵兼内務大臣、谷干城中将、副島種臣・佐野常民・佐々木高行枢密顧問官、山尾庸三・花房義質宮中顧問官、杉孫七郎皇太后宮大夫、香川敬三皇后宮大夫、芳川顕正《あきまさ》内務次官、九鬼隆一図書頭、高

崎五六《ごろく》東京府知事、桜井能監内事課長、国重正文社寺局長、飯田武郷内蔵助、原六郎・西邑虎四郎・渋沢栄一・岩崎弥之助・松尾儀助・鹿島則文・太田小三郎らに委嘱している。政府高官から実業界・学者にいたる陣容であり、伊勢の神苑会の設立が国家的大事業であったことがうかがえる。

なお伊勢神宮の神苑づくりに携わった苑芸師小澤《おざわ》圭次郎は、「天然ノ風致ヲ存スルヲ以テ築苑ノ主眼」とし、伊勢内宮神苑でいえば、桜・楓・躑躅《つつじ》・梅・椿・山吹・南天など、色どりの鮮やかな木々や松などを区画をもって整然と植え、「四時ノ彩花・終歳ノ緑葉交互間錯」するさまであった[64]。もっとも伊勢内宮の神苑を過ぎて正殿に向かう参道は、森厳たる常緑の杉並木であり対照的だった。

さらに伊勢内宮・外宮とも神苑内に名勝がつくられた。内宮でいえば、管玉ノ井、金環逕、三蓋ノ亭、床几《しょうぎ》などであった[65]。

また『神苑会関係書類』には、伊勢神宮の神苑に続くものとして熱田神宮の神苑が、調査・報告されている。熱田神宮の神苑は、一八九三年(明治二十六)に改造がおこなわれた。一八七四年(明治七)以来の宮司である角田《つのだ》忠行《ただゆき》は、熱田神宮を伊勢神宮とともに両宮と称されることを目指すが、結果的には当初のもくろみは挫折し、官幣大社のなかで特別な予算措置をもって改造がおこなわれた[66]。一八八九年(明治二十二)四月の吉井友実宮内次官の復命書には、「角田宮司ヲ伊勢ニ同行シ、内・外宮ノ位置・結構ヨリ神域・経界ノ景況、神苑会等ノ事業ヲ観覧セシメ、帰途丸山(作楽)図書助ヲシテ再ビ熱田ニ過ラシメ、其改制ノ設計ヲ試ミタリ」とある。完成しつつある伊勢神宮の神苑を調査し参考とする角田の営為が読みとれる[67]。

『神苑会関係書類』に綴り込まれた、一八九九年(明治三十二)五月十三日付の、寺原長輝《おさてる》奈良県知事宛藤本充安参事官の「復命書」には、「命ヲ受ケ熱田神宮ニ係ル件取調之処概略左記ノ通リ」として、職員の数、予算、儀式次第、境内の諸門や建物の寸法などが詳細に報告されている。全体として、一八九三年の熱田神宮改造の全貌の報告である。熱田神宮の神苑にかかわっては、「熱田神宮両宮神境之図」の添付とあいまって、以下の記述がある。

○御田ハ神苑中ニアリテ小ナル田地ナリ、官祭ノ節用ウル御供米ヲ作ル所、肥料ハ魚類等ヲ用ヒテ一切不潔物ヲ用ヒス

○神苑ノ坪数概略五千坪余雛松杉桜ノ類ヲ植、場所ハ神宮ノ西南ノ地ニアリ

奈良県が官幣大社熱田神宮の調査に官員を派遣した理由としては、伊勢神宮に立ち並ぼうとした熱田神宮の実践を学ぼうとしたゆえではないか。藤本は、同年十二月二十七日に、「同(橿原)神宮社格ニ関スル件」として、「本神宮ヲ官幣社以外ノ大廟トシ皇大神宮ト同様ノ御待遇アラセラレン事ヲ宮内大臣へ禀請《りんせい》スル事」と、奈良県知事宛に上申している。

こうして先行する伊勢神宮・熱田神宮の神苑が橿原神宮の造営に参照されてゆく。

4　畝傍山神苑構想

橿原神宮の神苑の形成は、奥野陣七による畝傍橿原教会の運動や日清戦勝記念が契機である。明治三十年代の神武陵拡張と橿原神宮の神苑形成の動きが、奈良県行政文書『神苑会関係書類』に記され

ている。この簿冊への綴りこまれ方から、このころに作成されたと推定される、奈良県庁サイドの「説明ノ要項」には以下のようにある。

(甲)皇祖御即位ノ宮址ハ日本第一ノ霊地ニシテ第一ニ之ヲ神聖ニ保存スヘキ旧址ナルコト
(一)皇室ニ対スル尊敬上ヨリ云フモ
(二)国家ノ体面上ヨリ云フモ
臣民ノ義務ナリ
(乙)現状
(一)聖地トシテ保存セラル、トイヒ難キノミナラス
(二)実際ノ事ニダ(ママ)モ差支ユルナリ
即チ勅使ノ通行参拝者ノ負傷醜陋《しゅうろう》ナル家屋ノ見下《みおろ》スコト
何レモ実例ニ依リテ云フ事ナリ

この要項は、おそらく奈良県庁が政府に説明するためのものであろう。橿原神宮から神武陵へと北に向かう勅使や通行参拝者を、「負傷醜陋ナル家屋」＝洞部落が「見下スコト」の不都合が、すでに日清戦争後のこの時期に問題にされていた。[68]

また一八九七年(明治三十)九月二十日の日付が付され、奈良県庁内で作成された「畝火神苑会規則(マル秘)」が『神苑会関係書類』に綴り込まれている。

第一条　本会ハ神武御陵及ヒ橿原神宮ノ規摸ヲ恢ニスル目的ヲ以テ神苑ヲ開キ陵域宮境ヲ荘厳清

麗ナラシメ傍《かたわ》ラ本会員及参拝者ノ便益ヲ謀リ待賓館ヲ設立シ由緒アル参考品ヲ備フルモノトス

第二条　本会事務所ハ奈良県庁内ニ設置ス

第三条　本会ノ目的ヲ翼賛シ会員ナラント欲スル者ハ寄附金額ヲ本会事務所ニ申出ツ可シ

この「畝傍神苑会規則」が原案となって、奈良県庁の脇本米司属などの立案による、ほぼ同じ内容の「畝火神苑会仮規則」が、一八九八年(明治三十一)十二月二十六日、知事室での会議で審議されている(69)。このおりの水野寅次郎奈良県知事の発言からは、神苑会設立にむけての奈良県の意図がよくあらわれている。

知事曰ク、今之《これ》ヲ発表スルハ時節シカラストノ説、或ハナキ能ハス、然レドモ米価安く蚕業震ハス抔《など》云ハ、何レノ時カ好時期至ラン、伊勢神苑疾《と》クニ出来、武徳会スラ出来、日向ノ御降誕祭ノ如キモ諸君御承知ノ通リ貴族院ニテ可決セシ趣、畝火神苑ノ如キハ宮崎県ヨリモ先ニ発起シ云々、此有様ナリ、此度ハ計画方法充分ニ研究し、夫々《それぞれ》順序ヲ追テ着手致度《いたしたく》、乍御苦労《ごくろうながら》此意ヲ体シ諸君ノ御尽力ニ預リタシ為国家《こつかのために》幸ニ努メラレタシ云々

伊勢神宮の神苑会、宮崎県の天孫降臨神話の御降誕祭、そして一八九五年(明治二十八)に平安神宮で旗揚げされた、伝統的な武道を奨励する団体である大日本武徳会といった、新しい皇室にかかわる地域のイベント、紀念祭に遅れまいとの、奈良県知事の意識が看取できる(70)。

さて注目すべきは、奈良県が立案した一八九九年以降の神苑案である。

一八九九年六月九日、参事官に宛てられた岡本伊左夫属の「神苑反別及買収価格取調之件ニ付高市

郡長へ問合之件、案」[71]によると、神苑をつくるための反別および買収価格の取調が県から高市郡に対して依頼されていた。その調査報告には、畝火(畝傍)・四条・山本・吉田・池尻・久米・洞・慈明寺の宅地をも含む「膨大ノ分」の移転案から、宅地は畝火・洞のみの「縮少ノ分」の移転案まであった。しかし最終的には「縮少ノ分」の案がとられ、同年十二月二十七日に「第三号調査」(表1)として、ひとまず結論づけられた。

表1　苑内反別調(1899年6月9日)

大字	従来官有地	新規買上地
池尻		1.2712
大谷	12.0918	0.6706
山本	6.6808	0.1829
久米		0.7418
畝火	11.7225	13.2701
洞	0.3312	6.2325
吉田	1.0225	
慈明寺	3.2005	
計	35.0703	22.3901

(単位：町)

従来の官有地に、池尻・大谷・山本・久米・畝火・洞といった畝傍山周辺の大字の所有になる土地を新たに買い上げて加え、総計五七町四反六畝四歩(これは平坪で一七万二三八四坪になる)におよぶ神苑を創りだそうというものである。土地は、山林・田・畑・溜池・原野・宅地・墓地という地目であったが、宅地は畝火・洞のみ、そして墓地まで含むのは洞部落のみであった。

同じ十二月二十七日には、畝火神苑会の事業を継続、拡大して宮陵恢拡会を設置しようとする案がつくられている。奈良県知事に藤本参事官が提出した、「宮陵拡張会(恢拡会)組織及寄付金募集ニ関スル件伺」[72]では、本会ノ施設スヘキ事業ハ橿原神宮ノ大修繕及宮陵附近ノ官民有地ヲ併セ疆域《きょういき》ヲ拡張シテ苑囿ヲ設ケ汚《お》穢《わい》ヲ祓除シテ四周ヲ粛清ニシ参道ト車道ヲ区別シテ（中略）今般其第一着手トシテ拡張スヘキ程度及其地域ヲ調査セシ処、別紙図面ノ通ニシテ略ホ適当ト認メ候ニ付、之レニ依リ其大体ノ設計ヲ作リシニ則チ別紙ノ通リ約八万円ノ工費ヲ要シ候、就《つい》テハ該設計ニ基ツキ（後略）

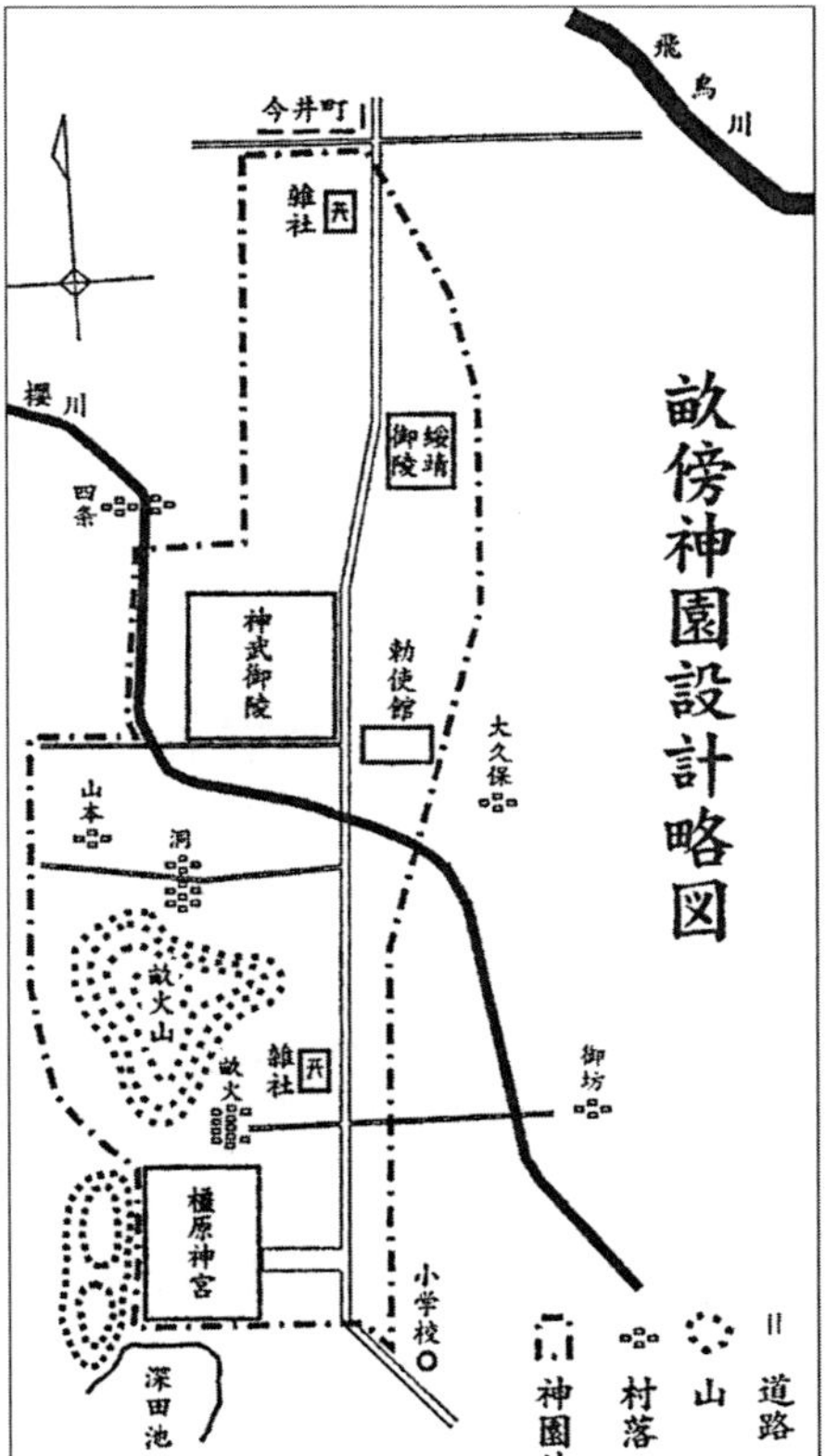

図８　畝傍神園設計略図

とあるが、この「別紙図面」が、図８の「畝傍神園設計略図」である(73)。ここでは、一般村である畝火・山本と被差別部落である洞の住居が、神苑計画域に含み込まれていることが明示される（大字山本は神苑計画域にあるが家屋の移転までは計画されなかったのではないか)。

藤本参事官は、「宮陵境内拡張ノ為附近ノ官民有地ヲ買入ノ件」として、

本件苑囿築造ノ地域ハ別紙図面ノ通《とおり》トシ、此間ニ散在セル人家ヲ移転シ民有地ヲ買収シ官有御料林等ハ之ヲ苑内ニ編入方宮内省ニ出願スル事、而シテ該費金ハ別紙第三号調査ノ通リ約拾万円トシ、其一半ハ国費ノ補助ヲ内務大臣ニ請願シ一半ハ寄付金ヲ以テ充実スル事

と述べている。

一九〇二年(明治三十五)二月の「皇祖神武天皇御陵并橿原神宮御苑前及ヒ御陵道改修費補助ニ対スル予算書」は、総予算三〇万円を計上しているが、そのうち、「畝火」および洞の移転にかかわる事項を抜き出したい。これが明治三十年代の橿原神宮の神苑計画のひとまずの結論といえよう。

金壱万九千六百円大字畝傍家屋移転費

但《ただし》　家屋弐拾八戸、壱戸ニ付金七百円ノ見込

此レハ橿原神宮前及橿原御宮址内ニ有之《これある》民家ニシテ大ナル家屋ハ建坪百坪以上ノ家屋三分以上有之ニ付其実費ヲ予算ス

大字洞家屋移転費

金八万千円

但家屋百八拾戸、壱戸ニ付金四百五拾円ノ見込

此レハ畝傍山東北御陵ヨリ高キ所ニ有之民家戸数百八拾戸ニシテ夫レニ住居スル人民弐百五拾戸余ノ同居貧民居住ス、其移転料現在戸数一戸ニ付金四百五十円ト予定ス

金五千円　　　寺及学校移転費

　之レハ大字洞真宗本願寺末寺教宗寺堂宇其他家屋及神武天皇御陵南御表ニ有之同字ノ学校ヲ他ニ移転セシムル予算実費

畝傍の家屋は二八戸で一戸当たり七〇〇円、洞の家屋は全村一八〇戸で一戸当たり四五〇円と、移転費が見積もられている。

　さてこの神苑形成が、畝傍山麓で具体化するのは大正期のことである。畝傍山麓でもっとも早く家屋の移転がなされるのは、一八九〇年（明治二十三）三月、「神武天皇御陵東南附属地取拡」として字大久保の岩井徳三郎の宅地二九歩が買い上げられた事例である。[74] さらに一九〇一年（明治三十四）十二月に神武天皇の兆域拡大と参道整備の一環として、神武天皇陵の南に隣接する一般村である大久保の民家六家（宅地一三九二坪）が、強制移転させられた。対象となった六家は、生活の困難を訴え、移転費の下附を願い出ている。[75] ここで注目したいのは、一般村である字大久保（図2では、白橿とされる集落）における、これらの民家の移転が、洞部落の移転に一〇年以上も先行するという事実である。

　一九〇一年四月六日には移転させられる民家六家から請願がなされる。

　家屋移転料ノ義ニ付請願

右請願仕候《つかまつりそうろう》　要旨ハ今般畝火山東北御陵地域御取拡メ相成候ニ付、自分共一同へ退転ノ御達相成、謹デ領承仕候（中略）然ルニ其筋ニ於テ御内定ノ費額ト自分共上伸ノ費額トノ間、頗《すこぶ》ル大小アルヤニ拝承仕リ一同恐懼罷在《まかりあり》候、自分共ハ皆草野ノ細民些々タル資金ヲ以テ規模狭小ナル業ヲ営ミ、僅カニ生計ヲ保チ居ルモノニ有之、他ニ居住ヲ転シ候義ハ実ニ非常ノ大事件ニテ相当ノ移転費アルニアラザレバ相叶《かな》ヒ難ク、万一此移転費予定額ニ達セザルトキハ、或ハ元来僅少ノ資金ヲ更《さ》ラニ減耗スル而已《のみ》ナラズ、狭少ナル規模ノ営業ヲ更ラニ縮少スルノ外無之、斯クテハ到底生計ヲ保ツ能ハズ一家流離《りゅうり》ノ不幸ニモ立至リ候ハンカト兢々《きょうきょう》罷在候(中略)之ヲ要スルニ本件ノ如キ御陵地域拡張ノ為メ、自然住居移転ノ必要ヲ生シタル場合ノ類例ハ、昨明治参拾参年中伊勢大廟ニ於ケル神苑拡張ノタメ西田貞助等数人ノ住居ヲ移転セシメタルモノアリ、彼此対照スルニ最モ好例ト奉存候条一度御取調被成下、先キニ上伸仕候費額御下渡被成下《おくだしわたしなしくだされ》、速カニ移転候様、御詮義被成下度《なしくだされたく》、此段請願仕候也

明治参拾四年四月六日

奈良県高市郡白橿村大久保

竹中吉次良　印
辻本喜三郎　印
安田久松　印
新海梅麿　印
増田惣次郎　印
竹中安松　印

宮内大臣子爵田中光顕殿(76)

　ここで転居の対象となった住民は、伊勢神宮外苑の移転事業の先例をもとに、より良い条件での補償を引き出そうと宮内卿に請願している。伊勢神宮外苑の北御門以西の、宇仁館、神風館などの旅館は二、三階建てで、「宮域ノ北角ヲ遶囲」する状況にあり、火災が懸念された。宇仁館(西田周吉)・神風館(西田貞吉)ほか人家一四戸が一九〇一年度に移転させられたが、二つの旅館だけで契約金額が四万五千円にものぼった(77)。ここでは、大久保村の住民が、皇室にかかわる清浄な空間づくりの「類例」として、伊勢神宮外苑の移転事業をあげている点が興味深い。

　さらに洞部落の移転が、神武天皇陵と被差別部落の問題だけに特化できない理由をあげたい。

　ここで一九〇二年(明治三十五)三月八日に衆議院で可決された、瀧口帰一らが提出した「皇祖神武天皇御陵並橿原神宮大御前及御陵道改修費補助ニ関スル建議案」(『衆議院議事速記録』一八)をみてみよう(78)。この建議案では、神武陵と橿原神宮がセットとなっていることが重要である。その趣旨説明の中には、三大節や春秋大祭のときには、「大御前及陵道ノ狭隘《きょうあい》」なるために、拝観の老若男女に負傷者が出たり、一九〇〇年の皇太子の結婚奉告時には、「道路ノ両側、耕地、宅地ノ別ナク、実ニ充満」し、雑踏で差し障りがあったとする。さらに、

　〔神武〕御陵ノ彼ノ畝傍山麓ノ高キ処ニ大字洞、又之ニ接続シマスル〔橿原〕神宮ノ傍ニハ、当時ニ於テ又畝傍ト云フ人家ガ、高ク御陵、神宮等ヲ瞰下《かんか》シテ居ル(中略)狭隘ナル道路又不潔醜陋《しゅうろう》ナル人家ノ移転等ヲ為ス

とある。神武陵と橿原神宮の両者の清浄性の創出のため、畝傍(一般村)と洞(被差別部落)の移転が画

策される。それはすでに述べたように、明治二十年代以降伊勢神宮・熱田神宮などの神苑を嚆矢として全国の神社に波及する、神苑づくりの連鎖の過程でもある。(79)

しかしこの橿原神宮の神苑計画は、民間の神苑開設運動や奈良県による畝傍神苑計画とは一旦断絶して、実際には、大正期の第一次拡張事業をまたねばならなかった。第一次拡張事業は、桑原芳樹宮司赴任直後の一九一一年(明治四十四)八月から、翌年二月の桑原宮司による内務大臣原敬宛「橿原神宮境域規模拡張ノ儀ニ付上申」、一九一六年(大正五)の大正大礼をへて、一九二六年(大正十五)三月の事業竣成まで、十五年間にわたった。神苑会のプランはなくなり、代わって一九一二年七月に組織された橿原神宮講社が一九二四年までに七万三一四九人の講社員を組織し、寄付金を全国から集めた。橿原神宮は、創建時の二万一五九坪から三万六〇〇〇坪に拡張され、橿原神宮がみずから「神宮外苑というべき」と評する約四万坪の畝傍公園がそこに隣接した。(80)

この第一次拡張事業において、『橿原神宮規模拡張事業竣成概要報告』が記すように、畝傍八戸、久米四戸、四条一戸の一般村計一三戸の移転がなされた。そしてこの橿原神宮の公式報告には一切記されないが、洞部落の二〇八戸、一〇五四人の人々も、一九一七年(大正六)に、この第一次拡張事業の一環として、強制移転させられたのである。(81)

5　洞部落の移転

大正期の洞部落の移転問題も、近代史全体の中では、畝傍山山麓の景観問題に含み込まれる。それは神武陵と畝傍山東北山麓という、橿原神宮に先行する幕末以来の課題でもあった。

ここで、二〇〇一年に公開された新出の史料を紹介したい。宮内庁の畝傍部に残された記録をもとに、一九五二年に畝傍部から宮内庁書陵部に提出された「畝傍部沿革史」のうち、洞部落の移転にかかわる一九一七年九月二十二日の記述である。(82)

大正六年九月二十二日、洞移転地献納願書提出、御裁納

大正元年十一月二十八日奈良県知事宛白橿村大字鳥屋森川葆《しげる》、若林賚蔵《らいぞう》ヨリ建白書提出

其後迂余曲折ヲ経テ、大正六年九月白橿村、大字洞人民総代楠原宗七外代表拾壱名連署ニテ献納願書、宮内大臣宛、県知事宛経由提出御載納、金弐拾六万五千円御下賜

移転概要

(イ)戸数二百八戸

(ロ)人口千五十四人

(ハ)宅地坪数七千百余坪

(ニ)耕地反別　十町一反八畝余歩

裁定標準価格

(イ)田一反八百円　(ロ)畑一反五百円　(ハ)宅地一坪、五円

(ニ)移転料ハ家屋ノ状態ニヨリ査定　(ホ)生業扶助一人平均二十円

ここで重要なのは、一九一二年(大正元)十一月二十八日に、奈良県知事宛に白橿村在住の森川葆が、

若林賚蔵をへて宮内大臣に洞部落移転に関する建白書をだしている点である。

森川葆は、一九一二年十一月二十三日に、宮内大臣渡辺千秋《ちあき》に宛てて、「近年欧米各邦人ノ来朝スルモノ斯ノ帝国創始ノ地タル我大和ヲ歴遊シ、而シテ神武帝陵ニ参拝セサルモノ殆ント稀ナリ」とした上で、以下のように建白する。

不肖葆生レテ此地ニ成長シ日夕此汚穢ヲ専業トスル部落民カ神聖ナル御陵ニ接近存在スルヲ望見スル毎《ごと》ニ未《いま》タ曽《かつ》テ其不敬ノ罪ヲ歎シ、其神霊ヲ汚スニ至ルヲ恐懼セスンハアラサルナリ、然ルニ去ル明治二十五年御陵附近ノ土地ヲ山陵並御料地ニ編入セラル、ニ当リ、不肖葆ハ其御買収上ニ関スル諸般ノ事務ニ従事シ、其際時ノ奈良県知事小牧昌業子ハ特ニ該部落民ノ措置ニ関スル取調並ニ国源寺ノ所在等ニ就キ取調ヲ内命セラレ、感奮且驚喜シテ詳細ナル報告ヲ奉呈シタル

差別的言辞に満ちた内容であるが、この中には一八九二年（明治二十五）にも、「御陵附近ノ土地ヲ山陵並御料地ニ編入」する事実があることが認められる。(83)

そして紆余曲折ののちに、一九一七年（大正六）九月の洞部落の側からの献納願書に至る。

この間の事情を示す『高市郡役所文書』を検討してみよう。鈴木良が「天皇制と部落差別」のなかで紹介したもので、「大正九年五月、郡長地方改良講習会ニ於テ事務控《カ》書《カ》用原稿」と書き込みのある「洞部落移転」という奈良県が作成した文書である。(84)

一、大正六年五月ノ交、同部落ヲ他ニ移転セシメントシ、徐《おもむろ》ニ之ヲ慫慂《しょうよう》シ始メタリ、此移転ノ理由ハ宮内省方面ニ於テ同部落地域ヲ御料地ニ編入セントノ希望アリタル外

一、南西ニ畝傍御料林ヲ負ヘルヲ以テ日当リ悪ク主タル部落民ノ生業タル下駄表ノ乾燥ニ困難ナルコト
二、部落民ノ多数ハ貧困ニシテ雑然タル矮屋《わいおく》ニ住シ衛生上住宅改善ノ必要アリタルコト
三、多少ノ土地家屋ヲ所有セルモノモ概ネ負債ノ為、抵当権ヲ設定シ其利子支払ニ苦メルノ状況ナルヲ以テ、一般ニ家政上之ヲ整理スルノ必要アリタルコト
四、居ハ気ヲ移スノ諺《ことわざ》ノ如ク部落民思想改善ノ為、他ニ移転スルヲ利ナリトセルコト
五、特ニ神武御陵兆域ヲ眼下ニ見ルノ地位ニアリテ恐懼《きょうく》ニ堪ヘサルコト等ノ諸理由ニ基ケリ

この史料の自然な流れでは、洞部落の強制移転の根本の理由は、宮内省方面で、「同部落地域ヲ御料地ニ編入」しようとしたことにある。一から四までの、洞部落の劣悪な住環境や経済的理由などや、五の神武陵を見下ろす不都合は、あくまで付帯事項にすぎない。たしかにこの奈良県行政文書の簿冊からは、そのなかに諸陵寮《しょりょうりょう》と奈良県との移転の進行状況を伝える往復書簡があるなど、宮内省諸陵寮のヘゲモニーが大きいことがうかがえる。

しかし洞部落を御料地に編入するとは、畝傍山の御料地への編入であり、神武陵の「御陵地」への編入ではない。(85) 一九三六—三八年に行なわれた、神武陵の勅使館の南側と桜川とのあいだの集落の移転時に作成された「畝傍山東北陵接続買収予定地見取図」においても、桜川の南側の洞部落跡地は「林野局」と表記されている。(86) そして移転事業の政策主体は帝室林野局であった。(87)「畝傍部沿革史」においても、戦前期の「畝傍山東北陵」の兆域二万五〇〇〇坪に、洞部落跡地は含まれない。(88) 要するに、

神武陵から畝傍山に向かって南西に緩やかに高くなっていった地点にある洞部落は、御料地編入により畝傍山の山腹の一部になるのである。洞部落を畝傍山に吸収することによってスラム・クリアランスをもくろんだのである。

さて洞部落移転後の畝傍山山腹の御料地の整備を再び「畝傍部沿革史」よりひろってみよう。(89)

大正九年八月三十一日着手、十二月二十日竣功、洞拡張地地均、汚物廃棄、築堤工事

大正十年三月三十日、洞墓地移転整理竣功

同年二月一日、丸山塚竹柵取設

大正十一年五月九日、洞拡張地工事地鎮祭挙行（大谷社掌）

同年八月八日、江崎政忠外八名、大阪皇陵巡拝会ヨリ洞拡張地へ楠二百本、イチヒガシ弐百五拾本、献納許可、同年九月頃植樹

大正十二年七月二十七日、洞御料地内湧水奈良県農事試験場ニ於テ飲料水、其他用トシテ使用方、条件付承認

この旧洞部落の整備の記載からは、後藤秀穂《ひでほ》『皇陵史稿』中の「新平民の墓がある（中略）それが土葬で、新平民の醜骸はそのまゝ此神山に埋められ」るとの墓地移転問題への差別的発言を思いおこさせる。(90) そして旧洞部落内の湧水の飲料問題、山腹への植樹といった事業が明らかになる。

洞部落の移転後、奈良県と宮内省とのやり取りによって、神武陵と畝傍山が一体となって、畝傍山北東山麓の景観整備問題として推移してゆく。さらに大正期には、畝傍山とその山麓の景観を一体の

ものとして整備しようとする動向があらわれる。

興味深いのは、一九一六年十二月二十三日、橿原神宮宮司桑原芳樹らが宮内大臣波多野敬直にあてた「御料山ヲ永世橿原神宮ニ御委託相成度件ニ付願」である。


畝傍山ハ橿原神宮ノ北西ヲ包ミ名山ト宗祀ト連繫シ、恰《あたか》モ内外両宮ノ神路山高倉山ニ於ケルガ如ク、又春日神社ノ春日山ニ於ケルガ如シ（中略）当神宮ハ畝傍山ニ亙連シ同山ト共ニ天然ノ風致ヲ保持スルニアラザレバ、霊境ノ神聖ヲ発揚スル事能ハザルモノト存候、就テハ甚恐入候ヘ共、皇祖ノ鎮リマス神宮ノ荘厳ヲ保タセ給フ可キ御趣旨ヲ以テ、右全山橿原神宮ノ宮域同様保持及管理方同神宮ヘ御委任相成候様致度（後略）

伊勢神宮や春日神社と同様に、背後の山と神社が一体となった「霊境」とするため、畝傍山の管理を橿原神宮に委託してほしいという宮内省への請願である。同月二十七日、奈良県内務部長岩田衛は、畝傍山の「風致方法其他維持経営ノ方法」について将来相当の経費がかかり責任が重いので、畝傍山の管理方法について橿原神宮が具体的なプランを提出するよう促している。結局、畝傍山の大部分が世伝御料地であり付近の陵墓にもかかわる問題であるからとの理由で、畝傍山の橿原神宮への委託は却下となる(91)。

しかし洞部落の移転とほぼ同じ時期に、橿原神宮が畝傍山と一体となった景観の整備を試みていたことに留意したい。

しかもこの大正初期には、畝傍山一帯で、一九一五年の大正大礼と一九一六年の神武天皇二千五百

年祭という重要なイベントが開催されている。(92)

一九一一年(明治四十四)に桑原芳樹宮司が赴任すると、橿原神宮の「神域の拡張、附属建造物の修築、霊境の風致等」を企画するが、この事業は翌年七月には橿原神宮講社を設立して全国的に募金をつのってゆくことになる。皇室や皇族からの下賜金のほかに、一九一五年から神宮規模拡張のため国費が支出される。さらに大正の大典記念事業とあいまって、神門および透塀、鳥居新築および参道改築のため、字畝傍・久米・四条の一〇家の家屋が撤去される(第一次拡張工事)。これも洞部落移転に先行する一般村の移転の事例である。(93)

また一九一六年四月三日の神武天皇二千五百年祭では、明治天皇・皇后は、神武陵での親祭の後、橿原神宮に参拝している。神武陵と橿原神宮での儀式が一連の過程となっているのである。

明治中期の畝傍山麓の人家の移転と景観整備において、畝傍山北東麓の神武陵の兆域と参道の整備事業が先行していた原因の一つとして、一八九〇年に創建された橿原神宮の社会的定着が十分でなかったことが考えられる。いわば明治中期までは、畝傍山の聖域は、神武陵―洞部落―畝傍山を結ぶ畝傍山北東麓の一帯だけであった。景観面からいっても、一八九五年七月九日に神武陵を拝した竹田友文は、「陵ノ修造大イニ整備シ草樹弥々《いよいよ》栄エ」るのに比して、橿原神宮は「古樹ナキユヘ只白々タルノミ」との感想を漏らしている。(94)

しかしそれ以後、官幣大社だけでも、一八九五年に桓武天皇を祀る平安神宮が、一九〇一年には後醍醐天皇を祀る吉野神宮が、内国植民地の北海道には一八九九年札幌神社が昇格、そして一九〇〇年には台湾神社、一九一〇年には樺太神社などが創建される。近代の創建神社が政策的に重視され、その社会的認知度も上がっていく。それと同時に畝傍山山麓でも、橿原神社が参拝の場となり、神武陵は森厳な場として、相互に役割分担し定着してゆくことになる。

たとえば一九〇九年（明治四十二）の神武天皇祭に際しての『大阪朝日新聞』の記事は、「三日午前九時より畝火山陵に於て神武天皇祭執行、園池〔実康〕掌典勅使として参向し、五十三連隊第五中隊は儀仗を命ぜられ（中略）尚橿原神宮にても例祭を執行し参拝者多かりき」（同年四月四日）と伝え、儀式の場としての神武天皇陵、それに対する参拝の場としての橿原神宮といった役割分担が明らかである。

翌年の神武天皇祭前後の記事[95]では、

> 官幣大社橿原神宮にては、例年の如く御鎮座記念祭を、二日早朝より宮司以下神職一同厳粛に式を行へり、三日の御陵祭は午前九時より行はるべく、四日は橿原神宮に於て後宴祭を執行す、当日余興として地方有志の寄附、煙火、郡山狂言社の能狂言等あり、境内の彼岸桜も目下見頃なり

とあり、桜爛漫の橿原神宮の社頭で、花火や能狂言などが修されたことがわかる。

ここに森厳な神武陵、参拝の場としての橿原神宮を含み込む、畝傍山東麓全体の神苑化が具体化する段階がやって来た。たしかに『大阪朝日新聞』（大和版一九二一年九月十五日付、『大和国高市郡洞村関係史料』）でも、

> 宮内省では神武御陵と畝傍山との間にある洞部落を移転せしめたので陵と山とは一つとなつた（中略）更に畝傍山と橿原神宮との間にある民家民有地を買収したら畝傍山一帯は陵宮両域となつ

て大にその尊厳をますことにならう

と伝える。

こうして第一次拡張事業は、神宮前東方の家屋を移転させ、四万坪をこえる畝傍公園の設置をもって、一九二六年三月に竣成する。(96)

さて本節の最後に一九一五年(大正四)に高市郡東部教員組合会が編纂し、奈良県に提出した『奈良県風俗志記載資料　高市郡　高市村・白橿村・飛鳥村之部』(奈良県立図書情報館所蔵)を紹介したい。この史料は、奈良県が作成した「風俗」の調査項目に基づき、小学校の教員が中心になって地域で調査したものである。

神武陵のお膝元、高市郡の「慰藉《いしゃ》、娯楽」の項目には、

日清戦争以前ニ於テハ国旗ヲ掲揚セシハ諸官衙学校等位《くらい》ナリシモ軍人ノ歓送迎並ニ戦勝ヲ祝スルニ際シ国旗掲揚ノ必要ヲ感ゼシニヨリ之レヲ作ルニ至レリ、

国旗ノ村内ニ行キ渡リタルハ明治天皇御大喪《たいそう》ノ時ナリ

とある。明治初年に外交の場で登場した国旗が、明治二十年代に小学校などの官衙で制度化され、その後いかに社会に浸透してゆくかを示す、絵に描いたような史料である。日清戦争で軍人の送迎や祝意の表明上の必要から村の家に国旗がやって来るが、ゆきわたるのは一九一二年(明治四十五)の明治天皇の大喪時であったとの結論である。

さらに「お国自慢」の記載項目が、衝撃的である。

他府県人ハ称シテ皇祖発祥ノ地ト称スルモ地方民《ちほうみん》ハ何等《なんら》ノ感想ナシ

いくら幕末に神武陵が創られ、一八九〇年代以降、橿原神宮が創建され、神苑構想が進んでも、畝傍山麓の地域社会では、大正期においても「何等ノ感想ナシ」が実態なのである。しかし、一九四〇年の紀元二千六百年祝典の時には間違いなく別物の社会が成立する。

むすびにかえて――紀元二千六百年事業と神武天皇聖蹟調査

一九三五年十月、内閣に紀元二千六百年祝典準備委員会が設置される。翌年には紀元二千六百年祝典評議委員会が、記念事業として、①橿原神宮境域および畝傍山東北陵参道の拡張整備、②神武天皇聖蹟の調査保存顕彰、③御陵参拝道路の改良、④日本万国博覧会の開催、⑤国史館《こくし》の建設、⑥『日本文化大観』の編纂出版、といった計画を立てる。そして一九三八年からはじまった、神武天皇聖蹟調査では、古事記、日本書紀の記載に基づき、福岡の遠賀、奈良の鳥見山・菟田《うだ》、和歌山の竈山・新宮など、七府県一九カ所の聖蹟が顕彰され、良質の花崗岩の記念碑が建てられた(97)。

しかし、橿原神宮については、すでに「国家的に確認された」ものとして聖蹟の決定もされず、顕彰施設も建てられなかった。それだけ幕末以来の畝傍山・神武天皇陵・橿原神宮の三位一体の神武天皇「聖蹟」化が既成事実となっていたのである。

その前提の上で、橿原神宮の神武天皇「聖蹟」づくりについてのべたい。

図９　畝傍山周辺現況（1999 年）

紀元二千六百年事業にかかわって、一九三八年から四〇年までの間に、明治神宮にならって外苑約四万坪近くが新設され、畝傍山麓の神武・綏靖陵から橿原神宮に至る神苑は約一二万坪に拡張されることになった(98)。これが第二次拡張事業である。

具体的に第二次の境内地拡張事業では、「(イ)社背の境内山林に隣接する畝傍及び長山部落の共同墓地四百二十七坪、(ロ)在来境内山林以西、畝傍山御料林以南、懿徳天皇御陵参道以東山林一帯、(ハ)在来境域の東南部深田池東側区域民家十七戸の移転及びその敷地二万坪、(ニ)深田池約一万七千坪及び南方其他隣接地帯計三万九千九百七十四坪九合八勺を夫々買収し、境内地としての風致を将来した」。(99) 大正期の第一次拡張事業のような、講社による醵金ではなく、国費及び紀元二千六百年記念奉祝会費によって実施されている点が大きな特徴である。

さらに明治神宮外苑のメモリアルパークにならって、橿原神宮においても外苑運動場・大和国史《こくし》館・外苑野外公堂・八紘《はっこう》寮・橿原文庫といった諸施設が、勤労奉仕によって建設された。さらに一九三九年に古くから地主神を祭る畝傍山山上の畝傍山口神社が、西麓に移築された。(100)

また畝傍山口神社の移転とセットで、神武陵の南東に隣接する勅使館南側の字大久保の宅地九軒が、奈良県と宮内省の両方の費用で買い上げられている。(101) ここでは、各家の「移転物件申告書」が「官幣大社橿原神宮敷地設置予定区域内ニ於ケル移転物件」の雛形の用紙に書き込まれているように、畝傍山麓全体が、紀元二千六百年事業における景観問題となったのだ。

そして橿原神宮境域・神武陵参道の拡張のなかで、田畑・山林や墓地のほかに、畝傍・久米・大久保の一般村の民家一九四戸および拡張区域外の四六戸、あわせて二四〇戸が、神武「聖蹟」の景観づくりのなかで移転させられたのである。(102) これは一八九九年の民家の移転に続く、一般村の民家移転の大規模な事例であり、洞部落の移転問題が、部落問題に特化できないことの証左である。

幕末以来の畝傍山・神武天皇陵・橿原神宮を三位一体の景観とする神武天皇「聖蹟」づくりは、「紀元二千六百年事業」(一九四〇年)をもって完成を迎え、五年後に敗戦を迎えるのである(図9)。

第二章　近代天皇制と古代文化
――「国体の精華」としての正倉院・天皇陵――

はじめに

十九世紀の世界の君主制は、独自の文化的「伝統」を国際社会に押し出し、競い合った。オーストリアやロシアは、それぞれウィーンやモスクワという帝国の古都において、独自の文化装置、独自の壮麗な儀礼を動員し、各国大使のいる前で、歴史と伝統に粉飾された王権の正統性を誇示した。日本が明治維新後に参入した国際社会とは、列強が独自性を競い合う、国民文化の相克の場であったのだ。

明治維新から立憲制の成立に至るまでに日本が模範国とした、ロシア（ロマノフ家）、オーストリア（ハプスブルク家）、プロシア（ホーエンツォレルン家）などのヨーロッパ列強の君主制は、第一次世界大戦後に、革命などで廃絶する。一九二〇年代以降、少数化したイギリスなどの君主制は、生き残りをかけて、社会事業・文化・外交・儀礼などの機能を前面に出した、ソフトな君主制へと自らの性格をスライドさせてゆく（佐々木隆爾他編『世界の君主制』大月書店、一九九〇年）。そうしたなかで、ひとり日本は世界の流れと逆行し、天皇と政治や軍事との結びつきを強め、天皇の神権化、国家神道の宗教化、国体明徴運動などが進行した。

一九三〇年代以降の天皇をいただく国家に至る過程をみるとき、単にヨーロッパなどと横並びの君主制の用語で説明するのではなく、天皇制という統治体制にもとづいて大日本帝国憲法発布の時期から説明するほうが、世界が広がると考える。「天皇親裁」が統治権として保証され、軍事大権としての統帥権が独立し、大日本帝国憲法第一条は、「万世一系ノ天皇之ヲ統治ス」と国体を明記する。近代天皇制は、明治維新以後、ヨーロッパ列強の君主制との互換性・国際性と、日本独自の固有性とをあわせもつものとして創りあげられた。そして国体を核にする独自性にこそ、一九三〇年代以降、「世界の孤児」の君主制として、天皇制が生き残ってゆく秘密があるだろう。

一九四六年一月一日にだされた天皇の人間宣言に向けての、宮中とＧＨＱによる宣言の原案づくりの中で、天皇裕仁が最後までこだわった国体イデオロギーの核心が浮き彫りにされる（木下道雄『側近日誌』文藝春秋、一九九〇年）。

Emperorを神の裔《すえ》とすることを架空とすることは断じて許し難い。そこで予（木下道雄）はむしろ進んで天皇を現御神《あきつみかみ》とする事を架空なる事に改めようと思った。陛下も此の点は御賛成である。

天皇が現人神であることを抽象的に否定することはかまわないが、譲れない一線――天皇＝「神の裔《すえ》」であるとの神学は護持された。「神の裔」とは、大嘗祭の神座《しんざ》の儀において、すべての天皇は天孫＝ニニギノミコトとして生まれ変わるという、本居宣長に起源し近代に公定化される系譜意識である（宮地正人「天皇制イデオロギーにおける大嘗祭の機能」『歴史評論』四九二号、一九九一年）。おそらく、明治、大正、昭和の三代の天皇は、自らを天孫の生まれ変わりであると確信していたであろう。明治四年十一月十日の大嘗祭「告諭」の、「新帝更《さら》ニ斯《この》国ヲ所《しろ》レ知《しめ》食シ、天祖ノ封ヲ受ケ玉フ」との宣言が公定化の初発である（日本近代思想大系『天皇と華族』岩波書店、一九八八年）。

こうした系譜意識は、安政五年（一八五八）一月十七日、関白九条尚忠宛孝明天皇宸翰《しんかん》にすでにあらわれる。条約勅許という「夷人願通リ」になっては、「天下之一大事之上、私之代ヨリ加様之儀ニ相《あい》成候《なりそうろう》テハ後々迄之恥之恥ニ候半《そうらわん》ヤ、其ニ付テハ伊勢始之処ハ恐縮不少《すくなからず》対先代之御方々《せんだいのおんかたがたにたいして》不孝、私一身無置処至ニ候間、誠ニ心配仕《つかまつり》候《そうろう》」（『孝明天皇紀』）という、強烈な社稷意識とも連関する（高久嶺之介氏の御教示）。そして天皇制が法的体制として成立する一八八九年二月十一日の大日本帝国憲法の上諭は、「国家統治ノ大権ハ朕《ちん》カ之ヲ祖宗ニ承ケテ之ヲ子孫ニ伝フル所ナリ」（『明治天皇紀』）と始まり、一九四五年八月十四日の終戦の「詔書」は、「交戦ヲ継続セムカ終《つい》ニ我カ民族ノ滅亡ヲ招来スル（中略）朕何ヲ以テカ億兆ノ赤子ヲ保シ、皇祖皇宗ノ神霊ニ謝セムヤ」（資料日本占領1『天皇制』）として戦争は終焉する。「先代之御方々」を背負う孝明天皇の悲壮なまでの国体意識と、昭和天皇の敗戦の弁との重なりに、近代という一つの時代をみることができる。

さて本章では、近代日本で生みだされた「怪物」としての国体を考えるに際して、課題として、「万世一系」の国体イデオロギーにおける始源としての古代と、それを粉飾する古代文化の、明治期における創造の過程を考察したい。[1] 具体的に、一つには八世紀の孝謙天皇以来「封鎖厳重ニ慇懃《いんぎん》守護」された「国体」の美挙とされる正倉院である（『九鬼君演説之大旨』一八八九年）。戦前に、紀元二千六百年記念（一九四〇年）として東京帝室博物館で一般に公開されたとき、正倉院御物は「勅封」により護られた「国体の精華」と喧伝される（『紀元二千六百年記念正倉院御物特別展観目録』帝室博物館、一九四〇年）。これは近代に創り出された正倉院御物をめぐる物語である。そしてもうひとつは、明治天皇で一二一代に及ぶ天皇陵である（長慶天皇を除く）。正倉院と天皇陵は帝国憲法発布の時期に制度化され、国体を視覚化する古代文化となる。その古代文化とは、近代に生成する直線的・連続的に流れる時間意識のなかで、始源として位置づく。

しかも正倉院と天皇陵は、戦後においても象徴天皇制の国体イデオロギーの核心部をなす。「再建日本文化ノ高揚啓発ニ責スル処《ところ》甚大」として、正倉院は一般への秋季公開（一九四六年十月十九日から十一月九日まで）がおこなわれたが、(2) ＧＨＱを背景とする考古学者による仁徳天皇陵の発掘計画は霧散する。(3) そして正倉院・天皇陵の両者は、戦後改革の結果、国有財産のなかの皇室用財産となり、戦前・戦後と連続して、宮内庁による「秘匿」した管理がおこなわれるのである（本書第七章）。

第一節　近世の正倉院・天皇陵

東大寺大仏殿と周辺の興福寺や春日神社を中心とする近世奈良観光の隆盛は、寛文―宝永期（十七世紀末―十八世紀初頭）の大仏殿の復興事業が契機となる（古川聡子「近世奈良町の都市経済と大仏殿復興」

『ヒストリア』一六九号、二〇〇〇年）。近世の東大寺に天平文化のイメージはない。また正倉院は東大寺境内の北辺にあり、寺の所有物であった。

寛政三年（一七九一）に刊行された秋里籬島《りとう》『大和名所図会』では、正倉院について「勅封倉は東大寺の宝蔵なり。三庫といふ。和漢の宝器かずかずの中に名香二種あり」とする。この記述からは、正倉院が東大寺の宝蔵であるとの認識がうかがえる。その一方で、たとえば寛文・元禄・天保年間と、朝幕によって開封がおこなわれたように、「勅封」という由緒も確認できる。

当然のことながら宝器の数々には、ヘレニズムやシルクロードのイメージはない。宝器は、「和漢」という、中国と日本に伝来する古物・名物学的価値の世界にある。そして正倉院の宝器を代表するものとしてまずあげられるのが、蘭奢待《らんじゃたい》・大紅塵《だいこうじん》という二つの名香である。蘭奢待は、「異国より渡りし名香」であり、足利尊氏・織田信長らが「天下草創」のとき、少し切り取った由緒が語られる。

江戸期には、勅使立会いのうえ三綱《さんごう》の封を切る開封が、六度おこなわれた（西洋子『正倉院文書整理過程の研究』吉川弘文館、二〇〇二年）。慶長・寛文年間の三度の開封に続き、宝蔵破損のため、元禄六年（一六九三）にも開封される。[4] このとき正倉院から修理のため持ち出された「鴨毛《かもげ》屏風」を、寛政四年（一七九二）に畿内宝物調査をおこなった屋《や》代弘賢《しろひろかた》が、内裏造営の参考として見ている（『道の幸』寛政六年、一八八五年復刻）。持明院流の書家である屋代は、屏風の文字は修復のため筆勢が弱くなり、「いぶせし（いとわし）」と、感想を漏らしている。享保七年（一七二二）に京都所司代の松平伊賀守（忠周《ただかね》）は、「勅封」とはまったく開かないのか、あるいは御用や時節によっては開くのかと、東大寺に対して問い合わせている(「正倉院御開封勘例等御尋之日記」『続々群書類従』第一六、雑部)。武家には、「勅封」とはどういうことなのかよくわからなかった。この認識はおもしろい。最後の天保四年(一八三三)の開封では、文書が整理され屋根が葺き替えられた。このとき東南院で、勅使の坊城《ぼうじょう》俊克が休憩しているとき、庶民に蘭奢待・紅風香が公開された(「正倉院宝物御開封事書」『続々群書類従』第一六、雑部)。天保四—七年の開封・閉封に際して幕府の責任者であった奈良奉行梶野良材は、つとめに預かった「大幸」を喜ぶ。(5)石上神宮《いそのかみじんぐう》の神庫は焼失し、法隆寺の正倉は「〔聖徳〕大子の御調度のミ」であるのに対し、東大寺の正倉院は「宝物ハ二なく、本朝の宝蔵」であるとの認識であった。

江戸時代の正倉院の開封は、幕府主導でおこなわれ、あくまで朝廷や東大寺と一部の知識人だけが接点をもった。しかし注目すべきは、「開封」し古器物・什宝《じゅうほう》を実際にみるという「現物」への関心が、近世後期に拡大してくることである(表智之「一九世紀日本における「歴史」の発見」『待兼山論叢』三一号、一九九七年)。

一方、陵墓に関しては、元禄十年(一六九七)、細井知慎《ともちか》が主《あるじ》である側用人柳沢吉保《よしやす》に建議し、神武・綏靖陵以下六七陵に竹垣をめぐらせ、修理をおこなった。(6)この元禄期、五代綱吉の時期は、天皇・朝廷の権威を将軍権力に協調させようとする動向が生まれ、大嘗祭をはじめとする儀礼の復興とともに、陵墓の修補が幕府の政策としてはじまる時期であった(高埜利彦『元禄・享保の時代』集英社、一九九二年ほか)。

このあと享保期、文化期に、幕府、京都所司代、奈良奉行そして配下の与力により、元禄に治定された陵墓の修補がおこなわれる。安政二年(一八五五)には、京都所司代が元禄以来の修補事業に加えて、嵯峨・陽成・宇多以下一五帝陵を検覈《けんかく》・治定《ちてい》した(『諸陵寮沿革一斑』宮内庁陵墓課八五〇)。そして対外危機と孝明天皇の意志が開花する文久期を迎え、朝廷をも巻き込んで質的に飛躍した修陵事業がはじまる。

第二節　明治維新と古代

江戸時代の朝廷の系譜意識は、基本的に京都の世界で完結していた。たとえば江戸時代に宮中にあった真言宗の仏壇の位牌は、最初が天智天皇(桓武天皇は天智系列)、そして光仁・桓武天皇から平安京に住んだ歴代天皇が祀られたとされる(岡田精司「前近代の皇室祖先祭祀」、日本史研究会他編『「陵墓」からみた日本史』青木書店、一九九五年)。京都と密接にかかわった桓武天皇以降、平安京の天皇たちには仏教的来世観の先祖意識が一般的だったのではないか。もっと身近には、天皇家においても、父や祖父の回向が日常のならいであった。

本居宣長以降の記紀神話の発見と読み直しを前提として、水戸学の国体論が登場する。会沢正志斎は『新論』(一八二五年)のなかで、「神聖、忠孝を以て国を建て」、「武を尚《とうと》び民命を重ん」じる国がらを国体とし、天祖(天照大神)の鴻基をたたえ、報本反始《ほうほんはんし》、祭政教一致を唱える。さらに尊王論と攘夷論を結びつける(日本思想大系『水戸学』岩波書店、一九七三年)。

武田秀章が指摘するように、嘉永六年(一八五三)以降の、神武天皇陵および歴代山陵の修補とその祭祀創始についての孝明天皇の意志は、従来の朝廷祭祀と系譜意識に質的な転換をもたらした(『維新期天皇祭祀の研究』大明堂、一九九六年)。安政五年(一八五八)六月に、孝明天皇は、日本は中国などと違い「神武帝ヨリ皇統連綿之事、誠ニ他国ニ例ナ」しとし、幕府が無勅許で日米修好通商条約を結んだのは「神州之瑕瑾《かきん》」であり、「天神地祇《ちぎ》皇祖ニ対シ奉リ申訳ナ」しとした[7](『孝明天皇紀』安政五年六月二十八日条)。

かくして幕末の政治状況のなかで、朝廷内の公論として、始祖神武天皇が浮上し、奈良の神武天皇陵や歴代陵墓が治定・整備されてくる。大きくいえば、古代奈良が皇室の歴史・起源のなかに公論として組み込まれるのは、幕末・維新期以降といえよう[8]。

神武天皇陵は、元禄の治定では、塚山(現、綏靖《すいぜい》陵)とされ、竹垣造成がなされた(『元禄年間山陵記録』由良大和古代文化研究協会)。その後、文久三年(一八六三)二月十七日に国源寺跡という伝承のあるミサンザイに、神武天皇陵は治定替えとなる。文久期の有力候補地で、被差別部落である洞《ほら》に隣接した丸山ではなくミサンザイに、破格の一万両の費用をかけて円墳が造営される。同年八月、治定されたばかりの神武陵と春日神社に孝明天皇が行幸して攘夷を祈り、「親征」の軍議をおこなう計画にまで攘夷論は沸騰するが、八月十八日の政変で神武陵への「親征」は水泡に帰した(『孝明天皇紀』文久三年八月十三日条)。

子と父、子と祖父といった、現世の個人が来世の個人の菩提を弔う仏教的来世観が変化し、明治天皇で一二一代となる皇祖皇宗を一本の棒のように一人の天皇が背負う、近代の「万世一系」の国体イデオロギーが準備される。現世も来世も京都で完結していた朝廷に、祖先の場としての奈良地域が特別な意味をもって発見され浮上してくる。

慶応三年(一八六七)十二月の王政復古大号令をめぐる議論では、建武中興に起源を求める公家が多いなか、玉松操《たままつみさお》・岩倉具視の意見により「神武帝ノ肇基《ちょうき》ニ原《もと》ツキ寰宇《かんう》ノ統一ヲ図リ、万機ノ維新ニ従フ」ことが、はじめて朝廷において公定化される(『岩倉公実記』)。明治元年八月の即位の宣命には、天智天皇に加えて神武天皇が登場し、寿詞《よごと》には天孫降臨神話が盛り込まれる(『明治天皇紀』明治元年八月二十七日条)。

翌慶応四年(一八六八)春の神仏分離により、奈良の古社寺も大きな打撃を受けた。石上《いそのかみ》神宮の神宮寺である内山永久寺は廃絶される。聖林《しょうりん》寺の国宝十一面観音像(奈良時代)も、もとはといえば、廃寺となった大神《おおみわ》神社の神宮寺・大御《だいご》輪《りん》寺(現、若宮)の本尊に由来する。一乗院や大乗院といった有力門跡寺院を有し、朱印領二万石の石高をもつ興福寺も廃寺となり、僧侶は春日神社の「新神司」となる。東大寺においても、手向山《たむけやま》神社の僧形八幡像が吉城川に破棄されたりする。内山永久寺真言堂の「四天王図」(鎌倉時代)、東大寺三月堂の「法華堂根本《こんぽん》曼荼羅」(奈良時代)といった絵画の逸品は、その後ボストン美術館に流出している(堀田謹吾『名品流転』ＮＨＫ出版、二〇〇一年)。綱吉の時に再建された大仏殿も、明治期に撮られた写真では、屋根は傾いている(奈良市教育委員会『酔夢現影』一九九二年)。

また慶応四年閏四月七日の山陵御穢《おんけがれ》の審議に際し、谷森諸陵助(善臣)は制度事務局にあてて建議をおこなった。天皇を現人神とし「現在ニ神ト被為在候《あらせられそうろう》御儀ニ御座候ヘハ、幽界ニ被為遷候《うつらせられそうろう》テモ又神ト被為在候事、更ニ疑ナキ」とし、山陵は「万代《まんだい》不易ノ幽宮」であるから、穢所ではないとするものであった（『復古記』）。清浄な空間としての近代陵墓観の成立である。

維新期の天皇観にかかわって、明治二年二月三日の京都府下人民告諭大意が興味深い。外国は王朝がたびたび代わるが、日本は「開闢以来動《ゆる》ギナキ皇統」であり、上下の恩義の厚い点が、「万国ニ勝《まさ》レシ風儀」とする（日本近代思想大系『天皇と華族』岩波書店、一九八八年）。この年三月の東京「奠都《てんと》」により、天皇は畿内の地域的基盤から離脱し全国土の統治者へと生まれ変わってゆく。明治三年二月十一日には神武天皇祭が親祭として創始され、閏十月二十四日、御系図取調掛の設置により皇統系譜の調査がはじまる（『明治天皇紀』）。

明治四年春から夏にかけての皇室の神仏分離は、主眼が泉涌寺改革にあったように、桓武天皇以来近世までの平安京における皇統秩序の解体をもたらした。そして明治四年九月の「服制改革の詔（尚武国体樹立の詔）」では、「神武創業、神功征韓ノ如キ、決テ今日ノ風姿ニアラズ」とのべ、このあと始祖神武になぞらえられた明治天皇は女性的な公家姿から軍人天皇像へと転換してゆく（日本近代思想大系『天皇と華族』）。戦う神武天皇、神功皇后も近代に創り出されたイメージである。国体は水戸学以来、尚武の君主をいだくものとされた。続く同年十一月の大嘗祭が「天祖ノ封ヲ受ケ玉フ所以《ゆえん》ノ御大礼」として執り行なわれ、古代親政を視覚化し全国土を対象とした大祓《おおはらえ》・「庭積《にわつみ》の机代物《つくえしろもの》」が再興された。一八七六年三月二十八日には神武天皇陵祭に儀仗兵歩兵一中隊が付与され、一八七八年六月五日の春秋皇霊祭の成立をもって、皇祖皇宗の慰霊管理体制ができあがる(『明治天皇紀』)。

第三節　維新期の古器物・什宝

明治四年五月二十三日に古器旧物保存の布告が出され、翌年壬申の宝物調査で、正倉院は開封される。この開封は「古器物を検査仕りて〔オーストリア〕博覧会の考証に備へ度旨《たきむね》」とされたように、オーストリアでの博覧会に向けた殖産興業の一環であった。(9) 蜷川式胤《のりたね》・町田久成らの調査は、直前の廃仏毀釈に対する反省が大きかった。壬申調査は明治五年五月から十月までおこなわれ、奈良では東大寺・正倉院・法隆寺・興福寺など代表的な寺院が選ばれた。蜷川式胤の『奈良の筋道《すじみち》』(中央公論美術出版、二〇〇五年)をみる限り、宸翰・書画・工芸品などの記載が中心で、仏像が「彫刻」となった一八九〇年代とは違い、仏像への関心は稀薄であった。(10) 宝物として認識された「仏像」の「法隆寺蔵金銅仏　四十八　外二三仏金銅」は、例外的な存在であった。こういった宝物に対する認識は、近世以来の考証学や名物学などに由来する。(11) たとえば、法隆寺の「百万塔　四十八」「伎楽面　三十」「四巻義疏　皇太子自筆　一筥《はこ》」といった、簡略な情報が記載される(『明治五年　古器物目録』巻之四、東京国立博物館資料部所蔵)。

そしてこの明治五年には、正倉院・法隆寺といった寺院の古器物だけでなく、近世の「勅封」宝物の実態を明らかにしようとする動きもはじまった。『明治七年　庶務課　什宝録』(宮内公文書館四七六)には、「昨壬申年、山城・大和筋、勅封改緘《かん》、社寺宝物検査御用トシテ宮内少丞世古延世、文部省六等出仕内田正雄等出張」したと記されるように、壬申調査には、「勅封宝物」の調査というもう一つの課題もあった。明治五年二月五日には、「各地方ニ於テ勅封ト称シ来候《きたりそうろう》神仏並《ならびに》倉庫」を取調べ、宮内省に届け出るべきことが府県に布告される。また二月八日には醍醐忠敬が、官幣社祭典の参向に際し、山城・大和社寺の「勅封蔵庫」を開くことが許可される（『太政類典』第二編第二五二号、国立公文書館所蔵）。このとき各府県から差し出された「勅封ノ宝庫」調査の文書は、一八七三年（明治六）五月五日の皇居炎上で焼失するが、一八七四年四月に再び宮内省に府県から提出されている。[12]

一八七五（明治八）三月十日に、東大寺そのほかの「勅封宝物」は、最終的には内務省の所轄となる。[13]この時点で、「勅封宝物」と認定されたものは、大覚寺の嵯峨天皇・後《ご》光厳《こうごん》天皇ほかの宸翰、長講堂の後白河法皇宸翰・御影、止観《しかん》院の桓武天皇御影そのほか八点と、そして正倉院の「聖武天皇御物」群、のみであった。これらわずかなものが近世以来の皇室手持ちの宝物と認識され、そのなかでは、本来東大寺の寺宝であった正倉院宝物が唯一、質量ともに優れた宝物であることが明らかとなった。かくして東大寺から内務省へと「勅封宝物」が召し上げられるのだが、その論理は、以下である。

奈良県下東大寺正倉院三御蔵宝器類之義ハ、往昔ヨリ御伝来之御物等ニ而国家之宝器ニ候処、是迄於該寺［東大寺］保護致来候得共《そうらえども》、追々寺院制度モ御改革相成、此末永世保護之義甚無覚束《おぼつかなく》候間、此際ニおいて所轄担当之庁確定之上、保護方法相立候様（太政大臣三条実美宛宮内卿徳大寺実則「勅封物品保護之義ニ付上申」『明治八年　庶務課　什宝録』）

と上申され、廃仏、朱印地召し上げといった状況下、疲弊した東大寺では正倉院の「永世保護」が難しいとみなされる理由である。「勅封宝物」の調査完了をうけて、あらたな近代の私宝集積として内務省移管がなされるのであろう。

かくして一八七五年四月からの奈良博覧会では、内務省所轄の正倉院御物は、正院からの出張官員が立ち会いの上、開封され出品された。博覧会は八〇日間におよび、一七万二千人あまりの群衆が押しかけた。古社寺からの宝物や博物的なものは大仏殿の回廊に展示され、正倉院御物は大仏殿の中という差異化が図られた（高橋康博「「奈良博覧会」について」『月刊文化財』三一七号、一九八一年）。しかしながら、群衆が身近に接することができたという意味において、正倉院御物はいまだ近代の神聖さを具有していない。槇村正直京都府権知事が、奈良にならって、宝物四二点の京都博覧会への出品を内務省に要請した理由は、

銅器之位置・形容ヲ陶器ニ写シ、或ハ陶器之美紋・体裁ヲ漆器ニ写シ、或ハ七宝焼ニ或ハ彫刻物ニ更互転換、彼此折衷、以テ製作ノ摸範ト為サバ其裨益甚多可有之《これあるべき》ト相考、府下諸職工引立候為《そうろうため》願出候

とされたごとく、京都の工芸振興という殖産興業に従属した意図にあった。[14]

第四節　国際社会と日本古代

皇室における「旧慣」保存、「伝統」文化の復権にかかわっては、一八七七年の京都・大和行幸が大きな契機となる。一八七七年の大和行幸の際に、西南戦争が勃発したため、二月から半年近く天皇は畿内にとどまった。同年二月十一日の神武天皇陵での親祭を前にして、九日、明治天皇は大仏殿で開かれた奈良博覧会を見学し、四聖坊《ししょうぼう》で、足利義政・織田信長に続いて、権力者の象徴である蘭奢待の切り取りを行なう。町田久成は、六センチメートルばかり蘭奢待を切り取った。奈良の名望家中村雅真《がしん》が用意した香炉でたくや、「薫煙芳芬《くんえんほうふん》として行宮に満」ちたという（『明治天皇紀』）。

文書学的には、この京都・大和行幸の後、一八七七年九月以降、明治天皇が万機を親裁し「裁可」するようになる（永井和「太政官文書にみる天皇万機親裁の成立」『京都大学文学部研究紀要』第四一号、二〇〇二年）。天皇制の形成過程において、このころ二〇代半ばをこえた明治天皇は、局面において親裁を開始したのである。

明治十年代においては、日本文化や「伝統」文化の中でも、皇室や古代にかかわるものが集中的に顕彰される。奈良の歴代天皇陵の整備、興福寺・東大寺・法隆寺への援助、万葉景観として大和三山の皇室財産への組み込みなどである。また一八七七年（明治十）行幸と近代の御物の成立もかかわっていた。注目すべきは、大正後期からはじまった帝室制度の整備の中で議論された、御物の沿革についての宮内省の認識である。

一九三四年から三五年にかけて宮内省内で審議された御物保存令にかかわって、宮内省参事官岡本愛祐《あいすけ》の手元には「御物取扱沿革略」という史料が残されている（東京大学法学部附属近代日本法政史料センター所蔵「岡本愛祐文書」一－三二、水野直樹氏の御教示による）。その記述の始まりは、一八七七年（明治十）の行幸からはじまっていた。

一明治十年一月大和国行幸ノ際、法隆寺ヨリ其ノ保有ノ宝物ヲ献上センコトヲ願出デタルニ十一
　年一月御許可アリ、金円ヲ賜フ

そして翌一八七八年七月十九日に古器物保存掛が設置され、同年八月十五日に「御物保存取扱方」がはじめて制定される。

一御物保存ノ為、檜《ひのき》辛櫃《からびつ》及桐長持ヲ供へ宸翰、書画、器物類ヲ納ムルノ料トス
一従来各課ニ於テ取扱ヘル御物ノ内、保存スベキ見込ノ分ハ調書ヲ添ヘ保存掛ヘ渡スベシ
一掛ニ於テ請取リタル御物ト調書トヲ引合セ番号ヲ附シ目録ヲ製ス、又御物出納ヲ登録スル為、
　別ノ簿冊ヲ設ク（以下の条略）

ここに、御物とは近代にはじまるとの宮内省の歴史認識があらわれる。[15] そして近代の御物が成立する最大のポイントは、近世の「勅封」とは無縁の、皇室外からの大量の「献納」宝物の流入である。まさにその意味では、一八七八年に法隆寺が皇室へ宝物三二二点を献納し一万円の下賜金をうけとったことが、近代の御物が成立する事件となった。このとき献上された聖徳太子画像（唐本御影《とうほんみえい》）・法華《ほっけ》

義疏《ぎしょ》などは、近代における聖徳太子神話形成と相まって、今日も天皇の手元の御物として残るレガリア中のレガリアとなる。

そしてもはや正倉院御物は、一八七九年三月からはじまる奈良博覧会の際には、先の二回の博覧会のように「御物取調之都合」もないとして、出品に留保がつけられるようになる（『内務省博物局　明治十一年　正倉院録』宮内公文書館六〇八三）。かくして一八七五年、一八七六年、一八七八年と、「開封之上」、奈良博覧会に「陳列」された正倉院の御物は、一八八〇年を最後に出品されなくなり、正倉院庫内に「硝子《がらす》障子《しょうじ》」の陳列戸棚が設置される。翌年には法隆寺献納宝物の出陳が奈良博覧会社から要請されるが(16)、この頃から御物は、天皇の宝物として荘厳化してゆく。

宮内公文書館には、一八八四年ごろに成立した、古器物保存掛による六冊からなる『御物目録』（七二五〇一～六）が残されている(17)。ここには御物が明治維新後に皇室に入った経緯が記されている。

この『御物目録』には、古器物保存掛で管理する御物（正倉院御物以外）が書き上げられている。その中の一冊に、「掛幅之部」三六件、「帖巻之部」九七件からなる清書された『御物目録』がある。「掛幅之部」には、法隆寺から一八七八年に献上された聖徳太子画像（一幅）、一八八〇年に妙法院から無理矢理献上させた王羲之尺牘《せきとく》（喪乱帖）、滋賀県下坂本村の笠川集之助献上の楠公像（一幅、賛道春）・児嶋高徳《たかのり》像（一幅）、毘沙門堂献上の弘法大師行書（一幅）など。「帖巻之部」には、法隆寺からの聖徳太子御書法華義疏（四巻）、一八八〇年に京都の雨森善四郎から買い上げた中将姫金字金光明最勝経（二巻代金一〇円）・唐栖霞寺記（一巻、一二円半）・禅臨寺古文書（一巻、一七円半）など、一八八四年に博物局から差し出された春日権現記絵巻、在来の天神縁起(六巻)、勝海舟が一八七八年に献上した御歴代御画像(一帖)、妙法院が献上した朝鮮国王李昭所贈豊秀吉公書簡(一葉)・貢物目録(一葉)など、明治十年代に集積された御物が記されている。

明治十年代に入ってから古代文化にかかわって特記すべきは、奈良をはじめ全国の陵墓が一八七八年に内務省から宮内省へと移管されたこと、一八八四年五月には宮内省・農商務省・内務省の三省から、正倉院御物の宮内省専管体制が成立したことである。これらは、立憲制にむけて文化財にかかわる皇室財産が群として形成される動向の一環である。一八七七年から八〇年にかけて京都府知事槇村正直のもと、京都御苑が整備され、一八八三年、修学院離宮は宮内省京都支庁の管轄となる(本書第三章)。さらに一八八一年の桂宮家断絶をうけて、一八八三年その別荘に宮内省により桂離宮の名称が付与される。

そして立憲制に向けて、古代文化が国際社会に対して喧伝される。一八八三年六月宮内卿徳大寺実則ほかが太政大臣三条実美にあてた「正倉院宝庫風入之儀ニ付伺」では、正倉院宝庫は「千有余年前ノ建設ニシテ世界無比ノ珍宝トモ称スベク、其名遠ク欧米各国ニ輝キ候故、近年ニ至リ外国王侯貴紳ノ本邦ニ来遊スルモノハ、必拝観ヲ懇請スル」とし、年に一度風入れの時にのみ外賓に拝観させるよう提言する(『農商務省博物局　明治十六年　正倉院録』宮内公文書館六〇八四)。そして秋期曝涼《ばくりょう》中に「官省院庁府県勅任官、各国公使其他貴客等」で、宮内卿へ願い出た者のみに拝観が特権化されてゆく(18)。

実際この時期、正倉院を拝観した外賓をあげてみると、一八七九年八月には英国香港知事ヘンネッシー、同年ドイツ皇孫ハインリッヒ、一八八〇年二月イタリア皇族ジュックドジェーヌ、一八八一年十一月イギリス皇孫ヴィクトル、ジョージ、一八八三年二月プロシア貴族クラーフェルモノトケラス、一八八五年十月フランス遣清大使ジェ・コーゴルダンといったぐあいである(19)。

一八七九年のドイツ皇孫ハインリッヒ(Heinrich Albert Wilhelm)には、岩倉使節団にも加わった宮内省の五辻安仲《いつつじやすなか》が、「京都御所保存之儀、且独逸皇孫来京、奈良三ツ倉〔正倉院〕御物拝見等御用掛」として案内した(『明治十二年　庶務課　什宝録』宮内公文書館四七七)。五辻もかかわったように、京都御苑の整備が本格化する契機として、外賓の問題が大きかった。一八七九年十一月十六日、建礼門前に、季節はずれの祇園祭山鉾二七基が、ドイツ皇孫への上覧のため勢揃いした(財団法人函谷鉾保存会『函谷鉾町百年史』二〇〇一年)。一八八一年にイギリス・ヴィクトリア女王の皇孫ヴィクトル(Albert Victor)、ジョージ(のちのGeorge V)の二人を迎えたときには、北垣国道京都府知事は京都府下の古社寺・名勝の写真集、『撮影鑑』(京都府立総合資料館所蔵)を舎密局に製作させ献じている。宮内省では、イギリス皇孫たちが御物に触れないよう配慮するとともに、『東大寺献物帳』『奈良の落葉』といった御物の参考書を進呈する(『農商務省博物局　明治十四年　正倉院録』宮内公文書館六〇八四)。

立憲制の形成にむけて、重要な画期となるのが、一八八五年(明治十八)の内閣制の発足による宮中・府中の分離である。ここに独立した宮中を権威づけるものとして、正倉院や帝室博物館が自立し制度化されてゆく。そして京都御苑・桂離宮・大和三山・天皇陵などの文化的皇室財産が、自立した宮中を荘厳化してゆくのである。

一八八六年三月の博物館の農商務省から宮内省への移管は、正倉院御物の宮内省管理問題と密接にかかわっていた。この後、皇室が保護する文化財は、殖産興業に従属するものではなく、美術至上主義的に自立した価値を持ってゆく。一八九〇年七月一日には、宮内省に帝室宝器主管が設置される（前掲「岡本愛祐文書」一―三二）。こうして正倉院御物は、博物館より移管され、「縦覧ヲ許サスシテ慎重ノ保護ヲ旨」とする「秘匿」的性格が明確なものになってゆく（『東京国立博物館百年史』資料編、一九七三年）。

一方、神武天皇以下の「人皇《にんのう》」とされる天皇陵については、一八八二年八月段階で、全国で顕宗《けんぞう》天皇陵以下一三陵、および多数の皇后陵が未治定であった。伊藤博文は、立憲制の出発に合わせ、以下のように演説する。

是より先、条約改正の議起るに際し、伯爵伊藤博文以為《おもえ》らく、万世一系の皇統を奉戴する帝国にして、歴代山陵の所在の未だ明かならざるものあるが如きは、外交上信を列国に失ふの甚しきものなれば、速かに之れを検覈《けんかく》し、以て国体の精華を中外《ちゅうがい》に発揚せざるべからず（『明治天皇紀』一八八九年六月三日条）

条約改正を達成し、「一等国」になるための、欧米に無比な「万世一系の皇統を奉戴する帝国」、その「国体の精華」としての歴代山陵の治定である。統治体制として発足する天皇制の根幹にかかわる神話的古代の創出である。

すべての治定された天皇陵が畿内を中心に視覚化され、立憲制の出発とともに天皇と宮中三殿が赤坂仮皇居から新皇居に移り、皇霊殿は今日の姿となる（村上重良『天皇の祭祀』岩波書店、一九七七年）。ここに天皇陵群と祭祀のセンターとしての皇霊殿がセットで確立するのである。

ところで文久年間の山陵修補にはじまって、この憲法発布の一八八九年まで治定が持ち越された陵墓群は、文献の手がかりがとりわけ乏しいものであった。最終的には、一八八九年六月一日、「足立〔正声〕諸陵助より川田諸陵頭へ参考として其意見」がのべられ、一二陵決定の「勅裁」に至った。未治定の陵墓の確定をおこなった足立の手元には、根拠があやふやなために苦悩する心情を吐露したメモが残されている。[20]

二条〔天皇陵〕

此ハ色々探索候へ共、古墳らしきものも無之《これなく》候へハ、無拠《よんどころなく》松原村ノ人家寄ニ高燥らしき茶畑ノ一画ヲナセル処ヲ見《み》立置《たておき》候（後略）

宇治墓〔応神天皇皇子菟道稚郎子宇治墓〕

今少し山寄ナレバと思ふまでニて体裁ニハ云分なし（中略）コ、ニ決して憾《うらみ》なかるべし

神武皇后陵

コレニハ困リ候へ共、新ニ築陵ノ思食ニ而決セラルベクヤ、或ハ外ニ良地ヲト《ぼく》シテ修陵アラセラルベクヤ、いづれニ而も可然被存候

文久三年（一八六三）の、架空の天皇である神武天皇陵の治定にはじまって、最後まで持ち越された神武天皇皇后（媛蹈鞴五十鈴媛）の陵墓についても「コレニハ困リ候」と述懐する。このほかにも、「陵形定カナラ」ないまま決められた武烈天皇陵や、人家や夷子《えびす》社の移転が計画された顕宗天皇陵な

どの治定の経緯が記される。

飛鳥の天武・持統合葬陵、山科の天智陵を除く、七世紀以前の天皇陵には、その名が冠せられた天皇が埋葬されていることはほぼないという(陵墓限定公開二〇回シンポジウム実行委員会編『日本の古墳と天皇陵』同成社、二〇〇〇年)。陵墓の治定は、日本書紀、古事記、延喜式などの考証にもとづいており、発掘をしたわけではない。ここに空虚な墳丘を隔絶させ荘厳化するために、鳥居、周濠、植林、参道の整備といった近代の景観がととのえられてゆくのである。

そして一八八七年(明治二十)十月二十日には、孝明天皇陵(後月輪東山陵)の「御拝所門外ニ於テ一般外国人ノ参拝」が許されて国際社会に対応してゆく(『諸陵寮誌』宮内公文書館五六〇〇一～三)。また一八九一年二月十六日には、皇統譜凡例および書式が裁可され、「万世一系」の戸籍が陵墓とともに二〇年余かけて整ってゆく(『明治天皇紀』)。

第五節　古代文化の成立

盛唐の影響をうけた国際色豊かな天平文化という、今日の歴史教科書の天平文化のイメージ(『新詳説日本史』山川出版社)はいつできるのだろうか。

たとえば近世の興福寺で言えば、人々の流れは西国三十三カ所の札所南円堂に向かっており、今日のように阿修羅像や十大弟子像といった天平彫刻に興福寺のイメージを重ねることはない。同じことは法隆寺にもいえて、近世の信仰の対象は太刀などが奉納され薬師如来を安置する西円堂《さいえん》であった。それに対し一八九〇年代以降、法隆寺イメージは、中国の南北朝の影響をうけた飛鳥文化の象徴として、金堂・五重塔・中門・歩廊などを中心としたものへと変化してゆく。現代においては、法隆寺は飛鳥文化を代表し、東大寺は天平文化を代表するように、これらの寺院は中近世の庶民信仰を飛び越えて、近代に創られた古代の美術的価値に同化する。ひと昔前まで、奈良県の考古学では、近世・中世の堆積層は捨て去って、いきなり古代の層から発掘すると言われたが、まさに現代の大和は古代文化に特化されたイメージがある。

そもそも奈良が古代という時間の中に定置されるには、欧米の歴史認識が日本に入ることが必要であった。しかもその時間は、前近代のように、循環するものであったり「古《いにしえ》」と「今」とが渾然一体化し調和していたわけではない。近代の時間観念とは、直線的で「歴史的階梯」を有する流れである(21)。すなわち近代では、直線的に連続する時間の始まりに古代文化が位置づき、その発展する時間の先に「未来の美術を作為」すると、岡倉天心は断じる（岡倉天心「日本美術史」『全集』第四巻、一八九〇年）。そして古代文化の奈良、国風文化・安土桃山文化の京都、鎌倉・江戸時代の関東という、時間軸と空間的地平が交差する、全国土的な文化配置が生成する。そのためにも、岡倉天心の講義「日本美術史」の時代区分の登場を待たねばならない。

顧みてみよう。一八八二年に東京大学で政治学や哲学を教えていたフェノロサが、『美術真説』をあらわす。ここに美術とは「作為」、すなわち創造性を主眼においた営みであると宣言され、現代の芸術家は日々新たな作品を創り出してゆくものとされる。そして歴史的には、時代時代によって、創造された文化が変化してゆくという認識を生み出す。

一八八四年(明治十七)には、新たな宝物調査が始まり、フェノロサ・岡倉天心によって法隆寺の救《ぐ》世《ぜ》観音像開扉による「日本美」発見の事件が起きる。これらフェノロサ・天心らの「日本美」発見は、国粋主義の文脈だけでなく、国際社会に対して独自の文化的「伝統」を誇示するという、十九世紀の「一等国」戦略のなかで考察する必要がある(高木博志『近代天皇制の文化史的研究』校倉書房、一九九七年)。

一八八八年宮内省に設置された臨時全国宝物取調局で、はじめて全国網羅的・統一的基準の宝物調査が執り行なわれた。一八八八年から一八九七年までに出された鑑査表は、二一万五〇九一点にのぼり、文化財の一点一点について、年代・作者・ジャンルなどが決められ、国家による等級づけがなされた(22)。

こうした文化財一点一点を分類・価値づける基礎作業を経て、一八九〇年からはじまる岡倉天心の東京美術学校における講義により、推古時代(飛鳥文化)、天智時代(白鳳文化)、天平時代、平安時代、国風文化、鎌倉時代といった時代区分を有する「日本美術史」の認識がはじめて可能となったのである。中国六朝文化の影響をうけ法隆寺釈迦三尊像に代表される「推古時代」、法隆寺金堂壁画などにみられるようなインド・ギリシャ風美術がもたらされた天智時代。そして理想的で「霊妙高雅」なる天平時代には、国際色豊かな盛唐文化の影響をうけ、東大寺戒壇院四天王像・三月堂執金剛神像などの傑作が生み出された。正倉院御物の玻璃(ガラス)は、エジプト・ギリシャ・六朝にも共通するとされ、織物のペルシャ的模様に西域の特色が見いだされる。また正倉院御物が明らかになって、はじめて天平時代を頂点とする奈良朝を明らかにすることができるとも、天心は論じた。

また天心は、「西洋の文明は希臘《ギリシヤ》、羅馬《ローマ》に取れり。然れども彼れは皆我が物として論ぜり。故に、我れは隋唐の文物を模倣し、以て之《こ》れを渾化《こんか》せり。然らば之れを我が物として論ずるも敢て不可なかる可し」と喝破する（『日本美術史』）。フランスやイギリスの西洋文明は、ギリシャ・ローマに由来する。したがって、日本が、中国の文物を模倣し、「渾化」したのだから、「我が物」として論じて何が悪い、というわけである。渡来人の系譜をもつ鳥仏師《とりぶっし》がつくった「正しき推古時代の標本」法隆寺釈迦三尊像も、唐からもたらされた天平文化の華原磬《かげんけい》（図10）も、日本文化のはじまりと位置づけられ、古社寺保存法（一八九七年）以降は、国宝と価値づけられてゆくことになる。

さきに述べた臨時全国宝物取調にかかわる興味深い史料に、東京国立博物館資料部に残された「壱等、宝物精細簿（再議ニ係ル）」がある。そこには、鑑査の過程で、「優等ニシテ歴史上ノ徴拠《ちようきよ》又ハ美術上、美術工芸上、若クハ建築上ノ摸範トシテ要用ナルモノ」とされた六等級の中の最高位、一等の文化財のうちで「再議」の審議対象となったものが書き上げられているのだが、そのなかに華原磬がリストアップされている。等級は一等、所蔵は興福寺、ジャンルは鋳物、品名は「金鼓《こんく》、四竜架、獅子跗」、員数は一基、由来は「寺伝ガンダラ国貢献」、材質は銅で「径八寸、厚弐寸、高台共参尺弐寸五分」、年代は皇紀で「十四世期中葉」、「凡千二百年」前、と目録に記載される。そして、備考には、「鑑定支那製」とされ、また「磬」すなわち中国の楽器ではなく「金鼓」であり、この誤りは『白氏《はくし》文集《もんじゆう》』の歌よりきたと附記する。「再議」の中身は、ガンダーラ由来ではなく唐製であることと、ネーミングの妥当性についてのものである。この華原磬も国宝となってゆく(23)。

さて一八八九年には東京・奈良・京都の三帝国博物館設置が決まる。東京の帝国博物館は全国の文化財を集め、また鑑査事業をおこなうセンター的な役目を担い、奈良・京都の帝国博物館はそれぞれ古代・平安の時代表象と結びついた地域の文化財の展覧をおこなう。一八九五年に開館する帝国奈良博物館に、東大寺、興福寺、法隆寺といった寺院から仏像や絵画が寄託された。

美術史で確定された時代のイメージは、国際的にも誇示される。一八九三年、シカゴ博覧会の日本パビリオンは、日本固有の文化とされる国風文化の平等院鳳凰堂であった(三島雅博「一八九三年シカゴ万国博における鳳凰殿の建設経緯について」『日本建築学会計画系論文報告集』四二九号、一九九一年)。しかも国際的には、歴史の古さ、「国ヲ建ツルノ久シキヲ公示スヘキハ最モ必要」とされた(『臨時博覧会事務局報告』第四章、臨時博覧会事務局、一八九五年)。

図10　華原磬

一八九七年には最初の文化財保護法

図11　日本美術及歴史参考館正面之図

である古社寺保存法が制定される。同法は、優れた文化財をもつ社寺に対して補助金を交付するものであり、またそこで国宝の概念が明記された。美の等級づけについては、臨時全国宝物取調局での鑑査作業を基礎として、その後は、帝国博物館が引き継いで国宝を指定してゆく。戦前の国宝指定は、あくまで古代偏重であった。

一八九八年三月三日の鑑査会議で、岡倉天心は、「詳密ニ科目ヲ立テ、可成《なるべく》詳細ニ記入スルヲ望ム」と提案し、今日につながる鑑査にかかわる部門がたてられた（『全国宝物鑑査会議要録』東京国立博物館所蔵、館史一二六六）。番号、品目、種類、物質、形状、趣致《しゅち》、方量、個数、年代、作者流派、伝来、等級、所有主、所在、備考、といった部門である。その二週間後に天心は、会議に同席していた福地復一が黒幕とされる東京美術学校騒動で、帝国博物館美術部長を辞任することとなる。

同じく、天心の主導ではじまった国家的な日本美術史の編纂作業は、天心失脚後にその方法論は引き継がれて結実し、『稿本日本帝国美術略史』（一九〇一年）となる[24]。「日本美術史」は、まずはパリ万国博覧会という国際社会で *Histoire de L'art du Japon*（一九〇〇年）としてはじめて活字となる。ここでは、正倉院御物の多くが、日本製であることが強調された。また日清戦争後に書かれたその序文で九鬼隆一は、東洋を代表する日本のみが東洋美術史を語ることができると宣言する。

農商務省がだした『一九〇〇年巴里万国博覧会臨時事務局報告』（一九〇二年）は、「英国ノ如キ伊太利《イタリア》ノ如キ将《は》タ独乙《ドイツ》ノ如キ何《いず》レモ数世紀前ノ建築ヲ摸擬シテ特別館ヲ設ケ、古代ノ美術ヲ陳列シテ互ニ「祖先ノ光栄」ヲ誇」る、と列強の古代文化の誇示を伝える。そうした状況のなかで、日本パビリオンは、高さ二十メートル以上、間口二十四メートル、奥行き十八メートルで、本体は法隆寺金堂を模し、四面には室町以降の美術である鉤鐘窓を設け、壁面は藤原時代の中尊寺金色堂を模し、鳳凰や沙羅の意匠も配された（図11）。全体として「古風ヲ表顕」するとともに、「壮大」な観をもとめたのである。そしてこの建物のなかで、高山寺の鳥獣戯画、石山寺縁起、東京帝室博物館の扇面古写経、松平直亮伯爵からは平治物語絵巻六波羅行幸の巻などのオリジナルが展示された。そのうえ国内では庶民の目に触れることのない御物中の至宝、聖徳太子画像（一九八四年まで使用の一万円札の図像）までもが出品された。一九〇〇年パリ万国博覧会では、*Histoire de L'art du Japon*（『稿本日本帝国美術略史』）という始めての日本美術史が出品され、同時にこの書物のなかに図版が掲載された美術品の本物が展示された。

かくして、フランスの歴史家で前外務大臣のアノトー（Hanotaux, Albert Auguste Gabriel）をして、千年以上前、いまだヨーロッパが「原始ノ時代」であったときと比べて日本の「美術上ノ力量」を賞揚せしめ、「欧州ハ決シテ日本ヲ始メテ文明ニ導キタリト云フカ如キ慢心ヲ有スルヲ得《え》サルコトヲ悟ランコトヲ」と言わしめることになった（『一九〇〇年巴里万国博覧会臨時事務局報告』）。

むすびにかえて――「天平の面影」と「夢殿」

古代の中でもとりわけ天平文化という語からは、奈良で花開いた盛唐時代の国際性豊かな文化という、「開かれた」イメージを抱く。あるいは東大寺の大仏殿や唐招提寺の講堂の甍を思い浮かべる。正倉院の漆胡瓶や鳥毛立女屛風などの御物も、天平文化を代表する美術品である。しかも奈良は、フェノロサ以降、欧米文明の始源としてのギリシャになぞらえられてきた。

しかし正倉院御物は一八八四年以降「秘匿され」、一般国民からは隔絶した宝物となり、天皇制の国体にかかわる要素となった。この天平文化の開かれたイメージと、正倉院御物の秘匿性とのアンビヴァレンスをどう考えたらよいか。

東京美術学校助教授藤島武二の歴史画「天平の面影」（図12、石橋美術館所蔵）が、一九〇二年に白馬会《はくば》第七会展に出品された。金地を背景に、紫の花をつけた桐の木の前に、復元された正倉院御物の楽器、箜篌《くご》をもつ天平美人が立っている。天平文化をイメージさせる、若い女性の髪型や衣装が描き込まれた浪漫主義的な作品である。「上野谷中《やなか》の展覧会」（『読売新聞』一九〇二年一〇月一三日付）では、藤島の制作の動機として「昨年奈良に遊びて普く古画古仏像を渉猟し端《ゆく》りなくも正倉院珍襲の箜篌を一見」したことにあるという。この記事の中で、「細長き相貌」の美人は、天平顔ではないと批評子が非難しているのが意味深長である。

一八九七年、帝国博物館総長久保田鼎は、帝室宝器主管股野琢に宛てて、正倉院御物の至宝は、「我国文化之古代ニ隆盛ニシテ美術ノ淵源、実ニ千載ノ上ニ在リシヲ徴証《ちょうしょう》シ歴史ノ闕《けつ》ヲ補フ」と、模造品制作を願いでている。一八九九年、至宝とされた五絃の琵琶、阮咸《げんかん》、箜篌の三点につき模造《レプリカ》が完成する。[25] 藤島はこの貴重なレプリカを、帝室博物館で実見し模写した（「画稿集」『藤島武二展』二〇〇二年、ブリヂストン美術館）。箜篌は「天平の面影」に、そして阮咸は今は失われた「諧音」のなかで、ともに

図12　藤島武二「天平の面影」（1902年）

図13　安田靫彦「夢殿」(1912年)

モチーフとしてもちいられた。

正倉院は、外賓・高官・学者・芸術家など限られた者にしか拝観が許されなかった。また正倉院の図像のみならず、「開封」立ち会いの記者による新聞報道さえ検閲された。(26)この「天平の面影」のように、オリジナルに接する特権のある画家が描いた、理想化された御物のイメージが、天平文化として国民に伝えられてゆく。同じように、現物に接することのない国民に、教科書や美術書などの写真や図版が、正倉院御物の権威・神秘性を醸し出してゆく。

歴史画の泰斗、安田靫彦《ゆきひこ》が、一九一二年の文展に初期の代表作「夢殿」(図13)を出品する。一九〇七年から、岡倉天心の援助のもと、安田は奈良へ留学し法隆寺金堂壁画の模写をおこなった。岡倉天心はすでに一八八九年、『国華』発刊の辞で、「国体思想」の発達とともに、歴史画を「益々振興」すべきことを説いていた(『全集』第三巻)。安田は奈良体験をもとに、高僧から法華義疏執筆の「妙義」を授かる聖徳太子を描いたのである(『紫紅と靫彦展』〈柏木智雄解説〉横浜美術館、一九九五年）。

前近代の聖徳太子像が、観音の化身《けしん》、仏教の聖者として童形であったのに対し、近代には御物の唐本御影（一九八四年までの一万円札の図像）に特化され、近代の神話となってゆく。聖徳太子イメージは、政治家、有徳者として二十世紀の国民道徳と重ねられてゆくのである。(27)安田靫彦が描いた聖徳太子は、まさに唐本御影に特化された成人の聖徳太子像であった。

近代における聖徳太子観の到達点として黒板勝美『聖徳太子御伝』（聖徳太子一千三百年御忌奉賛会、一九二三年）がある。黒板は、神聖な天皇が平等な国民を直接治めた国体や、古来の国民思想や固有な国語のありかた、「日出づる国」の自主的外交を強調した。

黒板の言説は、同時代の教育界・神道界における国民道徳論の隆盛とパラレルである。黒板は、日露戦後の社会改良の中で、一人一人の国民を教化するために歴史学を動員する枠組みを創り上げた人物である。国民教化のためには、神話・伝説や史蹟・名勝をも動員する歴史学のあり方は、一九四〇年代の神武聖蹟調査の先駆けとなった。

しかし御物、唐本御影は、皇居の天皇の手元にあり、一般にはみることができない。まさしくこれら歴史画の構造は、明治憲法体制下の御真影を思わせるのである。

御真影に至る天皇像の変遷を振りかえってみよう。明治初年から明治十年代までの天皇行幸の時代は、博覧会の時代でもあった。文化財は殖産興業に従属し、実物の御物や生身の天皇は、国民の視線にさらされていた。各地の博覧会の、古器物や物産の展示の場に、天皇は臨幸する。歴史的時間を体現する古器物と各地の物産や勧業場を、明治天皇がみることにより、歴史的時間と国土という空間をともに統治する王権の正統性を知らしめる。天皇権威の形成過程であり、将軍に代わる天皇を宣伝する時代であった。

しかし一八八五年の宮中と府中の分離を境にして、皇室財産の形成とともに御物も秘匿化され神秘化されてゆく。御物や社寺の宝物を、同じ場所で臨時に展覧する時代は終わる。

帝国憲法発布以降は、生身の天皇は国民の前に現れず、代わって御真影が、官庁や学校に普及してゆく。御真影は、キヨソーネ（Chiossone, Edoardo）が明治天皇を理想化して描いた肖像を、丸木利陽《りよう》が写真に撮ったものである（多木浩二『天皇の肖像』岩波新書、一九八八年）。理想化された天皇は、欧州君主制とは隔絶した、「万世一系」という国体イデオロギーで粉飾される。皇祖皇宗という一二〇代をこえる、欧米には絶対にない、とてつもない時間の長さを、世界で唯一背負う天皇である。まさに始源としての古代文化の粉飾、構築は、国際社会にむけて条約改正を達成し「一等国」になろうとする日本にとって、重要な国家的課題であった。

明治憲法体制下で、国宝に代表される文化財を展示する常設の帝国博物館（一九〇〇年に帝室博物館）が確立する。ここに国宝などの文化財や史蹟名勝といった「開かれた」文化財と、正倉院御物（欧州王室の私宝に比せられる）や天皇陵などの「秘匿された」文化財という、二本立ての文化財の体系ができあがった。

実は、日本近代の文化財の公開性と秘匿性との両義性は、近代天皇制における、欧州とも普遍的な君主的要素と日本独自な「国体」の要素との両義性に通じると考える。そうすると、どうしても私には、理想化された正倉院御物をいだく「天平の面影」の細面の美人像や「夢殿」の聖徳太子像は、理想化された近代天皇像(御真影)を創り出したからくりとだぶって見えてくる(藤島武二や安田靫彦の創作が、芸術至上のロマン主義や古代への憧憬にあったとしても)。

一方、大正期以降隆盛を迎える皇陵巡拝も、開放性と秘匿性という天皇制の特質を有していた。皇陵巡拝は、史蹟名勝めぐりをもかねた娯楽の側面もあった。一九一三年(大正二)『歴史地理増刊 皇陵』は、鉄道・船舶を利用し、関西から多度津・下関をめぐる一八日間の、神武天皇陵より明治天皇陵までの一二一代にわたる皇陵巡拝のモデルコースを示す。

また同時に、皇陵巡拝は「崇祖追遠《ついえん》ノ美風」をおこすと、諸陵頭杉栄三郎は述べる(皇陵巡拝会『皇陵巡拝案内記』一九三三年)。墳丘の聖域には入れないが、幕末以来明治期を通じて創られた鳥居、玉垣、植樹、周濠といった天皇陵の外郭の景観にふれることはできる。しかも墳丘には実際の天皇は埋葬されていない。陵墓を、天皇の死後の世界のイメージが稀薄な国民道徳の一環として、国民は崇敬する。緑の山なす墳丘の、隔絶された荘厳さと、それを取り巻く大衆社会状況のツーリズム。ここにも開放性と秘匿性とをあわせもつ近代天皇制のメカニズムを見ることができる。

第二部　古都京都

明治５年仙洞御所，公家町の築地塀．本文 98 頁参照．

途中、昔の大極殿《だいごくでん》を模した平安神社に参る。(中略)平安朝の芸術を愛するよりも、平安朝の生活に憧れる人々に取つて、此の建物は絶好の企てゞあらう。私は京都に滞在して居る間、何度も〳〵此処を訪れて、じツと石甃《いしだゝみ》に腰を据ゑつゝ、遠い古へを偲ばうと思ふ。

——谷崎潤一郎『朱雀日記』一九一二年

第三章　近世の内裏空間・近代の京都御苑

はじめに

一八七九年（明治十二）以降に撮影された「烏丸通土《ど》墨（塁《るい》）門」（宮内庁書陵部所蔵）の写真（図14）は、竣工なったばかりの烏丸通と京都御苑を隔てる石塁と九門《きゅうもん》の景観である。一八七八—八〇年の京都御苑の整備事業で、九門（中立売《なかたちうり》御門や蛤《はまぐり》御門など）は烏丸通、今出川通、寺町通、丸太町通に面して付け替えられた。そして近世にはなかった京都の町と「御苑」を隔てる、石塁の境界があらわれる。写真には石油燈（と推測される）が設置され、京都御苑がハイカラな場であったことをうかがわせる（『京都市政史』第一巻、京都市、二〇〇九年）。

素朴な疑問であるが、明治二年（一八六九）三月の東京「奠都《てんと》」より前には、近世の烏丸通の景観はどのようなものだったのか？　土塀のうえに屋根を葺いた、統一した築地はあったのか？　本稿はこの疑問から出発する。

図14　烏丸通土塁門．烏丸通では，1879年に土塁・石塁の造築，門の移動が完了した．

結論からいえば、宝永五年（一七〇八）の大火以後、今日の「京都御苑」につながる領域が確定された後においても、烏丸通、今出川通、寺町通、丸太町通に面して、統一した外郭の築地はなかった。延宝四年（一六七六）二月「延宝度内裏他《ほか》築地指図《さしず》」（図15）（『中井家文書の研究』第三巻、中央公論美術出版）、安永五―九年（一七七六―八〇）「御築地辺図」（京都文化博物館『京の江戸時代』一九九八年）、慶応二年（一八六六）「掌中雲上抜錦《ぬきにしき》」（図16、三室戸蔵版）といった地図類や、文政十三年（一八三〇）の地震被害の報告からわかるように、禁裏御所・仙洞御所・五摂家・宮には堅固な築地があったが、それ以外の公家屋敷は家格に応じた塀があったと思われる。おそらく、モザイク状に公家の家格に応じた多様な塀が展開したのだろう。

しかも今日、約一〇メートルをこえる烏丸通や今出川通などの四方の通りは、近代に拡幅されたものである。近世初期の寛文元年（一六六一）の中井家文書「御公家衆替地絵図」（京都府立総合資料館所蔵、三八七）によると、烏丸通はでこぼこしているが、二間四尺五寸から三間半（約五―六・四メートル）の幅しかなかった。烏丸通を隔てて、町屋と公家町が軒を接していたのである。[1]

それでは毎年、新嘗祭の時に触れ出される「一御築地之内、不浄之輩往通停止之事」（『京都町触集成』第一一巻、天保十四年十一月など。以下『町触』）の、「御築地之内」とはどこを指すのか。

「掌中雲上抜錦」から考察すると、禁裏御所のまわりの、西側一条家、北側近衛家、東側飛鳥井家・押小路《おしこうじ》家、南側有栖川家など、禁裏と向かい合った家々の、禁裏に向いた側面はすべて築地塀

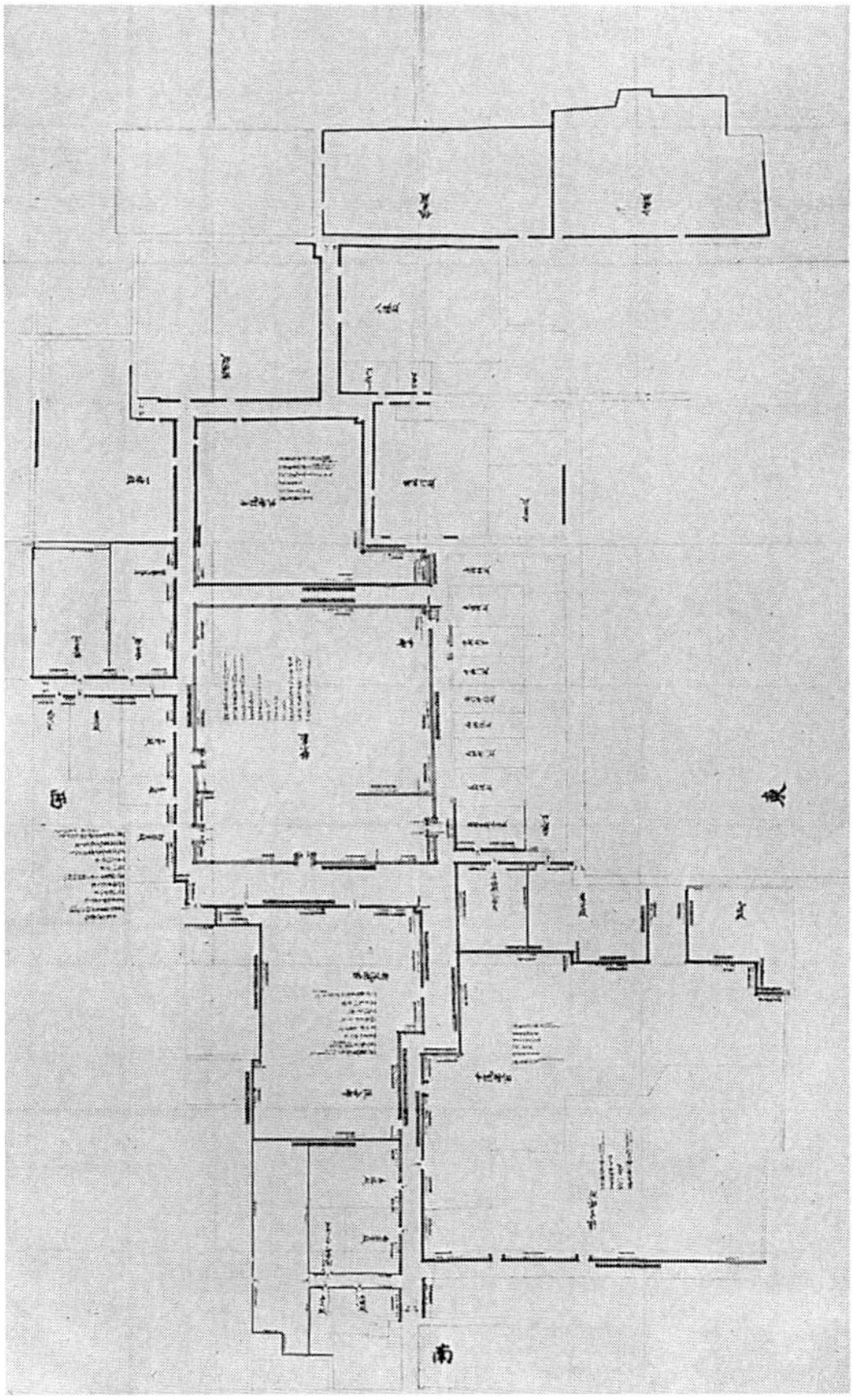

図 15　延宝度内裏他築地指図（延宝４年２月）

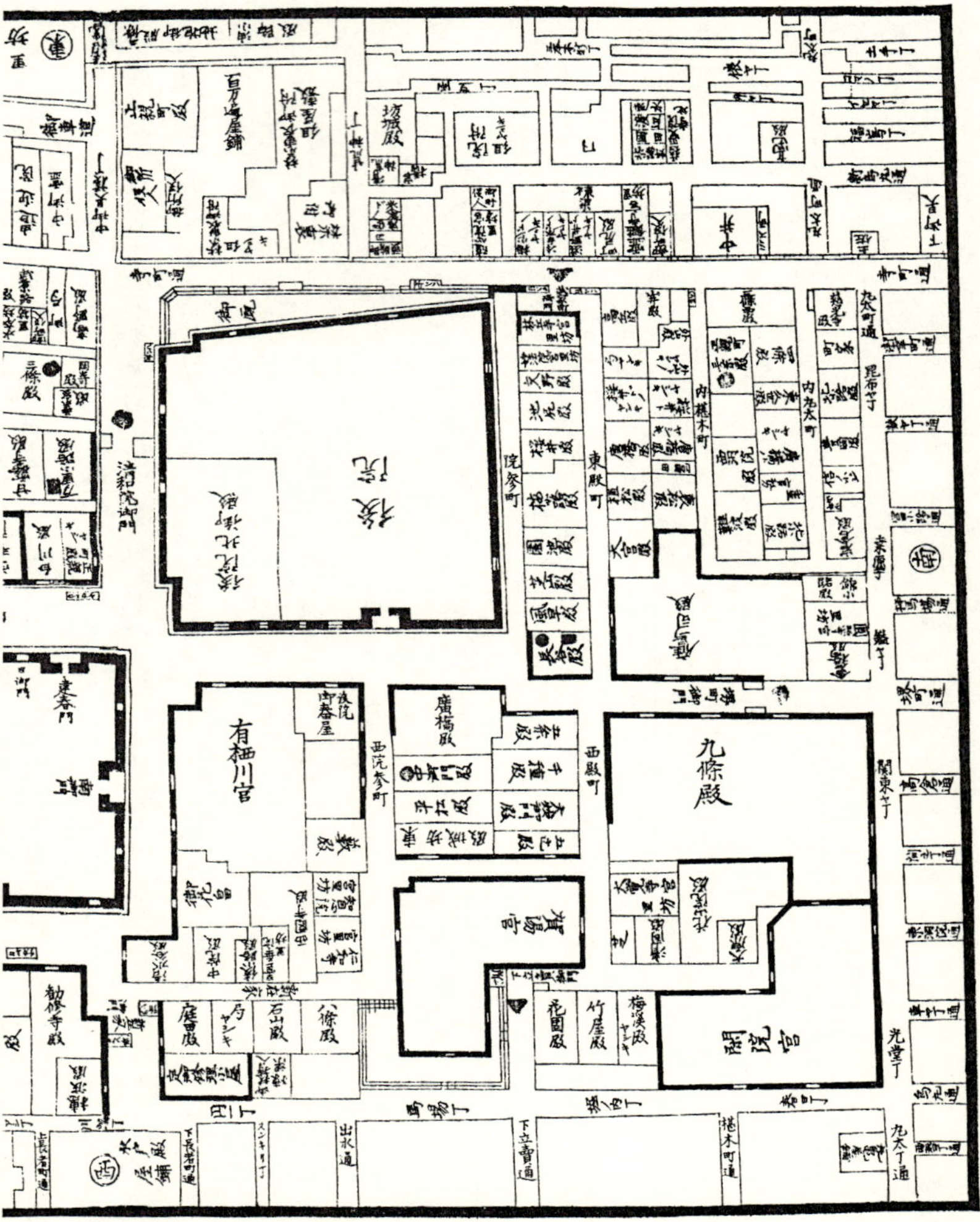

の宣秋門が観光スポットの公卿門である．左が北である．

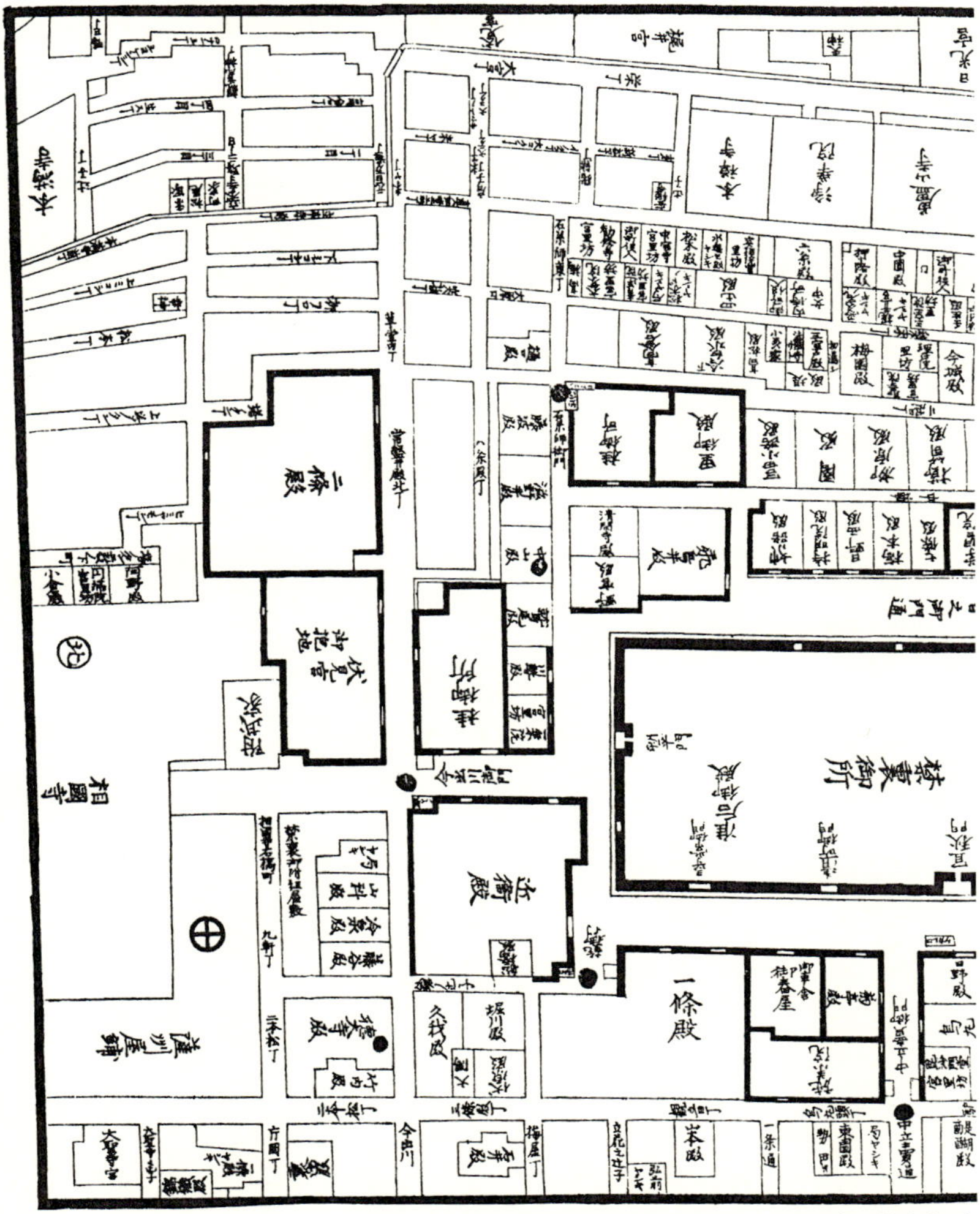

図 16　掌中雲上抜錦(全)(慶応 2 年＝1866)．禁裏御所

（太線で表記）がめぐらされている。九門から禁裏につながる空間は、基本的に築地塀で囲まれ統一された空間である。これはすでに、宝永の大火前の「延宝度内裏他築地指図」（図15）においても、六門内に共通した景観が指摘できる。

第二部扉写真は、明治五年（一八七二）七月一日に蜷川式胤《のりたね》らの宝物調査時に横山松三郎《まつさぶろう》が撮ったものである（蜷川式胤『奈良の筋道』中央公論美術出版、二〇〇五年）。仙洞御所西側の表門から南を望んだもので、右手に「広橋殿」の築地塀、奥に「長谷殿《ながたに》」の築地塀が遠望できる。堺町御門から禁裏御所に向かう両側が築地塀に囲まれた空間であったことが証明される。

堺町御門から入り今出川御門に抜ける旅人は、築地塀に統一された厳かな道を歩き、禁裏西側の公卿門で異形《いぎよう》の公卿の参内を楽しむのである。自らの京都観光の経験から、曲亭馬琴をして、「（京都においてて）見て尊きもの、禁中はさらにも云ず（中略）公卿の参内」（「羇旅漫録」『史料京都見聞記』第二巻、享和二年。以下『見聞記』）といわしめる。

すなわち近世に実体のある築地内とは、九門から禁裏につながる空間であると、当時の人々には認識されていた。今日の「京都御苑」の外郭に築地があったと考えるのは、冒頭にかかげた写真（図14）、明治につくられた石塁に捕らわれた、近代の幻想である。広橋光成旧蔵『禁裏百箇条』(2)には、「九門内表通り之堂上方屋敷門築地者《は》公儀御入用を以《もつて》御修復有之事《これある》」の一条があり、「九門《きゆうもん》内表通り」の「堂上方屋敷門築地」は公儀の金で修復することが明言される。まさに九門内こそ、築地で囲まれた表通りなのである。そして、九門内は町役が掃除を勤め、不浄物は穢多の小坊師役によって取り除かれ、清浄な空間が保たれる。

本章では、幕末になって盛んに版行される「内裏《だいり》図」（今日の「京都御苑」に重なる範囲を扱う）にならって、禁裏・仙洞御所・宮・公家屋敷などからなる九門内の築地空間を「内裏空間」と呼びたい。厳密には近世を通じて何度も火災に遭い、建てかわる禁裏御所・公家町などの変化を丁寧にトレースする必要がある。本章では試論として、九門が整う宝永五年（一七〇八）の大火後から明治二年（一八六九）の東京「奠都」までの内裏空間のありようのイメージ（あるいは思想）を提出することが、眼目である。

この内裏空間は、往来自由な活気ある空間であり、かつ観光スポットで、さらに奥の禁裏御所の中にも、正月の舞御覧《まいごらん》や節分、お盆の灯籠の時などに入ることができた。しかも画期となる宝永年間以降、町触を通じて、京都の町衆を対象に禁中参詣が知らされ、参詣が一般化しはじめる（北川一郎「近世後期の民衆と朝廷」『新しい歴史学のために』二四一号、二〇〇一年）。日常的に京都の町人は九門内を自由に往還できたし、京都以外からの観光客も南北に縦断できた。江戸で発行された東海道五十三次の双六では、その多くは「上がり」の京都には禁裏御所の公卿門に参内する公家衆の姿が描かれる（神奈川県立歴史博物館『江戸時代の東海道』二〇〇一年）。京都観光のメイン・イベントは、禁裏御所の西側の公卿門、そこに参内する公家衆の鑑賞なのである。公卿門は、「宮・摂家その他の公家」が出入りした（藤岡通夫『京都御所』彰国社、一九五六年）。宮中のなにを見ても感動する本居宣長などは、公卿門での参内を間近にみて、「立こともわすれてしはらくやすらひ侍りける」とのありさまである（「在京日記」宝暦六＝一

七五六年正月十三日条『本居宣長全集』第一六巻)。

日常の自由な内裏空間の往還や活気ある雰囲気の延長上に、庶民の節分のときの禁裏御所への拝観や天明七年(一七八七)の「千度参り」の盛り上がりがあることを論じたい。したがって奥の禁裏御所への庶民の拝観や、芸能賤民の天皇眼前での奉仕は、特別のことではなく、京都の町の日常の延長なのである。こうした内裏空間の中の、近世天皇のあり方をどう考えるべきか。それは従来指摘される「生神《いきがみ》」的な存在で民俗信仰の対象といった天皇像だけではない。近世後期には、政治や社会にかかわる祈願のために「禁裏様」に参るとされたように、京都を中心とする地域社会の中で、天皇が公共性を有する存在になりつつあった。本章ではこのことにも言及したい。

最後に、近代への展望である。明治二年の東京「奠都」によって、天皇と多くの公家たちが東京に移動し、その結果荒廃した内裏空間において、一八七七年の明治天皇京都行幸を契機に保存事業が始まる。一八七八年から八〇年にかけて、槇村正直知事を中心に、京都府は公園としての京都御苑の整備事業をおこない、今日の石塁、九門の付け替え、植樹などがおこなわれる。そして一八八三年一月の岩倉具視の「京都皇宮保存ニ関シ意見書」により、京都御苑という空間を、国際社会の中で「日本文化」「伝統」として利用する文化戦略が登場する。そして一八九〇年代以降、皇室財産としての京都御苑は、次第に庶民とは隔たった、閉じた空間へと変貌してゆく。

第一節　近世の朝廷と内裏空間

1　近世後期の朝廷と山城国との地域的つながり

近世の朝廷の所領は、禁裏御料でいえば十八世紀に約三万石となったが、そのほとんどが山城国に集中していた。院につく仙洞御料も全体の約三分の二にあたる六三〇九石が山城国にあった。弘化四年(一八四七)の孝明天皇即位式では、獅子狛犬番として禁裏御料の梅ヶ畑《うめがはた》から村人が警護役にでた。禁裏御料の山科郷からは、翌嘉永元年の大嘗祭には七四〇六本の竹が献納された。上賀茂村では大嘗会の酒殿《さかどの》に奉勤がなされた。日常的にも、川端道喜の餅や虎屋の菓子の禁裏御用や、笠置屋《かさぎ》(のちの大倉酒造)の酒の御用、あるいは端午の節句の小野郷からの菖蒲御用、蓮台野《れんだいの》村からの小坊師役、京焼諸窯の御用調進など、さまざまな献納・奉仕が、少なくとも江戸後期には京都の地域社会と密接に結びつきながら展開した(3)。

また門跡寺院も畿内に集中しており、宮門跡でいえば、幕府の権威づけに設置された日光の輪王寺をのぞく、仁和寺・大覚寺・妙法院・聖護院・照高院《しょうこう》・青蓮院など一三カ寺は山城国に集中していた。密教の東寺の僧侶は正月に後七日御修法《ごしちにちのみしほ》で宮中に参入し、醍醐寺理性院《りしょう》は大元帥《たいげん》法で国家護持・天皇の健康を祈った。

宮中年中行事には畿内在住の賤視された芸能者や宗教者が参加している。正月五日には参内殿前庭で大和からやってきた千寿万歳《せんず》が天皇の前で新年を寿ぎ、ひきつづき京住《きょうずみ》の瀧井兵庫を筆頭とする猿回しが芸能を修する。正月十七日には鬼面をつけ赤熊《しゃぐま》髪をかぶった大黒役者《だいこくやくしゃ》が小御所《こごしょ》東庭に参入し白衣の陰陽師が呪文を唱え地面にひれ伏す（『恒例公事録』E函一号、宮内庁書陵部所蔵）。たしかに、こうした芸能賤民の正月儀礼は中世以来の系譜につながるであろうが、近世後期においては、その残滓、特別な事例とは思えない。近世の日常的に開かれた内裏空間の延長線上にあると考えたい。

2　内裏空間と築地

明暦四年（一六五八）『京童《きょうわらんべ》』（山森版）は、中川喜雲があらわした初期の京都の観光案内であるが、その冒頭が「内裏」である。十七世紀後半から十八世紀にかけて、流通経済の中心が京都から大坂に移るなかで、京都ブランドや京風文化が成立し、それを売り物にした京都観光が隆盛を迎える（鎌田道隆『近世京都の都市と民衆』思文閣出版、二〇〇〇年）。その目玉が御所観光であり、関東などから来た「田舎者」の関心は、京都ブランドを表徴する、エキゾチックな公家衆の参内にあった。

「禁闕《きんけつ》」の「玉殿金門」の建物、四季の儀式や花鳥風月といった、「公事殿《おおやけごととの》づくりおもひをくりおしはかり、六口《むくち》の門の下馬のふだにはいくわいするこそゆゆしけれ」、との紹介がなされている（『京童』）。

公家町の西側の中立売門《なかたちうりもん》あたりから禁裏御所の公卿門を鳥瞰した『京童』の挿図には、中立売御門とおもわれる門前に「下馬」の立て札が掲げられる。(4) 六口とは、中立売・今出川・乾《いぬい》・石薬師《いしやくし》・清和《せいわ》院《いん》・堺町の諸門である。宝永の大火以前は、禁裏御所に至る門は六つであった。六口で下馬さえすれば、内裏空間に入れるのである。そこで禁裏御所の中を思いやりつつ、徘徊するのが、「ゆゆし」い観光の様である。天保九年（一八三八）七月二十七日、幕臣と思われる石瓦翁は、九門内の徘徊を、「日華の御門・紫宸殿なと築《つい》かきの外より御やねはかり見る」と記す（「百たらずの日記」『見聞記』第三巻）。確かに、内裏空間は、普通の町とは違い、天和三年（一六八三）九月より、辻駕籠を築地内にのりいれることが禁止されていた（『京都御役所向大概覚書』）。

今日の「京都御苑」の領域、今出川通・烏丸通・丸太町通・寺町通といった四辺に囲まれた領域に、禁裏と公家町などからなる内裏空間が形成されるのは、宝永五年（一七〇八）の火災以降である。[5]とくに烏丸通以東、丸太町通以北の地域が、公家町に組み込まれる。「宝永六年　京絵図」（亀屋清兵衛刊）[6]をみると、内裏空間南西部の拡張予定の公家町は、「アキチ」になっている。禁裏御所の南部の町は、川東二条新地、内野新地に移転となった。

高埜利彦の研究によると、十七世紀後半以降、綱吉政権の時代は、近世の朝幕関係の転換点であり、大嘗祭や賀茂祭などの朝儀が復興され、公卿の人数もふえだす時期である（「江戸幕府の朝廷支配」『日本史研究』三一九号、一九八九年）。幕藩制のなかで朝廷の権威が浮上し制度化される時期に、空間的にも禁裏御所や公家町などからなる内裏空間が確定することは重要であろう。

京都御所は、十四世紀の南北朝期の里内裏《さとだいり》のひとつであった土御門東洞院《つちみかどひがしのとういん》内裏に起源する（藤岡前掲書）。近世にはいって、たびかさなる火災のなかで、御所造営だけでも、慶長・寛永・承応《じょうおう》・寛文・

延宝・宝永・寛政・安政度におよぶ。

　近世の九門は、宝永五年（一七〇八）の大火を契機に整備される。その九門の規程が、『京都御役所向《むき》大概《おおむね》覚書』の「禁裏外郭惣御《そうご》門《もん》之事」である。「西御門（中立売）、黒門（堺町）、巽《たつみ》御門（清和院）、石薬師御門、乾御門、北御門（今出川）」の六門の番人には、「禁裏御春屋《おんつきや》」から「切米《きりまい》」（扶持米）が下された。そして宝永の大火後に新設された、「武家町御門（寺町）、下立売御門、新在家《しんざいけ》御門（蛤）」の三門の番人と、堺町御門と下立売御門の外にある木戸番の「切米」は、京都代官の小堀仁右衛門から支給された。

　瓦葺きの高麗門の九門は、禁裏御所につながる番人がおかれた門である。基本的に九門のなかにはいると、そこから築地に両側を囲まれた空間がはじまる。これに対し、近代に外側の烏丸通や今出川通などに面してつけ替えられた九門は、京都御苑（皇室財産）を京都の町と区切るものである。

　ここで築地塀について考えたい。「延宝度内裏他築地指図」（延宝四年、図15）によると、南の堺町御門から入って右手に「法皇御所」「女院御所」の築地、左手に「西園寺殿」「広辻殿」「新院御所」の築地をみて進む（第二部扉写真の逆方向）と「禁裏」にゆきあたる。西の惣門、中立売御門からは、左手に「施薬院《せやくいん》」「菊亭殿」の築地、右手に「烏丸殿」「日野殿」の築地をみながら「禁裏」の公卿門に至る。北西部の乾門、北側の今出川御門からの道筋も同様で、禁裏御所に至るまで、統一した築地内の空間がひろがる。宝永の大火後、安永五―九年（一七七六―一七八〇）の間に書写された「御築地辺絵図」（『京の江戸時代』）や「掌中雲上抜錦《ぬきにしき》」（慶応二年、図16）における築地塀は、今出川御門・乾御門・中立売御門・蛤御門・堺町御門・清和院御門から禁裏御所にいたる道筋の両側に切れ目なく存在する。堺町御門に関して、「十国巡覧記」は「九条・鷹司殿は築地南口御門の両辺に居る」と伝えるが、「築地南口御門」という認識こそ、九門内の築地空間、すなわち内裏空間を指す認識ではないか（『見聞記』第三巻、天保九＝一八三八年三月二十五日条）。

禁裏御所、仙洞御所、宮、五摂家に築地塀があることは、中井家文書の個別の屋敷図や、近世を通じる絵図類でも証明できる。注目すべきは、「掌中雲上抜錦」でいえば、「禁裏御所」の東側の日之御門通に面する、「正親町《おおぎまち》殿」「白川殿」「学習院」「七条殿」「橋本殿」「日野西殿」「持明院殿」「押小路殿」「飛鳥井殿」「野宮《ののみや》殿」といった公家屋敷は、「禁裏御所」に面した表通りのみ、統一した築地塀が展開する点である。

さらに文政十三年（一八三〇）の地震の報告によると、塀の造作が多様であったことがわかる。禁裏・仙洞・大宮・女御《にようご》については「御築地は倒れ不レ申《もうさず》」、宮方・摂家方・清花《せいが》（清華）以下・公卿・殿上人の「表練塀多分倒申候《たおれもうしそうろう》」、そして「伏見様今出川通御塀不残《のこらず》崩」れた、となる（「甲子夜話」「庚寅洛陽地震録」『見聞記』第五巻）。堅固な築地は、禁裏御所、後院、鷹司殿、九条殿、閑院宮、近衛殿、桂御所などにあったのだろう。(7)

近世中・後期の紀行文や図会をみると、京都の町人や観光客は、堺町御門から禁裏御所の西側の公卿門のまえを通り今出川御門に抜ける、南北の動きを示す。また中立売御門は「西之惣御門」であった。たとえば文化六年（一八〇九）四月十日に、井伊掃部頭《かもんのかみ》直中や京都所司代酒井讃岐守忠進が参内するときは中立売門から、東へ禁裏御所に向かう（『町触』第九巻）。「掌中雲上抜錦」で確認できるように、中立売御門から東へ禁裏に向かう公的な道筋と、堺町御門から今出川御門にぬける庶民の道筋は、いずれも築地塀に囲まれた荘厳な空間である。築地内とは、従来思われているよりは限定された範囲であり、通行者の視線を意識した空間であった。

３　自由な往来、活気ある内裏空間

（１）観光スポットとしての内裏空間

十六世紀の禁裏は、最近の研究が明らかにするように、より開かれた場であり、正月十八日、紫宸殿南庭で巨大な柴山を焼く大三毬打《おおさぎちょう》は、庶民でにぎわった。また元亀《げんき》四年（一五七三）信長の京都の上京焼打ちにそなえて、京都の町衆は、「禁裏御築地之内」に小屋をつくり、妻子を避難させたという（清水克行「戦国期における禁裏空間と都市民衆」『日本史研究』四二六号、一九九八年）。

近世中・後期において、九門内に人々が自由に往還できたことの決定的史料は、のちに紹介する万延元年（一八六〇）三月の「禁裡附武士大久保大隅守九門警戒ニ関スル触書」（『大日本維新史料稿本』万延元年三月二十九日条、東京大学史料編纂所所蔵。以下『稿本』）である。他国から来たものは、基本的に番所で名前と用向きを告げれば、築地内に入れる。京都在住の者については、フリーパスである。幕末の政情不安のなかでこの状態であるから、それ以前の日常の九門のあり方も推測できるだろう。禁裏御所のまわりの内裏空間、築地内は人々が「自由」に往還できたのである。

有名な「千度参り」では、天明七年（一七八七）、五―七万人の人々が、禁裏御所の築地塀の周囲をぐるぐる回り、南門・唐門前で拝礼し豊作を祈願し、禁裏御所の南側の上皇からりんご三万個、有栖川宮からお茶がふるまわれた。「千度参り」も、日常的に往還自由な内裏空間の延長上に位置づけられる(8)。

町触の中には、文化九年（一八一二）九月「御所御築地内御用水筋ニ而《て》致漁《りょういたし》候儀者《は》有之間敷《これあるまじき》処、右川筋ニ而漁いたし候もの有之、石垣樋門木柵并錠等度々致破損《はそんいたし》」といった被害を報じるものがある（『町触』第九巻）。同様の禁令が、天明三年（一七八三）五月にもだされている。築地のなかの用水に入ってまで魚を捕る、京都の町の人々の姿がうかがわれる。寛政三年（一七九一）二月五日には、竣工なった仙洞御所を見物するため、拝見人が清和院御門ほか三門から入っている（『町触』第七巻）。

また文久三年（一八六三）四月十一日、孝明天皇の石清水八幡宮への行幸の光景として、「出御《しゅつぎょ》後南門開きありて雑人御築地外より拝見するに承明《しょうめい》門も開きて紫宸殿上に高御《たかみ》座《くら》まて遠く拝見す」との記述がある（『文久三年記』上、京都大学経済学部蔵）。禁裏御所の南門から、「雑人」＝庶民が、高御座を遠望する様子である。さらに明治元年（一八六八）十二月の還幸時に京都御所の南門外で、京都市中のものに酒肴をたまう旨の触れがでるのも、近世以来の内裏空間の連続であろう（『町触』第一三巻）。

以上述べてきた往還自由な内裏空間と、十八世紀以降盛んになる京都観光について考察をすすめてゆきたい。

江戸の歌人である津村淙庵《そうあん》が、寛政七年（一七九五）にまとめた『譚海《たんかい》』（『日本庶民生活史料集成』八）に

は、

毎日京都見物に諸国より上《のぼ》りたるものは、唐門の向ひに居て拝見する事也。いづれも門の下にて草履を沓《くつ》にはきかへ、笏を端《ただ》し裾を曳て甃道《いしみち》をねり入らるゝ。一進一止、歩々儀則ありて刻を移す事也。足取に家々の式ありて、足ぶみの拍子もかわれり。遥に進み入らるゝ迄《まで》、沓の声遠く門外へ徹して聞ゆる也。

とある。天明の大火前の宝永度の禁裏においては、禁裏御所の西南部に唐門（公卿門）があり、そこで公家衆の参内を見る。この随筆は公家の家ごとに違う作法を興味深く観察する、観客の視線である。また、みられる公家衆も「家々の式」を意識していたであろう。

実際、宝暦四年（一七五四）に版行された「名所手引京図鑑綱目」（菊屋長兵衛刊）裏面にある「名所手引案内」の唯一の挿し絵は公家衆参内図である（図17）。京都イメージの象徴として公卿門が選びとられている。刀をもった折烏帽子《おりえぼし》の地下《じげ》をともなった、黒い直衣《のうし》の摂家であろう公家が公卿門から参内するシーンである。

裏面の「名所手引案内」の記載の冒頭は、

抑《そもそも》　今の都の初りハ人王五十代くハんむ（桓武）天王の御宇《ぎょう》ゑんりやく（延暦）三年、ならの都をこゝニうつさせ給ふ伝教大師の御地まつりにて、ありがたきれいち（霊地）なり、御ないし所（内侍所）ハ西むき也、ししんでん（紫宸殿）せいりやうでん（清涼殿）つねの（常）御殿ハ南むき也、さて東西ハ百二十五間半、南北八百九十八間四方ニ十二門有、南門ハ正面ニ有、くげ門ハ西表ニ有、日の御門

図 17　名所手引京図鑑綱目（菊屋長兵衛刊，宝暦 4＝1754 年）

ハ東おもての南ニ有、

からはじまる。桓武天皇による遷都と、伝教《でんぎょう》大師（最澄）による鎮護国家の由緒、そして、禁裏御所内の建物、諸門の説明へと続く。

そして、この公卿門と日御門前には、檜垣《ひがき》の茶屋があった。「羇旅《きりょ》漫録」（享和二年）の「内裡の御燈籠」のなかで、

日《ひ》の御門《ごもん》諸人はこゝよりうちへいるの外に茶店あり、檜垣の茶屋と号す。又公家門の前の茶店も檜垣と称す。こゝは江城の下馬先のごとし。茶店は甚むさくろしけれど、その名はおのづから雅なり。

と、伝えるものである。江戸城の下馬先は名所であり、武鑑片手の見物人で賑わった（藤実久美子『武鑑出版と近世社会』東洋書林、一九九九年）。また天明七年刊行の秋里籬島《りとう》『拾遺都名所図会』では、公卿門を描いた「公卿拝賀、参内体」の冒頭の挿図に続いて、振売の檜垣の茶屋と、被衣《かつぎ》の女性たち、平堂上の参内を見物する笠や杖をもった京上りの男女の姿が描かれた第二の挿図が登場する（図18）。そこでは、ひざまずいた農民が、公家に

図18　正月の内裏空間(秋里籬島『拾遺都名所図会』天明7＝1787年)

手をあわせている。[9] 絵詞《えことば》にいう、「元日に、檜垣の茶屋の内裏へ入けるを見て狂歌をよめる。初空にひがきの茶屋の朝けぶり竈《かまど》賑《にぎわ》ふその一つなり」。

文久元年(一八六一)十二月二十九日、尊王論者の野村望東尼の「上京日記」(『見聞記』第三巻)には、「さて今日は、やごとなき御方々の内裏まゐらせ給ふを拝み奉らむとて、今出川御門より入りて(中略)こゝ(公卿門)には昔より御ゆるしをうけて、煮売《にうり》屋するあり、酒肴・くだ物やうをあきなふさま、ざゝめきていそがしげなり」とあり、公卿門前のにぎわいと、酒肴、果物を売る煮売屋の存在を明示する。慶応二年「掌中雲上抜錦」(図16)には、宜秋門《ぎしゅう》(公卿門)の向かい側に「コシカケ」が二カ所、建春門(日御門)の向かい側にも「コシカケ」が一カ所、書き込まれている。公卿門前の「コシカケ」で、一杯やりながら見物する庶民の姿が目に浮かぶ。

安永三年(一七七四)「懐宝《かいほう》京絵図」(正本屋吉兵衛刊)には、街路が赤線で表記されるが、京都の町同様に、九門内、「禁裏」のまわり、公家町にも、縦横に街路が走っていた。このことも内裏空間が、町続きの感覚であったことの証明になろう。また内裏空間の公家町にも名称があり、堺町御門の西部には、南から内殿町、西院参町。堺町御門の東部には内丸太町、内椹木町、東殿町、院参町。清和院門の北側には、東から梨木町、二階町、中筋《なかすじ》。今出川御門の東側には八条殿町があった（宝永五＝一七〇八年「改正内裏御絵図」平野屋茂兵衛他刊、など）。

九門内の内裏空間が観光スポットであったことの重要な史料は、天保三年（一八三二）「改正分間新撰京図都名所自在歩行」（竹原好兵衛刊）である。ここには、京都観光のモデルコースが、地図上に書き込まれている。三条大橋を起点として東山から洛中の見所をまわる「赤線」に続いて、二日以上逗留する際にまわるルートが「藍線」で図示される。「藍線」は、九門の中の、堺町御門から仙洞御所の西側を通って、禁裏御所の東南の日御門へ。そして禁裏御所の築地塀に添って南側から、西側の公卿門にいたり、公家衆の参内を鑑賞したうえ、北上して今出川御門に抜ける、というコースである。

同様に文久三年（一八六三）「改正分間新撰京図都名所自在歩行」（竹原好兵衛刊）の地図の裏面には、「神社仏閣古跡由来、京名所案内」が刷り込まれる。冒頭は、「御内裏」で「東西五丁余、南北八丁余」とあり、続いて、

禁裏御所　東ニ日御門、南ニ唐門、西ニ公家門あり
紫しんでん清れうでん、其外御殿おびただし、但し常ニはいかんならず、三月二日、七月十三十四日、正月十九日、せつぶん、此五日ハ御築地中へ入るをゆるさるゝ

とある。九門内の内裏空間は、日常的な観光スポットであるが、その奥の禁裏御所にも、節分、灯籠

など、限られた日には「はいかん」できるという情報が掲載されている。そして天保七年（一八三六）七月の町触、「別而《べつして》御所辺又者《または》三条五条等大通り筋抔不掃除之儀有之候而《などそうじせざるのぎこれありそうろうて》ハ、他国江《え》之外見不宜事《よろしからざること》ニ候間」（『町触』第一一巻）からわかるように、御所周辺は、三条通や五条通などのメイン通りとならんで、他国からの観光客を意識して「掃除等行届《ゆきとど》」くことが要請された。

松井みき子は、寛文年間頃より上層公家邸や門跡寺院の道路沿いに見学施設としての「物見・格子」が造営されることを明らかにした（「公家邸指図にみる「物見」」『日本建築学会計画系論文集』第五〇八号、一九九八年）。十八世紀前半に造営される禁裏御所の南側に面する慶仁《やすひと》親王御所の「物見」や、同時期の禁裏御所東側の日之御門通に面した八十宮《やそのみや》邸の「物見」、あるいは堺町御門から北上する築地の東側を切った中宮御殿の「物見」などは、内裏空間に日常的にあふれる観光客や京都の庶民を、貴人が眺めるものであったと考えられる(10)。

（2）禁裏御所への庶民の参入

ついで、天皇が暮らす禁裏御所へも、芸能者や宗教者、庶民までもが、一年の限られた日に参入するという、先行研究があきらかにしてきた問題を取り上げたい(11)。

まずは恒例行事への参入である。

巡検使の随行記「十国《じっこく》巡覧記」（天保九＝一八三八年三月二十五日条）は、記す。

御門内は凡人常にいる事を得す。正月十九日舞楽《ぶがく》の御覧、三月三日闘鶏《とうけい》、七月十四日・十五日両日は御灯籠、節分の日内侍《ないし》所へ参詣、此四ヶ度は雑人《ぞうにん》といへとも入て拝することを許し給ふ。

「雑人」＝庶民でも禁裏御所に入れる特別の日として、正月十九日の舞楽御覧、節分の内侍所参詣、三月三日の闘鶏、七月十四日十五日の灯籠があげられる。[12]

正月十九日、紫宸殿の御簾《みす》から天皇がみる古式の雅楽にあわせた舞楽を、庶民が拝観することについては、下橋敬長『幕末の宮廷』（東洋文庫、当該部は一九二一年の談話）の記述がよく引き合いに出される。ここでは、一九二四年（大正十三）「臨時帝室編修局」にかかわって侍従藤波言忠が京都御所を実地で調査し、遺老に聞きとったことをとりまとめた『京都御所取調書』[13]を紹介したい。藤波は、明治天皇とほぼ同年代で個人的な信頼が厚かった（飛鳥井雅道『明治大帝』筑摩書房、一九八九年、二二二頁）。

　舞御覧

毎年正月十九日、南庭の中央に舞台を設け、伶人《れいじん》舞楽を奏す、主上紫宸殿上の御座に出御《しゆつぎよ》、簾中より御覧あらせらる、此の時は殿内の御帳台を撤し、御畳御茵《しとね》を敷き、御屏風を立つ、陪観の臣下は南階より西の簀子《すのこ》に列座せり、

是日は一般人民にも拝観を許さる、蓋し天子、民と偕に楽しみ給ふの叡慮に出でたるの美風の伝はれるものなるべし、一般人民は建春門の北穴門《あなもん》より入る、穴門外に商人出で、麻肩衣《かたぎぬ》と草履とを貸す、男子は銭を出して之を借り、肩衣を懸け袴を著けず草履を穿ちて禁庭に入る、拝観の場所は承明門外にして、竹埒を搆へ、筵《むしろ》を敷く、拝観終れば、西の穴門より出で、門外にて肩衣草履を返す

禁裏御所の東側の穴門から入った庶民は、借り物の麻の裃《かみしも》を着て、承明門の外側からであるが、天皇と向かい合って舞を楽しむ。「天子、民と偕《とも》に楽しみ給ふ」とは、大正期の解釈にとどまらず、近世後期の感覚にも沿うものと思われる。

節分の日には禁裏御所に人々が殺到し、内侍所に一二文の賽銭をし、豆をもらう（飛鳥井注(11)論文）。三月三日の闘鶏を天皇とともにみる雑踏を、木内啓胤は天保十年の「たびまくら」（『見聞記』第三巻）に伝えている。本島知《もとじまち》辰《しん》の見聞、「御灯籠、第一番に九条殿石台に桜、二番に近衛殿紅梅、并《ならびに》諸家女中方如二例年一《れいねんのごとし》、地下の拝見は南の唐門《からもん》より入て、日の御門へ出づ」は、禁裏御所の灯籠とともに公家町の散策の場として、九条家の箱庭の桜、近衛家の紅梅といった名所を記すものであった（「月堂見聞集」『続日本随筆大成』吉川弘文館、享保五＝一七二〇年七月十五日）。

天明五年（一七八五）五月七日には、禁裏御所で能が演じられた。禁裏様御執事役土山《つちやま》淡路守武辰は、公家社会の観客以外への「御能札渡方」として、植木屋宇兵衛・木具屋七右衛門・左官久兵衛・箸屋喜右衛門・桶屋茂右衛門ら、五七名の町人を書き上げている（『土山家文書』五、京都府立総合資料館所蔵、辻真澄氏の御教示）。

すさまじいのは、臨時行事であるが、享保十八年（一七三三）十二月に行なわれた、法華経を八座に分けて講説する法会、御《み》八講《はっこう》である。法華八講は、奈良時代に鎮護国家や追善仏事を目的としてはじまるが、十―十一世紀になると貴族や庶民の中にも急速に広まり、現世の人々のため「成仏の直道」として受容される（高木豊『平安時代法華仏教史研究』一九七三年、平楽寺書店）。十二月十二日には、禁裏御所の清涼殿近くの「拝見場」で、三井寺円満院が出開帳をおこない、人々が押し掛ける。法華御八講は、貞享三年(一六八六)の「後光明院三十三年御追善」以来四八年ぶりで、前回よりは地味であったと月堂は記す。

> 今度御八講の本尊宝冠釈迦、左右文殊普賢、柏の白木作細金入《しらきづくりほそがねいり》、長《た》け三尺程、先年の本尊持参、大仏師も装束にて、揚輿《あげこし》にて行列美々敷《しく》候由、今度は左様之願不レ叶《かなわず》、今日禁裡参向、本尊座は少計《すこしばかり》彩色在レ之歟《これあるか》、其他は白木の由也、三井寺円満院様御開帳被レ遊《あそばされ》候由、禁裡四方御築地之御門往来を禁ず、烏丸通中立売御門而已《のみ》諸人を入る、且又切手の札を出す、奥に至ると、清涼殿の北の方に警固ありて札を改む、其次に竹にて仕切、男女拝見場あり、紫宸殿と清涼殿との間所々見越す所をば、幕を高く張て塞《ふさ》ぐ、白の布の幕に菊の丸を黒く出す(『月堂見聞集』)

あくる十三日から十七日までは、東山天皇の二十五回忌として、禁裏御所で泉涌寺、般舟院の「御八講法事」があり、近辺の町々は自身番をおこなった(『町触』第二巻、享保十八年十二月十二日)。

次にもっとも晴れやかな即位式についてみたい。庶民拝観の模様は、よく知られた寛永六年(一六二九)明正《めいしょう》天皇の「御即位行幸図屏風」(御物)が伝えている。宣命使が寿詞《よごと》を奏しているにもかかわらず、そのまわりでざわめく人々、胸をはだけて赤子に乳をふくます婦人、酒を酌み交わす男たち、といった猥雑で活気ある風景である。しかも観衆は紫宸殿のすぐ横や、宣命使のすぐ後ろまであふれている。

しかし即位式の拝観は、十七世紀のことだけではない。文化十四年(一八一七)九月二十一日、仁孝

天皇即位式では、町触に、

一明《みよう》廿日ゟ《より》廿三日迄、九門内牛馬車往来差留候事

一右御当日あけ竹之中拝見、男百人女弐百人切手札を以《もって》、南門通東穴門ゟ《より》入同門より出候事

右は局方《つぼねかた》客上ニ而拝見難成分斗《なりがたきぶんばかり》

附、重服之輩可相憚《あいはばかるべき》事

（中略）

一同廿二日廿三日男女僧尼拝見、卯刻より申《さる》刻迄《まで》入候事、札切手ニ不及、建春門ゟ《より》入、廻廊外ニ而拝見、西御築地穴門より出候事（『町触』第九巻）

と伝えられている。[14] 即位式当日の二十一日、紫宸殿の南の承明門外ではあるが、切手札を買った男女三百人が、即位式を拝観する。即位式の翌日と翌々日は、今でいう紫宸殿の一般公開である。もう札切手はいらず、午前六時ごろより午後四時ごろまで、京都御所の東南の建春門から入った庶民や、僧尼は承明門の外から、儀式の終わった紫宸殿の高御座や庭上の幢や四神などの旛などをおそらく眺めたのであろう。即位式の前日（二十日）から翌々日（二十三日）まで、九門内の牛馬車の往来を禁じているのが、興味深い。逆に言えば、日常には市中からの牛馬車が内裏空間を往来していたことになる。

実際に後桃園天皇即位式で紫宸殿を拝観した、大和の農民は日記に感想をつづっている。

〔明和八＝一七七一年〕同四月廿八日、天子様〔後桃園天皇〕御息〔即〕位被為遊《あそばさせられ》候、此儀ニ付我等廿六日ゟ《より》京都御本山様へ我等御たいや〔逮夜〕に参り、廿八日朝時ニ阿ひ、夫《それ》より北山御坊へ参り、廿九

日右之御息位禁裏様へおがミに参り候、此儀八目〔日〕之御門ゟ入込《よりいりこみ》し、んでん〔紫宸殿〕の御かざり物、此儀もろこしげんそうかうてい〔玄宗皇帝〕のうつし、此儀日本ニ并なき御事正徳大子〔聖徳太子〕御息位被為成《なさせられ》候儀式之由、坒〔皆〕人難有奉存《ありがたくぞんじたてまつり》候事（「曽我村堀内長玄覚書」『大和国庶民記録』）

本山（西本願寺）への（親鸞の）月並み逮夜参りと、松ヶ崎北山別院への参詣と兼ねて、即位式の翌日（二十九日）に紫宸殿の高御座や庭上の調度を「おがミ」にゆく。唐風の儀式の様子がうかがえるとともに、聖徳太子信仰と重ねるあたりが、当時の庶民の見方であろうか。

しかしこれが明治元年八月の明治天皇の即位式となると事態が違う。即位式の翌日、八月二十八日には、高御座の代用となった御帳台や「庭上敷設」について、「流例《りゅうれい》雑人拝見被免《ゆるさるる》之処、今度被《やめ》止《られ》」て、拝見を許されるのは、上京藩士・兵隊のみとなった（「橋本実麗手記」『稿本』明治元年八月二十七日条）。はては近世の内裏空間には、人どころか象までもが参入する。享保十四年（一七二九）四月に長崎から江戸にゆく途中、象が入京する。象は、同月二十七、二十八日と、御所の東、寺町に面した清浄《しょうじょう》華院《けいん》の小屋から、禁裏御所の庭、仙洞御所の庭に出向く。それを天皇や院が見物している。「草を喰、菓類喰饅頭を喰、終には水を呑」むが、「別に芸と申事は無レ之《これなし》」であった（「月堂見聞集」）。

4　幕末の九門警備

禁裏守衛は、彦根・郡山の両藩の公役であったが、幕末、安政年間までは理念だけで実体はともなわなかった（『維新史』第一巻、吉川弘文館、二六九頁）。彦根藩でいえば、元和年間より、江州・城州の鷹場を名目として京都の守衛を仰せつかったと自負しており、安政元年（一八五四）四月九日に、はじめて京都守護に任ぜられる。その年十一月以降、総員二千余人の京都「警衛」が実際におこなわれた（吉田常吉『井伊直弼』一九六三年、吉川弘文館）。

九門における人々の日常の往来を明らかにする史料は、見つけることが難しい。幕末の政情不安、九門警備の必要が生じたときに、逆に近世中後期の実態が分かる。次にあげる史料は、決定的史料であろう。

万延元年（一八六〇）三月桜田門外の変をうけた、同月二十七日の「禁裡附武士大久保大隅守九門警戒ニ関スル触書」（『稿本』万延元年三月二十九日条）。

大久保大隅守

此度九門御取締《とりしまり》方私共組之者江申渡候付、御築地内出入改方《あらためかた》之儀、日之内者《ひのうちは》御所方御摂家宮堂上方御家来名前地下《じげ》官人末々迄兼而見知り姓名相分《わか》り候向者其儘《そのまま》差通し、不相分向者《あいわからざるむきは》承り紏《ただし》可申候事

一他所ゟ《より》用向ニ而向々被罷越《まかりこされ》候分、行先名前承紏差通《うけただしさしとおし》可申候事

一暮六ツ時以後出入向者潜り〆切《しめきり》一々名前行先《ゆきさき》承り紏差通可申候事

一御築地内江田舎者《いなかもの》拝見罷出候者、町名人数并宿屋名前等承り紏、案内之者目当ニ差廻入口番所《ばんしょ》ニ而右之趣端書《はしがき》ニ相認《したため》渡遣し出口御門番所江差出候、右を証拠ニ為出払可申候事

一他国之者前条《ぜんじょう》拝見罷出候節、案内者無之片口《かたくち》ニ而不分向者《わからざるむき》、当地住居之者歟《か》、又者《または》案内者ニ

而も同道《どうどう》可致様可申達候事
一他国 侍《さむらい》之者前条拝見罷出候、前当地住居之者歟又者案内者等付添《つきそい》罷在候者、姓名并付添之者
名前等承り糺差通、右之趣《おもむき》入口番所ゟ《より》出御番所え前々条同様端書遣し夫を目当ニ為出払可申、
自然案内者并当地之者付添無之他国之者計ニ候ハヽ、証拠ニ可致人体《にんてい》同道有之候様可申達候事
（中略）
一御築地内通《とお》り抜《ぬけ》候当地住居之百姓町人男女等不怪分者《あやしからざるぶんは》、其儘《そのまま》通し可申候事

老中の支配下にある禁裏御附武家、旗本の大久保大隅守忠良に出された触書である。日中、公家町に住む者は顔見知りであれば、九門はフリーパスである。よそから九門内に用向きがあるものは、番人が、行き先、名前をただして通す。観光客であろうか、関東などからの「田舎者」は、町名・人数・宿泊している宿屋などが糺され、入口番所で認めた「端書」を「案内之者」がもって出口まで誘導する。案内者がいない「片口」の庶民や武士は、九門で差し止められる。そして最後の一条は、近世を通じての内裏空間の日常のあり方を示す。当地、京都に住んでいる「百姓町人男女等不怪分者」、築地内の通り抜けは、フリーパスなのである。

さらに文久三年五月の姉小路公知《あねがこうじきんとも》暗殺以後になると、諸藩による警備が制度化される。清和院門―土州、堺町門―長州、蛤門―水戸、寺町門―肥後、乾門―薩州、下立売門―仙台、今出川門―備前、中立売門―因州、石薬師門―阿州といったように、諸藩に九門警備が割り当てられ、夜間の通行が制限される（「中山忠能日記」『稿本』文久三年五月二十一日条）。たとえば水戸藩は、従来、黒谷に屯営し、「禁

闕を距ること遠く緩急に応し難き」状況であったのが、蛤御門と唐門警備を許され、「こゝに至り始めて九門内に我兵営を置くことを得たり」と喜ぶ(15)。

かくして幕末の京都政局における禁裏御所の政治的位置の浮上と、政情不安により、九門警備は厳しくなり、内裏空間は次第に閉ざされたものへとなってゆくのである。

近世のまとめとして、天皇像の問題を考えたい。

飛鳥井雅道は、「禁裏・天子は一八世紀から一九世紀前半にかけて、少なくとも京においては、ほかならぬ庶民の民俗的心情の中で力を強めてき」たとし、北川一郎も天明七年(一七八七)の「千度参り」以降、天皇を「生神」視する言動が見られることを指摘する(16)。

天明七年(一七八七)の「千度参り」について「翁草《おきなぐさ》」(『日本随筆大成』一九)は、「五穀成就、我此土《ガシト》安穏」を祈り、「万民の洪福を仰ぎ崇《あが》む心より起れる」とする。しかし単なる現世利益をもたらす「生神」として、天皇があるのではない。「世の静謐を御所へ願ふは、稲荷へ福を願ふよりも当然の理」とあるように、御所に参るのと、伏見稲荷や本願寺に参るのとは違う。「世の静謐」「我此土安穏」といった、公共性にかかわる、祈願の対象なのである。同様のことは、文久二年(一八六二)十一月、「新町通竹屋丁上ル丁」の発起人、養春堂のメッセージからもいえよう。「〔神嘗祭で〕殊更夷人退治の事迄格別ニ御心を被為尽ての御祈ニ御座候(中略)せめてハ御冥加のため一度なりとも禁中様へ参詣を催し御礼申上度」(『町触』第一二巻)。異人調伏に心を悩ませる孝明天皇(禁裏様)にお礼として参詣すべし、という。

そのように考えると、王政復古後の明治二年（一八六九）奥羽人民告諭も、違う色彩を帯びてみえてくる。

天子様ハ、天照皇大神宮様ノ御子孫様ニテ、此世ノ始ヨリ日本ノ主ニマシマシ、神様ノ御位《くらい》正一位ナド国々ニアルモ、ミナ天子様ヨリ御ユルシ被《あそばされ》レ遊候ワケニテ、誠ニ神サマヨリ尊ク、一尺ノ地一人ノ民モ、ミナ天子様ノモノニテ、日本国ノ父母ニマシマセバ（後略）（日本近代思想大系第二巻『天皇と華族』）

明治天皇は天照大神の子孫なのですべての神を司る存在であるとし、さらに王土王民を説く、その主張をどう考えるべきか。近世後期の畿内の庶民と朝廷が日常的に培っていた、身近な「禁裏様」への「生神」観、そして公共性を有する存在との見方を、奥羽までも広めようとする意図と読めないか。もちろんそうした天皇観は近代に変質するのだが。

まさに「千度参り」のピークを過ぎた、その年天明七年九月に刊行された、秋里籬島《りとう》のベストセラー『拾遺《しゅうい》都名所図会』。巻頭を飾る、公卿門への挿図「公卿参内体《さんだい》」の絵詞には、十四世紀嘉元年間、『続千載《しょくせんざい》和歌集』に詠まれた一条内実内大臣の歌がひかれる。(17)

民やすく国ゆたかなる御代《みよ》なれば、君がちとせを誰が祈らぬ

第二節　京都御苑の近代

1　明治維新と京都御苑の形成

慶応三年(一八六七)十二月の王政復古の大号令で神武創業の理念を打ち出した維新政府は、慶応四年三月に神仏分離を断行する。とくに京都の祇園社や「魔界の如し」との惨状を呈した石清水八幡宮などで、激しい廃仏がおきる。遅れて、明治四年春から秋には宮中の神仏分離がおこなわれ、門跡号の廃止、宮中の御黒戸《おくろど》の移転、密教儀礼としての後七日御修法・大元帥《たいげん》法などが廃絶する。

京都の地域社会に圧倒的影響を及ぼすのは、明治二年(一八六九)三月の東京「奠都」であり、京都を中心とする地域社会と朝廷との結びつきを断ち切ることになった。正月に禁裏御所に参入した千寿万歳や猿回しといった畿内の芸能者も、東京の皇居にはお目見えしなくなる。同年九月二十四日には、皇后一条美子の東行に反対して、石薬師門に京都の人々が約千名集まり抗議行動がおこなわれる。正式の太政官布告も出されないまま、「遷都」は既成事実となってゆく。明治三年十二月十二日には、留守「太政官」としての留守官の機能がなくなった(高木博志「東京「奠都」と留守官」『日本史研究』二九六号、一九八七年)。これは実質上、還幸する意志のない維新政府による「遷都」の宣言と、京都市民にはうけとられた。明治四年三月には、攘夷主義に拘泥する平田派国学者らと脈を通じつつ、還幸を求めた外山光輔《とやまみつすけ》・愛宕通旭《おたぎみちてる》らが処断される事件が勃発する。

近世の内裏空間と近代のそれとの差異を象徴的に示すのが、明治元年十二月の行政官布告である。

> 市中男女共旅人等九門之内勝手ニ通行致候儀決而《けつして》不相成《あいならず》候、若無余儀《もしよぎなく》用向有之《これあり》候ハヽ、其旨九門外見張番所へ相届ケ候上通行可致《いたすべく》、且御門先通行之節、立留り見物致候儀不相成候事（『町触』第一三巻）

この布告は、人々に開かれた近世の内裏空間とは、対極の制限である。また「諸藩士並兵卒等」にも、行政官は「自今九門内勝手ニ通行、又ハ参朝之行列等見物ニ立入」ることを厳禁する（『稿本』明治元年十二月十二日条）。

明治三年八月二十日には、禁裏御所以外の九門内の「邸宅地」は、京都府の管轄となる（「土木ニ関ス沿革取調帳」『京都府庁文書』明二―三二―一、京都府立総合資料館所蔵）。翌明治四年一一月には、「従来町組区外之地処、皇居を除之外御築地内を初め（中略）自今番組地区中ニ組入候」とされ、公家町が、隣接する町組に分割のうえ管轄される。たとえば内裏空間北部の近衛家は上京十三番組の附属となり、南部の九条家は上京二十一番組の附属になるといったぐあいである。「華族士族卒社人編籍」に編入された築地内の住民は、「一般平民ト異ナル事ナシ」とされ、町年寄がいないので「其侭、中添年寄取斗」となった（『町触』第一三巻）。確かに、一八七四年（明治七）に発行された「京都絵図」（村上勘兵衛刊）では、禁裏御所・仙洞御所・大宮御所・京都裁判所を除く公家町は、隣接する町組に分割され五色に塗り分けられている。

この隣接する町組への公家町の編入も、宝永の大火以前のあり方、あるいは近世を通じての内裏空間への京都市中の人々の自由な往来といった近世のあり方からいえば、京都の人々にとってさほど違和感がなかったのではないか。

九門内の管理が留守官から京都府へと移管される明治四年には、一転して九門警衛や門内の通行鑑札が廃止される。[18] 同四年からはじまった京都博覧会は、明治六年には京都御所内の御殿の一部と仙洞御所の庭園を会場としておこなわれる。明治六年度の入場者数は、三月十三日から六月十日の間に、七〇万六〇五七人にのぼった。仙洞旧苑は、一八七三年から七五年までの間、禽獣《きんじゅう》会場となる。一八七三年(明治六)四月二十日の京都府が宮内卿に提出した伺にあらわれた、「仙洞御旧院之義、博覧会之節、内外国人之縦覧御差許《さしゆるし》相成(中略)所謂偕楽《かいらく》之公園と被相定《あいさだめられ》候様」との認識は、同年一月の公園布告を受けたものである(『京都御所保存関係書類』一、宮内公文書館三四六六六)。

この頃『京都新聞』(京都府立総合資料館所蔵)によると、堺町御門近くの九条邸には酒店や茶店があり、隣の鷹司家は「油業鷹司家」の看板をかかげていた(二五号、明治五年四月。六六号、明治六年四月)。建春門前の旧白川邸では舞楽がおこなわれ、「通券」が売られた(六八号、明治六年四月)。「変革の概」は、「皇居ノ鳳闕ハ大博覧会ノ場トナリ、仙洞御所ノ園囿池沼ハ珍禽異獣ヲ聚メテ衆庶ノ游観所トナル、親王戚家ノ旧邸は角觝演劇《スモフシバイ》ノ場トナル」、と伝えた(七〇号、明治六年四月)。

明治六年(一八七三)から一八七九年まで、禁裏御所の南の有栖川宮旧邸にあった京都裁判所付近でも、「人民雑聚」し掛茶屋や煮売店が設けられるありさまだった。のちに京都裁判所は京都府の「宮闕御保存ノ御旨趣」により、移転させられる(「大内保存一件」『京都府庁文書』明一〇－三〇)。一八八三年

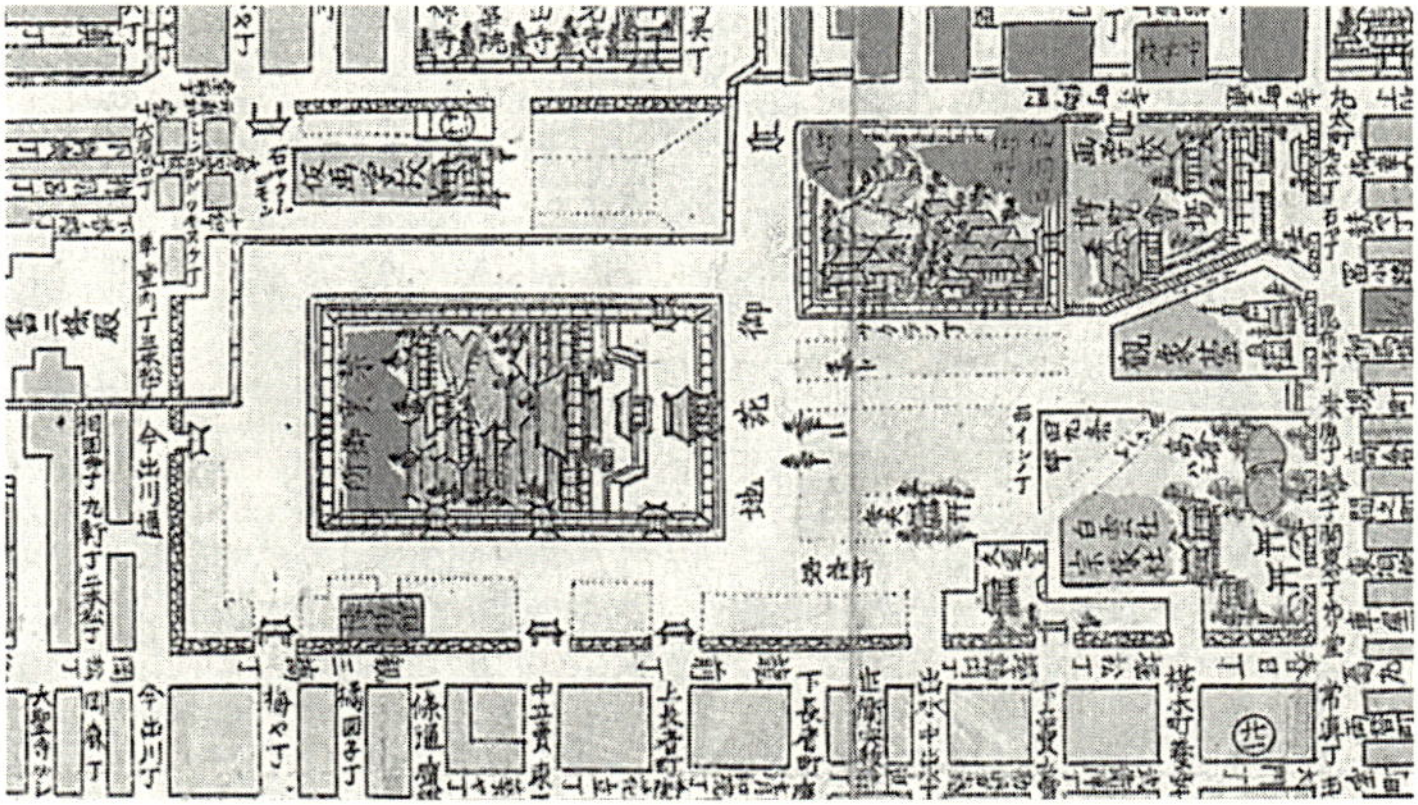

図 19　橋本澄月編「改正再刻京都区組分細図」(風月庄左衛門刊，明治 16＝1883 年)．左が北である．

の橋本澄月編「改正再刻京都区組分細図」(風月庄左衛門刊、図19)では、乾御門の南に博物館、堺町御門を入ったところに観象台(気象台)、寺町御門を入ったところに画学校がみえる。また京都御苑が一応の完成をみせる、一八八三年の宮内省支庁設置以後においても、一八八五年(明治十八)第一四回京都博覧会から一八九六年(明治二十九)書画展覧会まで、京都御苑を会場に開催された(小林丈広『明治維新と京都』臨川書店、一九九八年)。

さて「京都御苑」の整備は、一八七七年(明治十)二月、明治天皇の沙汰書、「戊辰御東幸之後僅《わずか》ニ八九年之間、既ニ廃堕之状ニ至リ、九門以内モ稍《やや》荒蕪ニ赴《おもむき》候形況、今般親ク叡覧被遊《あそばされ》深ク御嘆惜被為在《あらせらる》」という、明治天皇による京都御所保存の意志の契機が大きい(『京都御所保存関係書類』一)。ここに大内《おおうち》保存事業が開始され、一一年間にわたって、大内保存費として毎年四〇〇〇円の内帑《ないど》金が支出される方針がうちだされる。

一八八〇年代後半に、宮内省内匠寮で作成された『京都御所離宮沿革』[19]（宮内公文書館三四六七二）から、京都御苑整備の概要を見たい。

> 御苑ハ旧時ノ所謂九門内ニシテ、維新已来之ヲ拡張シ、東ハ寺町通ヨリ、西ハ烏丸通ニ至リ、北ハ今出川通ヨリ、南丸太町通ニ至ル（中略）明治ニ至リ車駕東遷皇族公卿皆東京ニ移リ、或ハ他ニ転居シ其址ハ屋宅ヲ毀チ邸地ヲ夷《たい》ラケ一面ヲ平坦トナシ、四周ニ石塁ヲ築キ一切伏芝ト為シ、花木ヲ分栽交植シ広衢《こうく》ヲ通シ輦路ヲ開キ清泉ヲ引キ池水ヲ蓄ヘ、総テ之ヲ称シテ御苑ト曰フ

ここで注目すべきは、近世においては「御苑」にあたるものは九門内であるとし、近代に「拡張」されたとの認識である。かくして「四周ニ石塁ヲ築キ」、冒頭に掲げた図14の京都御苑外郭の石塁が出現することになる。

森忠文の研究で明らかにされた点で重要なのは、「京都御苑」というネーミングから、その整備作業（大内保存）までが、一八七八―八〇年の槇村正直知事時代の京都府によってなされている事実である。大内保存事業は、宮内省より京都府へ委託されたものであった。具体的には、一八七七―八〇年には京都御苑内の華士族平民の土地の買い上げが済んだ。一八七八―八〇年に、丸太町・烏丸・今出川・寺町の各通りに石垣土塁を築き、九門を土塁側に移設した。そのほか、松・桜・楓などが植樹されたり、禁裏御所南門から真南へ幅約一一メートル、長さ約三六〇メートルの道路が設置された。この禁裏御所の建礼門から堺町御門にいたる南北の道路の整備により、京都御苑がほぼ完成したと考えられる。そして一八八三年の宮内省支庁設置をもって京都府による大内保存事業は終焉をむかえる

（注(18)森論文）。

「京都御苑」というネーミングの経緯については、一八七八年十月の槇村正直京都府知事から徳大寺実則宮内卿に宛てた「皇居付属地名称之儀ニ付伺」がある（「大内保存一件」）。「御苑」か「禁苑」かという名称の選択について、「禁苑」が「入ルヲ禁スルノ称ニテ不穏当様相考候」として却下された要因は、近世以来の往来可能な空間の記憶がなせるものであろう。かくして同年十二月十二日、「皇居附属地ヲ自今御苑《ミソノ》」と称すると達せられた（『京都府史』一七二、京都府立総合資料館所蔵）。

一八七九年一月十四日より、「内外国人御所拝観」が制度化される。毎月一日と十五日が拝観日であり、日御門で拝観印鑑を渡し、内侍所、清涼殿、紫宸殿前を通って、御台所御門にでるというコースであった。この内外国人拝観の原案となった一八七八年十月十九日の槇村京都府知事の建言には、「昔年節分之日者、雑人紫宸殿前及内侍所等拝見被差許《さしゆるされ》」たという、注目すべき一節がある。近世の京都御所のあり方も拝観の根拠であった（『京都御所保存関係書類』二）。

さて以上論じてきたように、槇村正直京都府知事時代の大内保存事業は基本的に、一八七七年の明治天皇内諭以来の「大内ヲ保存シ其周囲ニ公園ヲ開ク」ことが目的であった。実際、一八七八年六月二十五日に大宮御所で槇村がおこなった演説のなかの一節、

柳堤桜塢桃梨ノ林百草ノ園以テ大気ヲ清爽ナラシメ、以テ人目ヲ喜ハシメ置クニ、博物ノ館、博覧ノ場ヲ以テシ、古ヲ稽《かんが》ヘ今ヲ徴シ人知ヲ開キ物産ヲ興スノ洪益アラシメ、建ルニ名臣ノ銅像、公園ノ石碑ヲ以テシ、

において、その意図は明らかである（『京都御所保存関係書類』二）。

それに対して、一八八三年一月の岩倉具視「京都皇宮保存ニ関シ意見書」以降には、槇村の御苑整備の成果をふまえ、「旧慣」保存という国際社会を射程においた新たな文化戦略が展開する。

2　国際社会と古都京都の形成

一八八〇年代の歴史的な「伝統」の保存、当時よく使われた言葉でいえば「旧慣」保存は、国際社会の中で日本が「一等国」になるための文化戦略であった。十九世紀のヨーロッパには、「ヨーロッパ」という一つの文化があるわけでなかった。英ハノーヴァー家、露ロマノフ家、墺ハプスブルク家といった列強は、国際社会で固有の「伝統」文化を競ったのである。

すでに一八七八年一月、京都府から宮内省へだされた「皇居保存金四ヶ年分一時御下渡之儀ニ付伺」では、「一時荒廃之形ニ相成、時々外国人等拝見ニ罷越候テモ不堪赬面《ていがん》次第」との文言が見える。実際にこの頃、外国人の御所拝観が「不審無之《これなき》者」については許されていた（『京都御所保存関係書類』二）。

一八八一年十一月、京都にやってきた英皇孫ビィクトルとジョージの二人に、京都府知事北垣国道は名所写真帳『撮影鑑《かがみ》』を舎密《せいみ》局に作製させ、献呈したと思われる(20)。京都奈良の風光が外国人貴賓に献じられる。そして京都御苑・東寺・東本願寺・清水寺・正倉院などを二人は遊覧した（高久嶺之介「天皇がいなくなった都市の近代」『新しい歴史学のために』二三四号、一九九九年）。

立憲制にむけてのこの時期に、皇室財産が集積され整備された。一八八七—八八年ごろ起草された伊藤博文「御料地選定ニ関スル議」（『秘書類纂・帝室制度資料』上巻）は、「古聖帝王ノ龍躅《ちょく》ノ地、若クハ蒙《もう》塵《じん》ノ場所タルニ於テ抑モ亦王家ノ歴史ト共ニ保存スルノ必要アル」とする。欧州王室の財産には、王室に由緒ある史蹟・名勝が編入されていると述べ、日本でも朝廷とかかわりのある史蹟、場所を皇室財産にすることによって、外国人の賞賛と国民の忠君愛国の念を喚起することができる、と論じていた。

こうした国際社会における文化戦略のなかに、一八八三年一月、岩倉具視「京都皇宮保存ニ関シ意見書」が位置づくだろう。

平安京ノ土地ノ美及風俗ノ善ナルハ海外各国ノ人モ亦称揚歆羨《しょうようきんせん》シ終ニ吾天皇陛下ノ毎年避暑ノ為メ此地ニ臨幸アランコトヲ望ムト言フニ至ル、因テ顧フニ其宮闕《きゅうけつ》ヲ保存シ民業ノ衰微ヲ挽回スルニハ、諸礼式ヲ興シ、他国ノ士民ヲシテ屢《しばしば》此地ニ出入セシムルノ方法ヲ設クルニ如《し》クハ莫《な》シ

（『岩倉公実記』下、九九二頁）

京都御所で、即位式・大嘗祭・立后の三大儀式をするほか、桓武天皇の神霊をまつる場所をつくり（平安神宮創建案）、白馬節会、大祓《おおはらえ》、新年・紀元・天長の三大節といった諸儀礼を施行する構想である。さらにロシアの二都制（政治的首都ペテルスブルグ、古都モスクワ）の影響により、東京に対して古都京都が定置された。

ここでいう「他国ノ士民ヲシテ屢《しばしば》此地ニ出入」させるとは、まさに近世の内裏空間の観光のあり方である。そして興味深いのは、平安神宮創建にかかわるところで、平安遷都の延暦十三年（七九四）

十月二十二日を記念した祭日を設け、「府下人民ノ情願《じょうがん》ニ任セ能楽相撲花火競馬等奉納」を許可するとのプランである。京都御苑の中に創建された平安神宮の社頭で、相撲、花火、競馬などを奉納しようとする。死の床にあった岩倉具視の脳裏には、近世の活気ある内裏空間が蘇ったのかもしれない。実際、京都御苑に平安神宮が創建されることはなかったが、同じ時期、一八八〇年代の大和国の神武陵の前では、神武祭の四月三日に、群衆のなか花火が揚げられ、競馬が執り行なわれた（本書第一章）。ここに近世から連続する一連の感覚を一八八〇年代に確認できる。また一八八九年十一月二十六日に京都府知事北垣国道は、「樹木植附」をして、「後年ニ至リ、森ニ茂樹四季各自然ノ佳色ヲ呈シ、御苑ニ入ル者、自ラ古昔《こせき》ヲ忘レサルノ感情ヲ失ハサル事」を、吉井友実宮内次官に献策している（『塵海』一八八九年十一月二十六日）。

京都御苑は、最終的に一八九〇年に世伝御料となる。その前の一八八〇年代には、京都御苑をはじめ皇室財産として「秘匿された」文化財が、群として形成されていた。二条離宮は、維新後、京都府や陸軍省の管轄となっていたが、一八八四年に宮内省の管轄となる。桂離宮は一八八一年の桂宮家の断絶を契機に宮内省の管轄となり、一八八三年桂離宮の名称となる。修学院離宮は一八八三年に宮内省京都支庁の管轄となる（『帝室林野局五十年史』一九三九年）。さらに一八七八年の天皇陵に続いて、正倉院は一八八四年に宮内省専管となる。「秘匿された」文化財は、一八九〇年代以降に整ってゆく帝国博物館や国宝・史蹟・名勝などの、国民に「開かれた」文化財とあいまって、二本立ての文化財を近代日本に構成してゆく。

本章の最後に、京都イメージの形成と京都御苑の関係という問題を考えたい。

一八九〇年の岡倉天心による東京美術学校での「日本美術史」講義により、時代区分を有し、各時代を代表する救世観音像、平等院鳳凰堂といった「標準作」の美術品の体系が形成されたこと、また「日本美術史」の成立とともに、時間軸の流れに、奈良・京都・武家の鎌倉という空間的な場が交差したことはすでに述べた。

すなわち国のはじまりの語りである古代(飛鳥・白鳳・天平)を表徴する奈良に対して、京都イメージは平安時代後期の「優美な」国風文化に特化されてゆく(二十世紀には安土桃山時代の顕彰もはじまる)。国風文化としての京都イメージは、大陸の影響のない「純粋な日本文化」としての宮廷文化である。たとえば一八九三年のシカゴ博覧会では、国家を代表する日本パビリオンは、宇治の平等院を模した鳳凰殿であった。しかし現実には、京都の上京・下京を囲うお土居の中には、応仁の乱や蛤御門の変などの大火により、国風文化の文化財は残っていない。そこで、京都御苑や鴨東岡崎の平安神宮などが、平安時代以来続いてきたかのような幻想を振りまいて登場した。そして平安文化を展覧する場として、一八九七年に帝国京都博物館が竣工するのである(本書第四章)。

一八九五年(明治二十八)の第四回内国勧業博覧会・平安遷都千百年紀念祭の施行、平安神宮の創建をへて、近世以来一八八〇年代まで京都御苑という場がもっていた博覧会開催などのイベント機能や活気は鴨東《おうとう》地域に移動してゆく。京都御苑は、しだいに清浄な国家の空間へとなってゆくのである。

かくして登極令(一九〇九年)にもとづき、一九一五年大正大礼、一九二八年昭和大礼が京都御苑で執り行なわれる。

〔補注1〕

伊藤之雄は『京都の近代と天皇――御所をめぐる伝統と革新』(千倉書房、二〇一〇年)において、新聞資料などを用い、一八九〇年代から昭和大礼時までの御苑が市民の「出入り自由な」空間であったことを指摘した。この点、私に異論はなく、批判を入れて私が具体的に論じていない時代についての見通し(本章最後の段落の、御苑が「庶民からは閉じた」空間になる)を取り消す。私の力点は一八八三年の宮内省への京都御所・御苑の移管をもって、そこが理念として大礼をはじめとする国家儀礼の場となったことにある。また昭和大礼(一九二八年)の時期以降、京都御所・御苑が厳粛な空間になってゆく問題は、天皇制の段階論と、それにともなって皇居・離宮・陵墓・神社などの聖域全体のありようが変容する問題として考えてゆきたい(高木博志『陵墓と文化財の近代』二〇一〇年、山川出版社、で試論を展開した)。二〇一四年三月、高木補記。

第四章　古都京都イメージの近代

はじめに

本章では、「雅」と「町衆」という、今日の古都京都の二大イメージがいかに創りだされたか、を考えたい。

今日、世界で君主制の国に住む人口は、総人口の八パーセントにすぎない(一九八九年)。しかも君主制の国のなかで先進国で一億人をこえる大国は、日本だけである。ヨーロッパでは、イギリス以外は北欧やオランダ・ベルギーなどの小国である。かつて日本が模範国とした、ロシア(ロマノフ家)、プロシア(ホーエンツォレルン家)、オーストリア(ハプスブルク家)といった強大な君主制は、第一次世界大戦を通じて廃された。君主制は第一次世界大戦以後、生き残りをかけて、軍事・政治的君主制から、社会事業・社交・社会福祉・文化といった諸要素に深くかかわりをもつ、ソフトな君主制に変わりつつあった。わずかに残った先進国のイギリス王室(ウィンザー家)はいまやスキャンダルまみれである。日本は二十一世紀に向けて、唯一、一億人以上の先進国の君主制国家として、自ら君主制像をつくるという新たな事態に直面している。

天皇陛下は皇太子時代の一九八七年(昭和六十二年)に、「現在の憲法に規定された天皇の地位は日本の伝統にふさわしい」と述べた。

さらに「伝統的な姿とは」と問われ、「長い日本歴史の中で一番長くあった状態」「平安以降」と答えている。(岩井克巳執筆『朝日新聞』一九九九年十一月七日付)

すなわち二十一世紀に向けて、先進国に模範国が不在である状況のなかで日本が独自な文化的君主制をつくろうとするとき、平安時代の「平和な」貴族文化が文化的な規範となってくるのである。岡倉天心以来今日に至るまでの「日本美術史」も、ピュアな日本文化として平安時代後期の国風文化に高い価値をおいてきた。また一方で、国のはじまりとしての奈良の存在は、欧米の先進諸国が、十九世紀以来「古典古代」として自らの文化的起源としたギリシャ・ローマに匹敵させられるようになる。

今日、皇室の代替わりや婚礼のさいの女房装束を、アナウンサーが「平安絵巻」のようであると伝え、正月の歌会始めの和歌や雅楽の調べに、連綿と続く平安期の貴族文化のイメージを重ねる。遷都千百年紀念事業(一八九五年)に創始された時代祭や平安神宮も、いまや地方のデパート、たとえば札幌で開催される丸井今井百貨店の京都物産展のポスターを、雅な表象として飾る。

もう一つの京都イメージは、「安土桃山文化」であり、「町衆」の自治である。「安土桃山文化」の顕彰は、時期的には、一九一〇年の日韓併合以降に、京都府や華族による豊臣秀吉史蹟の顕彰、キリシタン遺物に対する京都帝国大学の研究、あるいは京都帝国大学史学科の社会史・文化史研究の隆盛といった諸要素がからまりながら進展する。とくに「町衆」の自治については、戦時下の秋山国三の『公同沿革史』上（元京都市公同組合連合会事務所、一九四四年）の提起を経て、林屋辰三郎「町衆《まちしゅう》の成立」（『思想』三一二号、一九五〇年）として体系化され、祇園祭のイメージとともに国民的歴史学運動ともあいまって社会に浸透してゆく。

さて京都という場がもつ古都としてのイデオロギー的意味は、修学旅行や皇室儀礼でも明らかである。たとえば私の義父田中二郎は、一九四二年（昭和十七）秋に伊勢神宮をへて奈良、京都に修学旅行にやってくる。一一歳の義父は、東京市小石川区関口台町国民小学校の五年生であった。東京を出て二日目に橿原神宮から東大寺、奈良公園をめぐり開化天皇陵近くの宿屋に泊まる。三日目には桃山御陵をへて平安神宮に参拝し、清水寺、三十三間堂などを拝観し、翌日東京へと帰ってゆく（高木博志「帝の「伝統」を視覚化する〈京都〉〈奈良〉聖地化計画」別冊宝島『帝都　東京』一九九五年）。東京の小学校だけでなく、戦前の札幌の第一高等女学校でも同じ道筋をたどっている。そしていうまでもなく修学旅行生の道程は、天皇・皇后、皇族たちが皇室の大礼や結婚の奉告に訪れたコースでもあった。また一八八九年の皇室典範にもとづき、一九一五年、一九二八年の大正・昭和の大礼は京都御苑で行なわれたし、外国からの賓《ひん》客は、明治期以来今日まで、奈良の正倉院御物を拝観し京都御苑や桂離宮をはじめとする名勝や社寺に案内された。京都は外交上重要な、日本固有の文化という歴史的「伝統」を体現する場であった。

ここで近世から近代への京都文化アイデンティティの変化の見取り図を、試論として示しておきたい。

大枠において近世は、江戸、大坂と競い合う三都の中におかれた京都論である（守屋毅『三都』柳原書店、一九八一年）。「皇都」「王城の地」「花の都」としての京都は、三都の中での地理的・空間的ないわばヨコ軸での京都の位置づけである。それに対して、近代の京都論は、時間軸、タテ軸のなかに位置づく。つまり歴史認識、時代区分論のなかでの京都論であり、「優美」「雅」ブランドが平安後期の藤原文化と結びついて成立し、町衆や豊臣秀吉史蹟・キリシタン文化が安土桃山文化と重なるのである。

ヨーロッパでは、十八世紀後半から、博物学的で「多様な諸要素の空間的布置」がみられる「空間の世紀」が終わり、国民経済・国民国家に照応した「時間が支配」する時代が幕をあける（樋口謹一編『空間の世紀』筑摩書房、一九八八年）。「雅」論について、ジョシュア・S・モストウは、「みやび」という言葉は、昭和十年代の日本主義の勃興とともにあらわれた、とする（「日本の美術史言説と「みやび」」東京国立文化財研究所『語る現在 語られる過去』平凡社、一九九九年）。立憲制の成立とともに「優美」な平安文化の表象が登場し、日中戦争期に「雅」論が登場することになる。また一九三八年（昭和十三）の国定教科書から源氏物語が登場することと、「平安文学のイデオロギー」とを結びつける議論もある（たとえば安藤徹「源氏帝国主義の功罪」、河添房江ほか編『〈平安文学〉というイデオロギー』勉誠社、一九九九年など）。

そして近代における京都論の前提として不可欠なのが、幕末以来はじまる神武天皇陵を核とする神話的古代と、一八八〇年代以降、法隆寺・興福寺・東大寺正倉院などの保護を通じてはじまる歴史的古代を表象する奈良の登場である。京都のアイデンティティは、古代の奈良（国のはじまりの語り）や、武家の関東（鎌倉文化、江戸文化）との差異化を通じて形成される。そして平安時代後期の「国風文化」に自らを特化し、日本でもっとも優れた独自性があるという語りを成立させ、「帝国」の時代には、海外に広がり町衆の自治が芽生える「安土桃山文化」に自らを重ねたのである。(1)

第一節　明治維新と京都論の変容

十七世紀後半から十八世紀にかけて、京焼・京菓子・京人形や京学・京医・京踊・京言葉といった京都ブランド、京風文化が成立し、それを売り物にした京都観光が隆盛となる（鎌田道隆『近世京都の都市と民衆』思文閣出版、二〇〇〇年）。観光の大きな目玉が、京都の九門内の内裏空間であり、人々は、公卿門で参内する異形の公家衆を見物した（本書第三章）。宝暦四年（一七五四）「名所手引京図鑑綱目」（『新修　京都叢書』一三）では、「抑《そもそも》今の都の初《はじま》リハ人王五十代、くハんむ（桓武）天王の御宇《ぎょう》ゑんりやく（延暦）三年ならの都をこゝにうつさせ給ふ、伝教大師の御地まつりにてありがたきれいち（霊地）なり」と、桓武にはじまる縁起を語る。名所案内において、京都御所の記述をめぐって、『京　童《きょうわらんべ》』（明暦四年＝一六五八年、『新修　京都叢書』一）は、桓武天皇の平安遷都より明暦四年まで八六五年間になるとし、『拾遺都名所図会』（天明七＝一七八七年）では、「一千有載遷都なき」は中国にもないとされた。寛政期の禁裏御所の造営に際しては、承明門・紫宸殿・清涼殿など平安時代の形式を考証する裏松光世の「大内裏図考証」(『故実叢書』寛政九年)が著され(西井芳子「裏松固禅とその業績」『平安博物館研究紀要』第二号、一九七一年)、また紫宸殿の賢聖障子《けんじょうのそうじ》復元のため、柴野栗山《りつざん》・屋代弘賢《やしろひろかた》らによる京・大和の宝物調査が、寛政四年(一七九二)に執り行なわれた(表智之「「歴史」の読出し／「歴史」受肉化」『江戸の思想』七号、一九九七年)。

確かに、とくに寛政期以降、起源(縁起)としての桓武天皇「遷都」や平安京が掘り起こされるようになるが、あくまで起源(縁起)としてのそれである。たとえば象徴的なものとして、文久三年(一八六三)以降に刊行された「古今都細見之図」がある。表の一枚、幕末の市街図(今)をめくると、下に「平安京条坊図」(古)があらわれる(京都大学附属図書館『近世の京都図と世界図』二〇〇一年)。この認識においては、切り取られた時間は、幕末の京都(今)と平安京(古)の、二枚の層しかない。そして「古今」の両者は渾然一体と調和している(鈴木廣之『好古家たちの19世紀』吉川弘文館、二〇〇三年)。近代のように、平安「遷都」以来連続し変化してゆく時間の流れや歴史認識ではない。もっとも近世における起源(縁起)としての平安遷都の掘り起こしが、近代にいかに「連続」し、どう「断絶」するかは、まだまだつめて考えるべき課題である。

いますこし名所案内や紀行文などにあらわれる京都観をみたい。たとえば浅井了意の延宝五年(一六七七)『出来《でき》斎京土産《さいきょうみやげ》』では、「花の都を見ばやとおもひ傍目もふらず京都をさしてのぼりつきぬ(中略)町小路にぎ〳〵しく職人商人軒をならべ棚をかざり」とあり、そこには三都としての京都のにぎやかさが花の都において強調されている(『新修　京都叢書』一二)。同人の、寛文五年(一六六五)『京雀《きょうすずめ》』においても、「たのしみにほこる民の家〳〵軒をきしり門をならべし宮古のすまゐはことさらに花やか也」と記される（同叢書一）。花の都がにぎやかであるとの認識は、明治維新後にももちこされる。『大阪日報』の一八七七年七月二十八日の記事には、「（宵山）此日見物の賑はひは譬《たと》ふるも中々にて流石《さすが》は花の都なり」とある。

しかしながら、京都が「雅」であるとのブランドは、近世に全くなかったわけではない。有名な二鐘亭半山の『見た京物語』（一七八一年）をみてみよう。

京は砂糖漬のやうなる所なり。一体雅有《あり》て味に比せば甘し。然れども、かみしめてむまみなし。からびたるやうにて潤沢なる事なし。きれゐなれど、どこやらさびし。

花の都は、二百年前にて、今は花の田舎たり。田舎にしては花残れり

すでに衰微しつつある京都は「花の田舎たり」との評論であるが、「一体雅有て味に比せば甘し」と、京都表象として「雅」という語を用いている。しかしそれはあくまで、現状の京都の現象をとらえての形容であり、時代区分に裏づけられた歴史認識にもとづく平安時代後期（国風文化）のイメージをそれに重ねたものではない。その点が、近世の京都観と近代のそれとを峻別するポイントである。

明治維新により京都は大きく変貌をとげる。

慶応四年（一八六八）三月の神仏分離令以降、全国で廃仏毀釈の嵐が吹き荒れるが、ここ京都でも賀茂社の世襲社家の解体、賀茂社・祇園社などの神宮寺の廃絶がおこり、とくに山懐に華厳寺などが軒を連ねる石清水八幡宮では、寺院が破却され放生会《ほうじようえ》は途絶し、『明治維新神仏分離史料』巻上をして、「魔界之如」しと評せしめたほどである。

仏教を中心とする伝統文化の破壊は、明治二年(一八六九)、東京「奠都」による近世以来の畿内における朝廷の地域的基盤の解体によってもうながされる。大部分が山城国に集中する朝廷の所領を媒介とした献納・奉仕のあり方や、門跡寺院や権門とのつながり、芸能賤民や禁裡御用商人、あるいは町とのつながりなど、こうした朝廷と地域社会との近世的なありようを断ち切って、東京を中心に「全国一主ノ統御《とうぎょ》ニ帰」すことが目された。全国土に対して等距離であることを理念とする政権の成立である。都を東京へ強制的に移動させるという歴史的な出来事は、朝廷の「伝統」文化の破壊を同時にひきだした。文化史的には、ときはまさに文明開化状況に照応する。

一八八〇年代にはまったく逆のベクトルである「旧慣」保存、文化的「伝統」の復権がなされる。はじめに述べたように国際社会に向けて文化的「伝統」を誇示することが、アジアではじめての立憲制を有する国家の建設、「一等国」たるのに必要だったのである。

そうした構想の集大成で、近現代の地域社会の指針ともいうべき建議が、ロシアの二都制にも比せられた一八八三年岩倉具視の「京都皇宮保存ニ関シ意見書」(『岩倉公実記』下)である。そこでは、京都御苑の整備を核として、白馬節会《あおうまのせちえ》、賀茂祭・石清水放生会の復興、即位・大嘗会・立后の京都御苑での施行、平安神宮創建案、宮内省京都支庁の設置などを計画していた。そのなかの平安京論に関わるところを引用する。

> 神武帝奠都以後、帝京ノ遺模《いぼ》ヲ観ルヘキハ、独リ此平安京アル而已《のみ》、之《これ》カ維持保存ノ道ヲ講スルハ、今日ノ急務ニシテ、且前皇ニ対シ孝敬ヲ尽サセラル、ノ大ナルモノトス、夫《そ》レ平安京ノ土地

ノ美及風俗ノ善ナルハ海外各国ノ人モ亦称揚歆羨《しょうようきんせん》シ、終ニ吾《われ》天皇陛下ノ毎年避暑ノ為メ此地ニ臨幸アランコトヲ望ムト言フニ至ル

ここでは平安京が外国人が称揚するような場となることが目ざされている。また第二の奈良になるなというメッセージもこめられている。京都の国風文化論は、奈良の古代文化論の形成と不可分に、奈良との差異化を通じて、後の一八九〇年代に形成されてくるのである。

第二節　明治維新と史蹟・名所

ここで明治維新を画期とする古都の古社寺イメージの変化を考察したい。古都の社寺で、近代に選びとられるものは、美術的な価値である。たとえば、近世の東寺（教王護国寺）は弘法大師信仰の寺であり、東寺寺域の西側の猥雑な空間が庶民信仰の場である。人々は弘法大師坐像がある大師堂（御影《みえ》堂）に参詣した（図20）。『京童』（明暦四年）の東寺の挿し絵に描かれた建物は、東寺寺域西側の大師堂である（水本邦彦「パネルディスカッションの概要」『洛北史学』創刊号、一九九九年）。大師堂に隣接して、毘沙門堂や、弁財天・毘沙門天が合体した三面大黒天立像（出世大黒）を安置する大黒堂があり、福徳神として庶民の信仰を集めた（東寺宝物館『東寺の天部像』一九九三年）。

貝原益軒が「五重の塔有《あり》。高さ二十九間方五間あり。遠所より見ゆ」（宝永三年「京城勝覧」『新修　京都叢書』一二）と記すように、五重塔も一貫してシンボルである。しかし近世の案内記をみてみると、近

図20　御影堂（『京童』明暦4＝1658年）

代の密教美術の世界――金堂、講堂などとは違い、近世は庶民信仰の世界がクローズアップされていた。たとえば南門の内の東手にある八嶋《やしま》明神は、東寺の地主神であり、住居安心や作徳の豊かさを祈願する人々でにぎわった（松浦星洲『洛陽十二社霊験記』文政十＝一八二七年『新修 京都叢書』五）。また弘法大師信仰の中心にある御影堂は、毎年三月二十一日に「終日道俗群集」をなし、人々は小児に金剛力士にふれさせて「堅固無為」を祈った（『菟芸泥赴《ツギネフ》』貞享元＝一六八四年『新修 京都叢書』一二）。また黒川道祐《どうゆう》の『東寺往還』にも、延宝九年（一六八一）三月二十一日の状況を、「東寺弘法大師御影供《みえいく》トテ、男女老少袖ヲ連ネ踵《きびす》ヲ接《つ》ク」とにぎわいを伝える。

　これに対し近代では、一八九〇年代以降に、フェノロサ、岡倉天心らにより、東寺寺域東側の講堂・食堂の平安時代前期の密教美術（仏像・仏画）が選択的に顕彰される。史迹美術同攷会を主催する川勝政太郎の『古美術史蹟 京都行脚』（スズカケ出版部、一九二八年）の記載では、

図 21　『京都めくり』(享保 3＝1718 年)

弘仁時代、当代には天台真言の二宗が伝はり、延暦寺東寺等の大伽藍が建てられた。彫刻は刀法鋭く雄健となり、東寺の「弘法作不動明王像」の如きもの、絵画も東寺の「弘法筆龍智龍猛の像」に見られ(後略)

と記される。

次に「国風文化」の象徴とされる宇治の平等院鳳凰堂をめぐるイメージの変遷も考えたい。

宝永三年(一七〇六)に刊行された貝原益軒の『京城勝覧』における平等院をめぐる記述は、「興正寺より西。川のむかひにあり」、「扇《おうぎ》の芝《しば》 頼政自害せし所なりといふ」、これだけの記述である(『新修 京都叢書』一二)。これは、治承四年(一一八〇)に源頼政の勧めで平家追討の令旨を出した以仁王《もちひとおう》挙兵の『平家物語』の世界である。『京城勝覧』は享保三年(一七一八)に下河辺拾水子《しもこうべしゅうすいし》の画図を入れて、『京都めくり』として再刻され、図

21のように、「駒ツナギ松」「ヨロヒカケ松」「扇ノ芝」といった頼政の由緒が描き込まれる。文化十三年（一八一六）六月八日の江戸商人（推定）の「旅日記」には、頼政が扇の芝で、家臣の渡辺長七唱《わたなべのちょうじっとなう》に見守られて詠んだ辞世、「埋木のはな咲く事もなかりしに身のなるはてぞかなしかりける」を引く（『平家物語』巻第四「宮御最期《みやのごさいご》」、『史料京都見聞記』第三巻）。天保九年（一八三八）八月十六日の「百たらず日記」には「奥の院に頼政の墓あり、画像もあり。高倉の宮（以仁王）の御ゑ〔絵〕かたも有、とはりともひらかせて拝む」とあり、僧侶の講釈もあったという(2)。

一八七七年（明治十）二月八日に神武天皇陵への行幸の途次、明治天皇は、平等院に立ち寄り、什宝をみたあと、「頼政一代記といふ絵巻物があツて、此事由を語れと勅があると、住僧が衣の袖をかき合せて承久の昔しを演説」したという。天皇は、「御《ご》感斜《かんなな》めならす、夫々賜はり物があり」、その後、扇の芝もみている（『読売新聞』一八七七年二月十五日）。

時代が下って、奈良女子高等師範学校は一九〇九年に創設され、第一期生から、予科では毎週水曜日放課後に、水木要太郎らにより「大和誌講話」が講ぜられた。また学部（国語漢文部・地理歴史部・数物化学部・博物家事部）ごとに研修の特色をもった修学旅行がおこなわれた(3)。一九一一年十月九日より十二日まで、奈良女子高等師範学校地理歴史部二年生一四名は、京都近江地方の修学旅行に出かける（「明治四十四年　京都近江旅行録　第二期地理歴史部第二学年」奈良女子大学所蔵）。その十月十二日、鳳凰堂の記述は以下のようになっている。

今は本堂のみ僅《わず》かに残れり即ち鳳凰堂これなり、実に藤原氏時代の建築物の代表ともなる優秀なるものにして陸中の中尊寺と共に名声嘖々《さくさく》たるものなり（中略）本尊は丈六《じょうろく》阿弥陀如来にして周囲に小仏像五十余軀あり、共に定朝《じょうちょう》の作なりとす（中略）更に此所を出で頼政公の遺物を見る、公の六十四歳の画像を始とし宇治川合戦遺物薙刀鎧《なぎなたよろい》鞍弓など一として昔を忍ばれざるものなし、頼政公宇治川を引きて此の平等院を守りしが衆寡勢《いきおい》敵せず、以仁王《もちひとおう》南に走り給ひ、公亦《また》流矢にあたりて遂に自殺したり、扇が芝とて今尚《なお》残れるはこの跡なりと伝ふ

ここでは鳳凰堂を「藤原時代」の代表的建造物とみ、定朝という作家を特定し、しかも遠く離れた奥州の中尊寺金色堂を、同じ時代区分のセットで捉えている。これは、岡倉天心の「日本美術史」（一八九〇年）によってはじめて可能となる思考である。彼女たちには、近代美術史の文脈で「藤原時代」（のちの国風文化）の代表として鳳凰堂を捉える見方と、後半における源頼政の「宇治川合戦」の近世的な軍記物の世界が重層していた。また平等院に来る前に詣った石山寺の箇所では、「正倉院文書」からみる東大寺大仏殿造立のための木材集積と石山寺創建の連関を論じている。この史実は、彼女たちが『歴史地理』（第一八巻第三号、一九一一年）に掲載された、同年八月の大津における歴史地理学会での黒板勝美の「夏期講演会記事」を読むことによって知り得たものである。

現在の奈良女子大学の図書館に残された高等師範学校時代の書籍（旧分類）にみられるように、近世の軍記・名所図会などから、近代の「史蹟名勝天然記念物報告」や『京都名勝記』（京都市参事会、一九〇三年）などの地誌、国史にいたる重層する学知がここに現れる。「旅行録」は、旅行の後にこうした蔵書を再び参照して提出したものと思われる。

また京都帝国大学史学科とともに設立された史学研究会の機関誌『史学研究会講演集』(『史林』の前身)第一冊(富山房、一九〇八年九月)では、武田五一が「平等院の装飾模様に就きて」と題して、「天平芸術の余焔《よえん》は、遂に我国民を駆りて、自己の意匠を以て、天平の芸術と当時の要求を調和せしめ、大和民族独創の芸術に化せしめたり。これ即ち世に藤原式と称するものにして、今日述べむとする平等院は実に此時期に於ける模範的代表物なり」と論じ、鳳凰堂を「独創の芸術」と位置づける。同年三月二十二日、武田は学生を率い、臨時遠足会で醍醐寺三宝院、法界寺、平等院鳳凰堂をまわっている。

こうした古寺観の変貌は、ひとり東寺や平等院だけの問題ではない。日野の法界寺も、今日でこそ阿弥陀堂の壁画や阿弥陀如来座像は浄土教美術・国風文化の代表とされているが、近世では薬師信仰の場であり、「親鸞誕生の地」であった(「百たらず日記」天保九＝一八三八年八月十九日、『史料京都見聞記』第三巻)。また奈良の興福寺においても、近世の中心は西国三十三カ所第九番札所の南円堂であり、近代になって東金堂などに残存する天平美術が寺院のイメージとなる。法隆寺も同様である。回廊に囲まれた内部の五重塔・金堂・講堂が今の法隆寺であり、飛鳥文化の美術的価値であるが、近世には、いまやさびれた西円堂が、刀を納め、病気平癒・無病息災を祈る土俗的な庶民信仰の対象であった(吉井敏幸氏の御教示)。

かくして近代にはいると、社寺・絵画・仏像、そして名所などは、古典文学との一体性がなくなり、神話や伝説が剝ぎ取られ、モノ・美術として「文化財化」してゆくのである。[4]

第三節　国風文化論の展開

一八八〇年代には「古都京都」のイメージはいまだ稀薄であった。確かに「温雅」「優美」という京都に冠する表象はあるが、それは歴史認識の稀薄な、現象面のみをとらえたものであった。たとえば国定教科書制度以前の一八八九年に刊行された小学校教科書『新撰 京都府管内地誌』(文港堂)では、「京都ハ、風俗温雅ニシテ、礼節ヲ重ンジ、服飾ニ厚クシテ、飲食ニ倹ナリ」と記される。またもっとも早い時期の地方の美術雑誌である『京都美術雑誌』の「発行ノ趣旨」には、「京都近傍ノ古社巨《きょ》刹《さつ》ニハ、和漢古今ノ優美ナル美術品ヲ蔵スル」(一号、一八九〇年)との記述があるが、この「優美」は、決して平安時代のイメージを重ねたものではない。

美術の制度化が一八八〇—九〇年代に進み、フェノロサの「美術真説」以来、「美術」とは「作為」すなわち創造性にあると定義される。「美術」や「文化財」が自立し、殖産興業に従属することなく、独自の政治文化を発揮することになるのである。[5] それは一八八四年の正倉院、一八八六年の博物館の宮内省移管に照応しており、皇室の宝物形成とパラレルな過程である。宮内省所管の美術博物館である帝国奈良・京都博物館の設置(一八八九年)によって、仏像を信仰の対象ではなく美術品としてみるようになり、文化財は私的な世界から公共性を有するものへと転換してゆく。そして帝国博物館は、生成しつつある日本美術史を展覧するものとなった(吉田憲司『文化の「発見」』岩波書店、一九九九年)。

さらに一八八八年(明治二十一)からの臨時全国宝物取調は、社寺宝物のはじめての体系的なローラー調査であり、一点一点の宝物のジャンル、年代、作者、等級などが定められてゆく。こうした宝物調査の基礎作業に参加した岡倉天心によって、「日本美術史」が構想されたのである。

岡倉天心の「日本美術史」(一八九〇年)は、東京美術学校での講義である。これによってはじめて時代区分論が成立し、社会・政治・文化の総体としての時代――推古・天智・天平・平安の各時代が描かれ、釈迦三尊像や平等院鳳凰堂などを各時代の標準作として定置する方法論が試行される。こうして古代・平安美術史の語りが生成したのである。

天心の「平安時代」の時期区分によれば、平安前期の空海時代は密教の時代であり、平安後期の延喜時代は純然たる日本風の時代である。天心は延喜時代に高い評価を与え、絵師金岡《かなおか》、仏師定朝《じょうちょう》を代表的な作家とする。「藤原氏の時には全然外国の羈絆《きはん》を脱せしを以て、純乎たる優美の極に達せし」とし、優美、写実主義ではない精神性が展開し、貴族によって担われたとする。

ここで『京都美術協会雑誌』にあらわれる京都論をみたい。一八九〇年一月九日に久保田米僊《べいせん》、幸野楳嶺《こうのばいれい》、飯田新八らによって京都美術協会が設立され、その機関紙として『京都美術協会雑誌』が一八九二年七月十日から一九〇五年六月三十日までの間に総数一五五号が発行された。地方美術雑誌としての創刊時期の早さのみならず、京都だけでなく「近代の美術工芸界の様子」が俯瞰できる基本文献である。京都美術協会の会員数は一八九六年には千名をこえ、また『京都美術協会雑誌』の発行部数は一八九五年に一万部をこえた（洲鎌佐智子「京都美術協会雑誌の目録」『京都文化博物館研究紀要　朱雀』第一〇集、一九九八年）。京都美術協会は、一八九七年の古社寺保存法制定に向けて、明治二十年代を通じて、議会への請願や古社寺保存活動を積極的におこなった（水漉あまな・藤岡洋保「古社寺保存法成立に果たした京都の役割」『日本建築学会計画系論文集』第五〇三、一九九八年）。

結論的に述べれば、天心の東京美術学校における「日本美術史」の講義は、限られた人数の作家の卵に対してのものであった。いわば「日本美術史」と社会との接点はこの時点ではなかったのだが、明治二十年代の京都においては、天心の原理論が社会と接点をもとうとしていた。

天心の議論を広め、京都の地域社会の「国風文化」のイメージづくりに貢献した人物が、臨時全国宝物取調局委員長、初代帝国博物館総長の九鬼隆一である。九鬼は、一八八八年の大阪商法会議所での講演録である『九鬼君演説之大旨』や京都美術協会発行『九鬼君講説大意　第一編』（一八九三年十二月）で、美術論を展開している。九鬼は一八九二年の『京都美術協会雑誌』（第七号、一九〇七年）で、「定朝康助《こうじよ》ノ優美ハ誰カ其《その》神髄ヲ伝ヘタルカ」と、西陣や清水焼を有し美術工芸に特色をもつ京都で演説する（「彫工競技会ニ於ル九鬼氏ノ演説大意」）。そこでは「優美」とは、藤原時代の表象であると同時に、時代を超えた、日本美術の美の特質ともされた。

また九鬼は遷都千百年紀念事業として、岡崎公園のパビリオンに美術の名品を収集して、一二室に時代区分をする構想を打ち出す。

第一号室　唐

第二号室　弘仁時代
第三号室　藤原専権時代
第四号室　鎌倉専権時代
第五号室　宋元
第六号室　足利専権時代
第七号室　豊臣専権時代
第八号室　徳川専権時代前期
第九号室　明清和蘭
第十号室　徳川専権時代後期
第十一号室　浮世絵一派
第十二号室　明治年間ニ発生シタル大家ノ作

ここに第三号室の藤原専権時代の特質として、「藤原式ハ殊ニ優美ノ点ニ生長シ、全ク外国ノ文化ヲ消化シ尽クシテ日本ノモノトナシ、純然タル大日本ノ文華ヲ生ミ出シ、其優美ナル点ニ於テハ殆ンド世界ニ比類ヲ見ズト云フモ過言ニアラズ」と宣言する(「九鬼君講説大意」『京都美術協会雑誌』第一八号、一八九三年)。

また九鬼は、一八九三年九月十二日の東京上野彫工競技会の審査褒賞授与式の演説で、以下のように時代区分をする(「九鬼審査総長ノ演説」『京都美術協会雑誌』一六号、一八九三年)。

第一期は推古時代から奈良朝までであり、代表的作家は鳥仏師、代表作は法隆寺金堂の仏像群で、その評価は「抽象的ノ理想ニ富ミ荘重端厳ノ趣知」に富むとする。第二期は藤原時代で、定朝に代表され、「日本風ノ優美ナル様式ヲ創セシモノニシテ在来ノ外国風ヲ一変シ新機軸ヲ出セシ」と評価される。第三期は鎌倉時代で、運慶に代表され、そこに「一種快活ノ趣」をみる。

また同じ号の「地鎮祭踊」の記述では、「京都ハ京都タリ、優美ノ風俗ヲ以テ他ニ誇ラン」とされる。京都文化イメージで彩られる、遷都千百年紀念祭の地鎮祭踊りが「優美」であるとの表象である。同様に「博覧会ニ於ケル我府ノ美術工芸」(中)については、「摸様ノ優美、配色ノ都雅、女帯地ノ京都固有ノ伎倆ヲ顕ハシタル」とされる。京都文化の「伝統」をひく西陣の帯が、優美で雅なブランドとしてたち現れる(『京都美術協会雑誌』第四一号、一九一七年)。

京都市参事会は、東京美術学校の福地復一《またいち》に「平安時代ノ遺存物」の調査を依頼する。京都盆地、とくにお土居《どい》のなかに、平安時代の遺物がほとんどない京都にとって、その文化財の所在調査は、重要な事業であった。平安時代前期は、「御修法《みしほ》具伝曰弘法大師請来京都東寺」「五大尊画像、京都東寺」ほか五九点、平安時代初期は「志貴山縁起画巻大和志貴山」「鳳凰堂宇治平等院」「薬師像日野薬師」ほか五三点、平安時代末期では「平氏一門写経、安芸厳島神社」「源氏物語画、尾張徳川侯」「吉備大臣入唐画詞《にっとうえことば》」など三八点が書き上げられている(『京都美術協会雑誌』第二〇号、一八九四年)。ここでは平安時代の文化財の残存状況が重視されていた。

この時期、国内では平安遷都千百年紀念祭が大きなイベントであり、海外では一八九三年に行なわ

図22　1893年シカゴ博覧会．鳳凰殿

れるシカゴ・コロンブス博覧会（四月一日より十月三十一日まで）が、京都の美術工芸界の焦点であった。『京都美術協会雑誌』はその前年からシカゴ博覧会の準備過程を報道していた。シカゴ博覧会における日本パビリオン（図22）は、全体を鳳凰堂に模したものであるが、正面は徳川時代の建築法、右側は足利時代の建築法、左側は藤原時代の建築法によって建てられた。しかし全体としては、国風文化の鳳凰堂のイメージであった。パビリオンの鳳凰殿は、久留正道が東京美術学校から依頼されて設計した。鳳凰殿という古建築の形式に則ることは、建国以来の歴史の長さと文化の高さを国際社会に提示する意味があった（三島雅博「一八九三年シカゴ万国博覧会における鳳凰殿の建設経緯について」『日本建築学会計画系論文報告集』四二九号、一九九一年）。

シカゴ博覧会への参加の閣議決定は、一八九一年（明治二十四）六月であり、実権は副総裁の九鬼隆一にあった（東京国立博物館『海を渡った明治の美術』一九九七年）。当初、金閣寺と平等院鳳凰堂の二案あったなかから、日本パビリオンとして鳳凰堂が選び取られた。鳳凰殿の建築意匠が誰の発案かは、国風文化イメージともかかわり重要な課題である。鳳凰殿の「内部装飾は東京美術学校が施行し、展示の調度と美術品は帝国博物館が選」んだ。東京美術学校の当初からの関与と、四三頁の英文解説 *HO-O-DEN* が天心の手になることを考えると、岡倉天心が、その平安後期文化への高い評価から意匠を選んだ、あるいはそのプロセスに深く関与した可能性が極めて高い（「鳳凰殿」『全集』第二巻）。

『京都美術協会雑誌』（「閣龍博覧会出品鳳凰堂建築縮図」六号、一八九二年十一月）は、シカゴ博覧会の鳳凰殿によって「外人ノ京都ニ来ルモノ、亦《また》必ス杖ヲ城南菟道《うじ》ノ橋畔ヲ曳ク」ようになると豪語する。この内装には橋本雅邦の壁画が飾られた。またシカゴ博覧会以降アメリカにおける「日本美術の流行」がはじまったと評価される（ウォレン・I・コーエン『アメリカがみた東アジア美術』スカイドア社、一九九九年）。

さて第四回内国勧業博覧会に呼応して、京都博覧会協会は、一八九五年三月二十五日より一一五日間、京都御苑内南東の博覧会場で、第二四回時代品展覧会を執り行なう（京都博覧会協会編纂『京都博覧会沿革誌』一九〇三年）。御物の葱華輦《そうかれん》、五ツ重典侍服、賀茂御祖《かもみおや》神社出品の御帳台《みちょうだい》などのほか、延暦時代、藤原時代、鎌倉時代、足利時代、豊臣時代、徳川時代、浮世絵派、装剣の部、明治大家、唐・宋・元・明・歴代、「征清戦利品」、といった区分で、総数三四八五点が列品された。会期中の観客総数一二万一二九人（内、外国人三五七人）。久留米のある小学校教師は、近畿の小学校視察と、博覧会、伊勢、大和への旅行を兼ねて上洛した。七月十七日に時代品博《（展）》覧会をみ、「藤時代、足利時代、豊臣、徳川等時代ヲ別チテ陳列セリ、徳川時代ノモ、旧美ニ見ユ、但《ただし》新物多キ故カ、聖輿ヲ拝観スルモ甚タ畏《おそ》レ入ル」と感想を記した（「第四回内国勧業博覧会見物　上京並ニ大和旅行日誌」『奠都祭博覧会遊覧乃栞』あき書房）。

次に遷都千百年紀念事業の一環として編纂された『平安通志』(一八九五年)を検討したい。『平安通志』は、鳥取藩出身の湯本文彦《ふみひこ》を編纂主事とし、補助員に大村西崖も入っていた(6)。「絵画」「彫刻」に関しては、大村西崖が「起稿」し、同僚の吉田秀穀《しゅうこく》が第一回の修正を加え、今泉雄作が「校閲」し、湯本文彦が「裁可」している。工芸については、吉田秀穀と京都府属山田得多が分担して「起稿」している(『平安通史　附録編纂始末』。前掲注(6)小林丈広「『平安通志』の編纂と湯本文彦」)。

大村西崖は、今日につながる日本美術史の体系を、明治三〇年代から大正期にかけて、『審美大観』『美術聚英』などの、彼を主筆とする審美書院の出版活動を通じて生み出してゆく(佐藤道信『明治国家と近代美術』吉川弘文館、一九九九年)。とくに本章と関わって、吉田千鶴子のコメントは先駆的である(吉田千鶴子「西崖日記」『近代画説』八、二〇〇〇年)。

この(『平安通志』の)「美術工芸志」は範囲を平安遷都以後明治時代までに限り、内容簡略にして今日からみれば未熟なものかも知れないが、『稿本日本帝国美術略史』の六年も前にこのような日本美術・工芸史が刊行されたことはもっと注目されてよいだろう。

天心の「日本美術史」講義が『平安通志』の「絵画史」の土台になっているとの指摘も含めて、私もこの点まったく同じ認識をもつ。

さて西崖は岡倉天心の門下生であり、東京美術学校で天心の「日本美術史」の講義を聞いている。そして一八九三年(明治二十六)七月から一八九五年九月まで、京都市美術学校教諭として、彫刻の実技と美術史を講じた。

湯本文彦は『平安通志』の「編纂議」において、洛陽・ローマと比して、「千載《せんざい》変セス、終古渝《かわ》ラサルモノ、独リ我平安京アル而已《のみ》」とし、平安京が世界的に見て比類ないほど永く変化しなかった唯一の古都であることを誇る。名勝旧蹟には桓武以来の歴史があり、海外へも紹介することが国威の発揚につながるとの議論である。

『平安通志』は、巻の四十から四十三までが「美術工芸志」で、その総論のなかで、平安時代は、「藤原氏権ヲ専ニスルニ至リ、国家ノ力ヲ尽シテ、以テ華奢風流ヲ極ム、故ヲ以テ其製作タル高尚優美ヲ極メ、華麗善美ヲ尽シタリ」と評価されている。

「美術工芸志」では、絵画・書・織物・陶器・友禅・彫刻・建築・園芸などのジャンルが叙述され、巻の四十四から四十六までの「宝物志」は、臨時全国宝物取調などの成果にもとづいて編まれた。

ここで遷都千百年紀念事業(一八九五年)にかかわって論じておきたいのは、平安神宮の創建と時代祭の創始が、平安文化の視覚化を意図したものであったことだ。紀年祭協賛会副会長の佐野常民が「大極殿建設ノ計画ヲ拡張シテ平安神社ト為スノ議」を協賛会会長近衛篤麿《あつまろ》に提出している。そのなかで大極殿を縮小して模した平安神宮によって、見るものが「当時ノ尊厳ヲ仰瞻《ぎょうせん》」するだろうと考えている。また西村捨三《すてぞう》幹事は時代祭の意義を、桓武天皇以来の「千百年間ノ風俗変遷」を知ることだと論じた[7]。一九〇六年二月に発行された「京都みやげ　名勝道順双六《すごろく》」(小林藤次郎発行)には、平安神宮ではなく「大極殿」と明記され、当時の受けとめ方がうかがえる。

平安遷都千百年紀念祭協賛会の企画で、東京の歌舞伎座では、一八九三年六月に市川団十郎が勧進帳(福地桜痴作)を読み上げた。「洛東に清地を択《えら》み恭《かたじけな》く往古の旧慣を尋ねて新に祭殿の造営を為し、延暦の遺容を建築の彷模に止め、以て皇威の由て盛なる所を拝観せしめ」ん、という文句がそのなかにあった(同一三号)。「延暦の遺容」をとどめる平安神宮の柿落《こけらお》としである。

遷都千百年紀念事業のなかには、帝国京都博物館の開館(実際には一八九七年五月一日)も含まれていた。

「明治二十九年(ママ)ノ京都ノ三大事件」と題された『京都美術協会雑誌』(第三号、一八九二年)の記事は、桓武帝建都一千一百年祭、帝国京都博物館、第四回内国勧業博覧会の三つは一体のイベントであり、「諸外国人ノ遊人ヲシテ、其好尚ノ優美高雅ナルニ一大驚ヲ喫シ(中略)京都美術ノ大名ヲ博シ得ル無クンズ、何ノ面目アリテ古帝都ノ人民タリ、美術郷裏ノ主公タリト他ニ誇ルヲ得ン」との認識であった。

京都と奈良の博物館は、古都固有の特色を有した。一八九五年一月に九鬼隆一は、京都・奈良に博物館を置く理由として、「此二地ハ千歳ノ旧都ニシテ古社旧刹星羅碁布《せいらごふ》シ所謂《いわゆる》名器重宝ノ鍾《あつ》マル所、故ニ先ツ此館ヲ此ニ建テ、一ハ以テ温故知新ノ道ヲ啓《ひら》キ、一ハ以テ近傍社寺什宝ノ寄託ニ充ツ」(『京都国立博物館百年史』一九九七年、一〇八頁)と述べている。さらに古社寺保存法制定に向けて、奈良・京都の名望家が合同で上京し「古社寺保存の請願」を政府に行なっている(『京都美術協会雑誌』四二号、一九一七年)。かくして成立する古社寺保存法(一八九七年)は、宗教行政ではなく美術行政として展開することになった。

もうひとつ、この時期、平安文化論が生成する背景として、日清戦争の勃発と新聞報道などにみられる中国蔑視、それにかかわって大陸からの影響のない平安時代後期の国風文化への傾斜が予想される（土屋礼子氏の御教示）。

このように平安文化論が遷都千百年紀念事業にさいして立ち現れるが、日本で初めて活字になる日本美術史は、一九〇〇年のパリ万国博覧会に向けて編まれた *Histoire de l'Art du Japon* の日本語版『稿本日本帝国美術略史』（一九〇一年）である。その体系的な時代区分は、国初―推古天皇時代―天智天皇時代―聖武天皇時代―桓武天皇時代―藤原氏摂関時代―鎌倉幕政時代―足利氏幕政時代―豊臣氏関白時代―徳川氏幕政時代、であった。

ここに「藤原氏摂関時代」＝国風文化論が公式化される。

> 西紀後八百七八十年の頃より藤原氏専ら朝権を握り、其の一族栄華を擅《ほしいまま》にするに至り、又遣唐使を廃し外国との交通を杜絶せしが為め、こゝに全く文化は自国々風の傾向によりて、一種の発達をなせり。随ひて美術も大に日本固有の風尚を帯び、専ら穏雅優美の趣致《しゅち》を顕はすことを主とし、彫琢《ちょうたく》彩藻の如き故《ことさ》らに技術の緻巧を求めざるに至りしも、其の形状配色の美なる、後世の容易に摸擬し難き品格を顕はしたりき。殊に藤原道長が鉅万《きょまん》の資材を投じて造立せし法成寺《ほうじょうじ》の大荘厳の建築仏像を始め殿内装飾の如き、一世の粋美を鍾め、高妙の趣致に達せしものありき。此の時代の美術は写実を離れ人為的に繊巧を避け、すべて韻致の高きを尚《とうと》び、縹渺《ひょうびょう》たる趣を主とせる傾向ありき。されば通常世俗の眼に入り難きも、古来東洋の美術史上一大発達を顕はし、彼の唐代美術の富贍《ふせん》なる材料を、由来洵美秀麗なる風光裡に感受し、歴史的に遺伝したる邦人特有

の美想を以て咀嚼融合し、且《かつ》煉磨陶造せられたるものなるが故に、東洋殊に日本美術の神髄は、実に此の藤原氏摂関時代の製作品につきて求むるを得るなり。

「温雅優美」な国風文化は、東洋美術を代表する日本美術の神髄である。「国風」文化の用例は、管見の限りこれが最初である。また、とっくの昔に失われた法成寺を国風文化の代表作として現出させる作為もうかがわれる[8]。

第四節　安土桃山文化論の展開

1　豊臣秀吉の顕彰

京都において安土桃山時代の顕彰につながる最も早い動きは、豊臣秀吉を対象としたものである。近代における豊臣秀吉顕彰の意味には、仙台や金沢などにおける藩祖顕彰にあらわれたように、徳川幕府の否定とともに、徳川家に滅亡させられた豊臣家の復権という側面が指摘できる。さらに近代の軍隊の性格を考えるときに、秀吉の農民出身という物語は、国民皆兵による「武士道」の四民（臣民）化と呼応する（高木博志「「郷土愛」と「愛国心」をつなぐもの」『歴史評論』六五九号、二〇〇五年）。

慶長四年（一五九九）に創建され、豊臣秀吉を「豊国大明神」として祀る豊国神社は、豊臣秀頼から一万石の寄進を受け、慶長期に絶頂を迎える。元和元年（一六一五）の大坂夏の陣以降、豊国社は祭神を大仏殿に移され、梵鐘以下の資材はかつて秀吉が討った根来《ねごろ》衆が担う智積院《ちしやくいん》に移され、元和五年には神宮寺の境域が妙法院に移され、豊国社廟は破却されてゆく。[9] そして妙法院は、徳川家康の命により新日吉神社、蓮華王院・方広寺をも管理することとなる（『京都市の地名』平凡社、一九七九年）。

慶応四年（九月八日に明治元年と改元）閏四月六日、御沙汰書で、豊国神社は秀吉の「大勲遺烈」を表彰するもので、この「大勲」は徳川政権によって「晦没ニ委《まか》シ、其鬼《き》殆《ほとん》ト餒《あざれ》ントス」とみなされている。徳川政権の否定と秀吉の復権である。同年八月には、豊国社および豊国廟の再興が決定され、一八七五年十二月二十五日に、方広寺大仏殿跡地に豊国神社社殿造営が決まる。翌一八七六年十月一日より十日間、大阪に豊国神社が移らなかった祝いとして、京都の「市街各区申合《もうしあわせ》」て砂持ちが盛大におこなわれ、その様は豊国神社蔵の「砂持《すなもち》絵図屏風」に描かれた。[10] 一八七六年三月二日には、妙法院住職藤本道盈より、豊国大明神勅額など豊公遺宝九件が豊国神社に返納された（京都文化博物館『秀吉と京都――豊国神社社宝展』豊国会・豊国神社、一九九八年）。幕府に優遇された妙法院は、上知令により、十分の一以下の一万一六〇〇余坪の寺域となる。また一八八〇年七月十七日の泉涌寺行幸のあと、妙法院住職に、朝鮮国王李昭書簡や「朝鮮国貢物目録」や「王羲《おうぎ》之《し》・王穉《おうち》登《と》の真蹟等六点を京都御所に致さしめて、更に天覧あり、之れを留めさせら」れた。これは妙法院から皇室への御物の献上であるが、政治的に幕府に近かった妙法院への新政府による冷遇と解されよう。[11] かくして一八八〇年九月に、大仏殿址に豊国神社社殿が建立される。

一八八九年には豊国神社の南に隣接する恭明《きょうめい》宮跡地（近世の妙法院の寺域）に帝国京都博物館の設置が決まる。大和大路七条にあった妙法院の崩門《くずれもん》は一八九五年に東寺南大門として移築された（京都国立博物館『京都国立博物館百年史』便利堂、一九九七年)。博物館設置は、維新期にはスラムであった「大仏前」の文化ゾーン化をうながす(小林丈広「「大仏前」考」『キリスト教社会問題研究』五一号、二〇〇二年)。

一八九〇年六月二十五日に、豊太閤三百年祭開催、豊国廟御墳栄営繕を目的として豊国会が結成される。福岡の黒田長成を会長にし副会長に阿波の蜂須賀茂韶《もちあき》、旧金沢藩の前田利嗣、肥前の鍋島直大《なおひろ》など豊臣家の遺臣の家柄をはじめ、近衛篤麿・伊藤博文や、安田善次郎・古河市兵衛といった財界人、京都の雨森《あめのもり》菊太郎・浜岡光哲・中村栄助・湯《ゆ》本《もと》文彦《ふみひこ》・熊谷直行といった平安遷都千百年紀念祭を担った人物までが評議員に名を連ねた。黒田長成は、「豊国会ニ関スル演説」で、「豊太閤カ勤王愛国ノ志ニ厚ク」、大内の修繕、聚楽第への行幸時に諸侯伯に盟わせた事例をひくとともに、また「外征の師を興し大に辺陲《へんすい》を鎮め封土を拡め」たとして、文禄・慶長の役を讃美する。(12)

一八九八年四月一日から五月三十一日にかけておこなわれた豊公三百年紀念祭では、阿弥陀ケ峰の豊国山廟の建築が、最も大きな事業であった。四月一日の奉告祭典から五月三十一日の直会式までの間、余興として相撲や市民の踊り込みがなされた。踊り連中のなかで特に目立ったのが豊遊会で、帝国京都博物館にある「慶長年間の踊画」にならい、桔梗笠をかぶり大花傘を押し立て、瓢蝶の紋付、拍子木結びの帯、紫足袋に重ね草履で、「元はいやしき民家に出て神に祭らる人はたれ　ホーコウサン、ドエライ御威徳　参れ人々あみたが峰に鎮まり在《まし》ます人はたれ　ホーコウサン、ドエライ御威徳」などと、金子静枝《しずえ》作の囃子歌をうたい歩いた。また帝国京都博物館内では豊臣氏時代の文物の陳列がおこなわれ、京都府下の豊公縁故の社寺では宝物重器が陳列された。奉納能は維新後最大規模のものであった。(13)

この豊公三百年祭のときには大仏前の耳塚のまわりに木柵がめぐらされ、一九一五年五月には、伏見の俠客勇山《いさみやま》こと小畑岩次郎が音頭をとって、東西の歌舞伎役者や義太夫語りなどが石柵を献納した（琴秉洞『増補改訂　耳塚―秀吉の鼻斬り・耳斬りをめぐって』総和社、一九九四年）。

京都府が政策的に豊臣秀吉関係史跡の保存に乗りだすのには、一九一六年四月の木内重四郎《きうちじゆうしろう》京都府知事就任が大きい（一九一八年六月まで）。木内は一九〇五年十二月に統監府農商工務総長、一九一〇年十月には朝鮮総督府農商工部長官に就いていた。木内は、「予は豊公の神霊を仰いで日本民族海外発展の守本尊と為さん」と志した。また天智天皇陵や桓武天皇陵の修補をおこない、徳川氏が秀吉の墓地を元和年間に破壊したことを憎み、実際に遺骸を発掘して毀傷された遺骸に嘆いた（馬場恒吾『木内重四郎伝』ヘラルド社、一九三七年）。

一九一八年二月九日、京都府知事木内重四郎は、「曩《さき》ニ韓国併合セラレ日本民族ノ漸次亜細亜大陸ニ発展スルニ従ヒ豊公ヲ追慕シテ其廟社ニ参スルモノ逐年増加セリ」とのべ、日韓併合と豊臣秀吉の顕彰を結びつけている（『豊国廟関係調査綴　大正十三年　豊国廟関係調査綴一』京都府社寺課、京都府庁文書）。また一九一八年の「社寺事務引継演説書」（『大正七年五月、事務引継書（木内知事）』京都府庁文書、大七－八）には、

一、史跡勝地保存ニ関スル件

一、豊国廟域拡張ノ件

とあり、豊国廟の整備と京都府の史蹟勝地保存が等価に並べてある点が重要である。豊国廟域の拡張とは、具体的には「阿弥陀峰国有林全部ヲ廟域ニ組替復旧シ、尚山《なお》麓附近ノ土地ヲ買収シテ兆域ニ編

入シテ一大林園ヲ造営シ森厳雄大ナル規摸ヲ大成シテ豊公ノ人格功業ト相副《そ》ハシメ以テ民風ノ振興ニ資センコトヲ計画」するものであった。(14) 秀吉史跡の顕彰は、一九一九年の史蹟名勝天然紀念物保存法の施行と関わり、『京都府史蹟勝地調査会報告』第一冊には聚楽第址が、第二冊には御土居、聚楽第址、第五冊には豊国廟が、京都における重要な史跡として位置づけられている。また一九一九年三月、「朝鮮・中国史料採訪につき田中義成《よしなり》復命書」(『東京大学史料編纂所史』東京大学史料編纂所、二〇〇一年)では、国内の史料調査の次の課題は、海外の植民地にあるとして、次のように論じる。

我ガ史料編纂掛ハ久シク国史ノ材料ヲ採訪シ、略々《ほぼ》海内ヲ終了セリ、此上ハ進ンデ我国ト関係アル海外諸国ノ史料ヲ訪求セザルベカラズ、即チ支那・印度・南洋等ノ諸国ヲ探討シ、内外ヨリ研究ノ歩ヲ進メ、以テ我ガ建国ノ由来ヲ闡明《せんめい》シ、併セテ東洋ニ於ケル日本ノ位置ヲ明ラカニセザルベカラズト

また、

〔釜山にて〕倭館ノ址ヲ探リ、釜山鎮ニ赴キテ文禄役ニ我軍ノ築キタル城址ヲ観ル、規模壮大石塁堅固ニシテ永久的ノ築造ニ係レリ(中略)豊公ガ意図ノ如何ニ悠遠ナリシカヲ想見スベシ

として、倭館や倭城といった、朝鮮半島における豊臣秀吉史蹟をも確認している。

秀吉の顕彰は、一九一〇年代以降において、織豊政権期、安土桃山時代を京都イメージに重ねる動向と関わっていた。

2　安土桃山時代史論

一九〇九年（明治四十二）は南蛮趣味の文学の流行をみた年で、北原白秋『邪宗門』、木下杢太郎《もくたろう》・戯曲『南蛮寺門前』が発表される。白秋は、「象徴詩は情緒の諧楽と感覚の印象を主とす」と宣言し、「われは思ふ、末世の邪宗、切支丹でうすの魔法」、「血の磔《はりき》脊にし死すとも惜しからじ、願ふは極秘、かの奇しき紅《くれなゐ》の夢」とうたう（「邪宗門秘曲」『邪宗門』易風社、一九〇九年）。そして一九二〇年には、竹久夢二が代表作「長崎十二景」を完成させ、川上澄生《すみお》は新村出《いずる》の『南蛮広記』（岩波書店、一九二五年）を読んで南蛮趣味の版画を創作した。

日露戦後の帝国主義の時代には、日本人の海外活動が盛んで、かつてスペイン・ポルトガルの宣教師がやってきた安土桃山時代の顕彰と、日本の「南蛮」への憧憬にみちた南蛮趣味が隆盛になる。一九一〇年の日英博覧会では、「各国帝王図四曲屏風」（松平容大蔵）・「羊皮製南蛮鍼路図《しんろ》」（帝室博物館蔵）など南蛮美術が「国際交通」に関する遺物として展示され、「桃山時代」という概念も時代区分として登場する。[15]　一九一一年十月十日の、奈良女子高等師範学校修学旅行では、「高台寺に至り桃山時代の豪宕《ごうとう》なる美術」を観るとのレポートもある（前掲「明治四十四年　京都近江旅行録　第二期地理歴史部第二学年」）。

一九一一年八月には、歴史地理学会が滋賀県教育会主催で大津で開催され、五六〇余名の参加者があった（『歴史地理』一八巻三号、一九一一年）。このとき小学校の教員などの聴衆に混じって、中学四年生の梅原末治《すえじ》（のちの京都帝国大学教授・考古学）も参加していた。[16]　八月三日の「安土現地講話」では、藤田明が「古蹟保存を論じて安土村民に望む」として、「本会が此の安土桃山時代史の講演会を開きたるも、安土を天下に紹介し信長の遺業を表彰せんとする為に外ならず」と論じる。また内田銀蔵は、第一鎌倉武家時代、第二京都武家時代、第三江戸武家時代、という黒板勝美『国史の研究』(一九〇八年)の時代区分を援用しつつ、「織田豊臣二氏の時代」は、「第二の時代、即ち中心点が京都又は其の附近に在つた時代の末期」とする。また福井利吉郎は「桃山時代の美術」で、「然るに我が文芸復興期である桃山時代の絵画は何を以て新意を出したか。その精髄は「装飾的に帰る」事であると同時に、大和絵の復興であつたのではありますまいか」と論じる。(17)

また渡辺世祐《よすけ》は「安土桃山時代史(第三回)」(『歴史地理』第一八巻第三号、一九一一年)のなかで、

此時代が僅かに廿八年間の短時間なるに其の内容は甚だ豊富にして信長秀吉の如き雄大なる人物輩出し、花やかなる安土桃山時代を造りし国史上の特徴を説き、古今に亘《わた》りて最も変化に富みたる時代なること皇室尊崇の念旺盛を極めたることより門地低きものは充分其の才能を発揮し能はざりし積年の陋習《ろうしゅう》を打破して何人も自由に驥足《きそく》を伸し得るに至れる結果、英雄蒋《しき》りに輩出し(中略)従つて人心大に鼓舞せられ、国民の元気中外に横溢し遠く南洋比律賓《フィリピン》等に渡航移住し、亦多く海外の文物を吸収し欧字を以て印判を造りたるものさへありたる

とのべ、知行制度、都市の発達、兵農分離などを安土桃山時代の特色ととらえ、「門地低きもの」の台頭や海外への「渡航移住」に、明治維新後の時代像を重ねた。

早くは関野貞《ただし》が一九〇五年に、藤原時代と桃山江戸時代とを「固有ノ発展」を実現した時代とみなすが(「飛鳥時代といへる名称に就き」『歴史地理』七巻七号、一九〇五年)、こうした見方は、以来一貫している。

一九二八年の江馬務《えまつとむ》「時代と風俗」(西田直二郎ほか編『近畿京都』刀江書院、一九二八年)では、藤原時代以降を「国風発達時代」、応仁の乱から江戸時代の終わりまでを「国風全盛時代」と通観する。

京都帝国大学学友会発行『修学旅行　京都史蹟案内』(一九一五年初版、一九二七年版)は、西田直二郎・魚澄惣五郎の共著であるが、学友会が「随時史料採訪、史蹟踏査の旅行を試み」る読史会《とくしかい》に委嘱したものである(京都帝国大学文学部『京都帝国大学文学部三十周年史』一九三五年)。そのなかで「藤原時代」については、

当代は藤原氏擅権《せんけん》、驕奢《きょうしゃ》を極めしを以て、美術は特殊の進歩をなし、前代の模倣的芸術は全く同化され終りて我国独特の発達を見るに至れり。一般時代の特色は優美華麗を喜び、此風は時代の進むに随ひ弥々《いよいよ》其の勢を増し此時代の中頃以後に於ては其極に達し余勢繊細、脆弱《ぜいじゃく》に走らんとする傾ありたり。

と記述され、「桃山時代」は、「戦乱争闘の時世も漸く統一的の気運生ずる(中略)凡てに於て覇気の横溢せるを見る。其の意匠雄大奇抜にして、其の彩色は、華麗濃厚なるを常とせり」と特色が描かれる。

この『京都史蹟案内』が出版された一九一〇年代は、史蹟保存や考古学の制度が整った時期で、一九一七年七月には京都府に史蹟勝地調査会が発足し、評議員に三浦周行《ひろゆき》・内藤虎次郎(湖南)・浜田耕作・内田銀蔵・黒板勝美が名を連ね、一九一七年度の史蹟勝地保存費として二千五百円が計上された。そして史蹟名勝天然紀念物保存法が、一九一九年三月に公布された。

また一九一六年九月には、戦前では帝国大学で唯一の考古学の講座として京都帝国大学文学部考古

学講座が新設され、奇しくも翌一九一七年下半期には、四基のキリシタン墓碑(慶長中期)が、上京区の延命寺・浄光寺・成願寺で発見される。また一九二〇年には、茨木山中の千提寺《せんだいじ》で、「上野《うえの》マリヤ」と彫られたキリシタン墓碑や東家の「あけずの櫃」からザビエル画像が発見され、一九二三年の『京都帝国大学文学部考古学研究報告』第七冊に、新村出「摂津高槻在東氏所蔵吉利支丹遺物」、新村出・浜田耕作「京都及其附近発見の切支丹墓碑」として報告された。浜田耕作・新村出、そして東京帝国大学の姉崎正治《あねさきまさはる》などにより、考古学・言語学・歴史学・宗教学などからキリシタン文化の研究が盛んになった(高木博志「茨木キリシタン遺物の発見」『新修茨木市史年報』第四号、二〇〇五年)。

３　京都の文化史・社会史研究

さかのぼって一九〇七年(明治四十)九月に京都帝国大学文科大学史学科が設置され、内田銀蔵、三浦周行があいついで教授に就任した(京都帝国大学文学部『京都帝国大学文学部三十周年史』)。東京帝国大学史学科が政治史や経済史中心であったのに対し、後発の京都帝国大学史学科においては、文化史・社会史研究の流れが特色として指摘できる(井ケ田良治「上方風の近世社会史」『朝尾直弘著作集』第七巻月報、岩波書店、二〇〇四年)。民衆運動や人間の日常的な生活・習俗、経済活動等に注目した社会史は、二十世紀初頭のヨーロッパに成立し、一九一三年(大正二)に内田銀蔵の「日本社会史」が国史の講義題目にあがった(朝尾直弘「解説」三浦周行『国史上の社会問題』岩波文庫、一九九〇年)。永原慶二は、この内田銀蔵や、日本中世史を「本邦史上の一大進歩を現したる時代」と新しいイメージに書き換えた原勝郎というヨーロッパ留学体験を持つ二人の京都帝国大学史学科への赴任に、その学風の初発をみている（『二十世紀日本の歴史学』吉川弘文館、二〇〇三年）。

一九一一年十二月二日に三浦周行は、辛亥革命のなかに、「支那の各地に市民会の開催、保安会の設立、独立宣言の続発等」をみ、各地の人々が、革命軍にたいしても清朝官軍にたいしても調停につとめ中立し、地方の安寧を保ち「土匪の蜂起」をふせぐ「地方的独立」のありようを、山城国一揆と比較し評価する（「国史より観たる支那の動乱」『現代史観』岩波書店、一九二二年）。この「支那の動乱に際して、我が隠れたる社会史実の連想を深く」し、翌年二月に三浦周行は「戦国時代の国民議会」において、山城国一揆（文明十七―十八＝一四八五―八六年）を「土民」階級の社会・政治運動と捉え、山城国からの畠山政長《まさなが》・義就《よしなり》両軍隊の撤退・寺社本所領の還付・新関撤去の要求を議決した国民議会を評価した。そして一九一九年から翌二〇年にかけて、上古から江戸時代までの社会問題を社会史として横断した懐徳堂の講演「国史上の社会問題」をおこなっている（『国史上の社会問題』大鐙閣、一九二〇年）。こうした三浦周行の歴史認識は、内藤湖南などとともに大正デモクラシー状況に照応したものであった。

また一九〇九年から京都帝国大学文科大学東洋史講座を担当した内藤湖南は、一九二一年八月の史学地理学同攷会講演「応仁の乱について」で、歴史とは、一面において「下級人民がだんだん向上発展して行く記録」と捉える。そして応仁の乱の画期性を、その後の下剋上の社会変動や「日本の帝室」という日本を統一する原動力、「真の身体骨肉に直接ふれた歴史」すなわち今日につながるものが現れたことの中に見出した。また「日本国民の文化的資質」（『日本及日本人』一八三、一八四号、一九二九年）では、世界の国民には、「自分の文化を発生しておる国民」とそうでない国民がおり、日本が「文化をもちうる国民の証明」として、「シナの文化」を鵜呑みにしない点をあげる。さらにまた、「戦乱に荒らされて暗黒の時代となっていた足利時代、特に応仁、文明以後」、その丸裸の上に残ったものこそが、日本の「文化的資質」であると湖南は考え、帝室における「歌道の伝授」、「神道の伝授」、源氏物語・伊勢物語の尊重といった諸要素をあげた。

以上のような京都帝国大学の文化史学は、西田直二郎（一八八六―一九六四年）の『日本文化史序説』（改造社、一九三二年）に一つの到達点があると考えられる。『日本文化史序説』は、方法論において、社会史・民衆生活史の視角をもち、また「文学・美術・宗教・法制・経済等」も含んだ総合史である。西田は桃山時代には、勃興する「地方的領主」のなかにあった「剛毅にして奔放な気魄《きはく》、単純にして淡泊な気質」を、古代の家父長的な「氏族的精神」の復興ととらえ、鎌倉幕府草創期につづく「第二のルネサンス」とみなした（林淳「文化史学と民俗学」『柳田国男研究論集』第四号、二〇〇五年）。

さて、京都学派の文化史・社会史研究の流れは、応仁の乱後の社会変動や、惣村の自治に着目するが、そうした中から、応仁の乱後から近世の町の自治に着目する秋山国三（一九〇七―七八年）が現れる。秋山の手になる『公同沿革史』上巻（元京都市公同組合連合会事務所、一九四四年）の章立ては、第一章「近世京都の黎明」、第二章「町組制度の発達」、第三章「江戸時代における自治制度の整頓」となっている。近世都市論の前提には、三浦周行以来の研究を背景とした、山城国一揆への秋山の言及があった。応仁の乱後に町において市民の自治がはじまり、祇園祭が復興され、「京都自治機関の基礎」としての近世の年寄につながるという道筋が、そこで描かれた。一九五〇年以降の林屋辰三郎の「町衆《まちしゅう》」論の生成・展開のイメージは、すでに秋山の段階で準備されていたのである。

戦後の文化史研究を代表する人物として、林屋辰三郎（一九一四—九八年）をあげたい。林屋は、一九四五年の敗戦時に、天皇主体ではなく民衆主体の、「国史ではなく日本史」を、そして「科学的な実証性」を重んじる歴史学をめざし、日本史研究会や部落問題研究所の設立にかかわり、京都大学ではなく私学の立命館大学教授の道を選んだ。彼は「地方・部落・女性」の三つの視点をもって研究を推しすすめ、それらの視点を「民衆の歴史的生活」を明らかにするよりどころとした（『歌舞伎以前』岩波新書、一九五四年）。林屋の視点は、石母田正が『歴史と民族の発見』（東京大学出版会、一九五二年）で在日朝鮮人や女性史の領域を扱ったように、一九五〇年代はじめの「国民的歴史学運動」の時代状況と共振しながら見いだされたと評価できる。

林屋辰三郎は、「町衆の成立」（『思想』三一二号、一九五〇年）で、秋山国三以来の近世の町の自治を、「町衆」として概念化する。町衆とは、応仁・文明の乱後、「町」に拠って、地域的な集団生活をいとなむ人々」をいい、自由な民衆文化（風流踊・小歌）を醸成し、法華宗の影響を受けたと指摘する。

ときあたかも一九五一年の歴史学研究会大会テーマが「歴史における民族の問題」、一九五二年のテーマが「民族の文化」をかかげ、国民的歴史学運動が勃興する時期である。林屋辰三郎自身も、スターリン「民族問題とマルクス主義」（一九一三年）と、さらに「民族」の起源を古代にまでさかのぼらせて言語の共通性に着目したスターリンの「言語学におけるマルクス主義について」（『前衛』一九五〇年八月号）の影響を受け、「民族意識の萌芽的形態」（『思想』一九五三年二月号）を書いている（岩井忠熊『戦争をはさんだ年輪』部落問題研究所、二〇〇三年）。林屋は、古代の「民族意識」の萌芽に「言語の共通性」に加えて方言や仮名文字の発明の問題を据えた。(18)

民主主義科学者協会京都支部歴史部会がおこなった紙芝居の台本『祇園祭』（東京大学出版会、一九五三年）に、林屋辰三郎は「祇園祭について」という小文を寄せ、応仁・文明の乱以降に郷村制に比定される町組制がつくられ、町衆の自治が祇園祭を復興させたと述べる。また同書の「あとがき」には、台本の骨子となったのは林屋の「町衆の成立」と「郷村制度成立期に於ける町衆文化」（いずれも『中世文化の基調』東京大学出版会、一九五三年所収）であると記されている。西口克己は、小説『祇園祭』（弘文堂、一九六六年版、初版は中央公論社、一九六一年）の「まえがき」で、林屋の助言と、民主主義科学者協会京都支部歴史部会編『祇園祭』を参考にしたと明記する。また当時、紙芝居「祇園祭」にたずさわった井ケ田良治（同志社大学名誉教授）は、林屋の「町衆の成立」により、祇園祭の研究がはじまり、林屋の研究が紙芝居作成の参考文献になったことを証言する（二〇〇五年七月談）。民科・京都・歴史部会の「紙芝居「祇園祭」を創って」（『歴史評論』三九号、一九五二年）では、「林屋先生の町衆の抵抗の中にある祇園祭を紙芝居にする」こととなり、「林屋先生の論文がくり返し読まれた」とある。なお西口の小説『祇園祭』は、山口鉄也監督、中村錦之助主演、日本映画復興協会製作で一九六八年に映画化される。

一八九五年の平安遷都千百年紀念祭で顕彰される「国風文化」の優美な貴族文化は、葵祭に象徴されるが、その研究は一八八四年の「勅祭」再興時の、文永の絵巻の考証などとして、早くからとりくまれていた。しかし祇園祭の研究については、林屋辰三郎の町衆論の成立とともに、一九五〇年代以降盛んになったものと思われる。かくして京都イメージの二つのピーク「国風文化」と「安土桃山文化」が出そろい、それぞれ葵祭、祇園祭に表象されてゆく。

その後、安土桃山文化について、林屋辰三郎は『京都』(岩波新書、一九六二年)に、「王朝の遺跡のことごとくが、桃山の遺産によって復興されている事実をつきとめ、慶長・元和・寛永という時期が京都の歴史に占める位置を確認」して、安土桃山時代から寛永時代までが、王朝の貴族文化の復興であったと説く。また全十巻の「京都の歴史」の第四巻は『桃山の開花』(学芸書林、一九六九年)であるが、林屋辰三郎はその「序説」において、「桃山時代」の特色を規定するものとして、第一に天文十二年(一五四三)八月、ポルトガル船種子島漂着以降の南蛮人との交流による国際的環境の成立、第二に貨幣経済の浸透、第三に商・手工業者の勃興と京都における「町衆」の成立をあげ、

近世は、桃山の京都において誕生した。その前に現れた新しい世界は、戦乱のなかからようやくに平和をかちとり、金銀の豊かさのうちに生活をたのしみ、また南蛮の珍奇な風物にもふれることのできる、かつて夢にもえがきえなかったようなものであった。世人はこれを「弥勒の世」とよんだ。

と結んだ。

むすびにかえて

古都京都イメージの近代における形成・展開をここで整理したい。一八九五年の平安遷都千百年紀念祭や第四回内国博覧会といった日清戦争前後の国民国家形成期には、対ヨーロッパ、対中国に対する自画像として、京都のみならず日本の表象として「国風文化」を自らのイメージに重ねた。そして日韓併合の一九一〇年代以降の「帝国」の時代になると、過去の「海外雄飛」、キリスト教の布教といった十六世紀後半の「安土桃山文化」が顕彰の対象となる。この間、京都では明治以来の三大事業（第二次疏水・上下水道・市電）が結実し、市区改正の道路拡幅、そして一九三一年には伏見市などを編入し百万人の「大京都市」へといたる。また京都帝国大学における、三浦周行・内藤湖南以来の文化史・社会史研究の流れは、応仁の乱後の社会変動、町衆や惣村の「自治」といった民衆史の視点を提示する。「国風文化」が昭和期になると「雅」という言葉に代表され、「安土桃山文化」が一九四〇年代の秋山国三の研究を経て、一九五〇年の林屋辰三郎「町衆の成立」へと展開してゆく。ここに「雅」と「町衆」という古都京都の二大イメージが定着した。貴族の雅は葵祭に象徴され、町衆の自治は祇園祭として、いずれも京都の年中行事に位置づけられるようになった。

こうした古都京都イメージの近代における生成、展開の過程をみると、概して、御土居のなかの上京・下京の町のイメージが、「古都京都」全体のイメージに普遍化されているといえよう。そして近代国家の文化的アイデンティティと地域社会の文化的アイデンティティの発現のあり方にかかわって、京都という地域社会を、ある歴史段階(国風文化・安土桃山文化)に特化する文化戦略が読みとれる(高木博志「紀念祭の時代——旧藩と古都の顕彰」、佐々木克編『明治維新期の政治文化』思文閣出版、二〇〇五年)。第二次世界大戦後に、京都みずからが自分を「古都」と表象したとき、「古都京都」はある意味で、「文化財化」してゆくことになる。

もちろん文化や「伝統」は、創造されたり変容してゆくものであって、その顕彰の行為自体を私は否定するものではない。変容する「文化」「伝統」を、地域社会の住民のための観光や地域おこしとして活用することは多様に展開されるべきであろう。ただ国家や天皇制の文化戦略と深くかかわってきた日本近代の顕彰の歴史をみるとき、つねに誰による、誰のための文化や「伝統」であるかは問われなければならないであろう。二〇〇五年に、外国の賓客に京都御苑の「伝統」をみせるべくオープンした迎賓館《げいひんかん》は、一八八〇年代以来の国家の文化戦略の延長上にある。古都という文化的景観を利用する皇室外交である。また一方では、戦前の平安遷都千百年紀念祭、大正・昭和の大礼という、皇室を利用した、観光都市京都への経済効果をねらった文化戦略の延長線上にも位置づく(19)。しかし迎賓館は、戦後改革で皇室財産から国有財産として市民に開放された京都御苑(国民公園)を、ふたたびその一部を市民からとりあげ、戦前のように「閉じた」空間へと変容させた。

たとえば「古都京都」の文化のなかに、被差別部落・在日朝鮮人の集住といった、河原町七条から九条にかけて、帯のように近代の都市周辺部に生成する新しい文化的諸相は位置づくだろうか？　そしてまた、乙訓郡や丹波・丹後といった地域文化は「古都京都」のなかに位置づくだろうか？　これらは近代がとり残してきた課題であろう。

第三部　陵墓と世界遺産

「神功皇后と武内」の絵馬．本文 221 頁参照．

昭和十六年、七十余で死んだ祖母の話のうち印象に残つて忘れられないものが二つある。一つは〝七回のけかち（飢饉）より一回の戦争の方がおそろしい〟とよく口ぐせに云つた事だ。（中略）今一つは、日清戦争の前頃、小学校で先生が生徒達に、何になりたいか質問した所が、一生徒は元気よく〝私は天皇になりたい〟と答えた。そこで先生〝これは〳〵恐れおおくも、もつたいない。天皇は有難い尊いお方で我々下々は決してなれないものだ〟とじゅん〳〵と教えたと云うことである。

――北上逸平「けかち・天皇・だんぽお〔巡査役人〕」

（『歴史評論』三六号、一九五二年五月）

第五章　陵墓の近代
――皇霊と皇室財産の形成を論点に――

はじめに

明治維新後に創られた天皇制の万世一系の観念と表裏一体に、陵墓は新たなものとして創りだされた。それは近代天皇制存続の神話的装置として、天孫降臨神話―皇祖皇宗―万世一系を視覚化するものであった。

さらにまた、陵墓をめぐる祖先崇拝は、家族国家観と一体であった。東京帝国大学法科大学長、穂積八束《やつか》は述べる。

家に在りては家長は祖先の威霊を代表し家族に対し家長権を行ひ、国に在りては天皇は天祖の威霊を代表し国民に対し統治権を行ふ。(中略)吾人の祖先は肉体の外に不死の霊魂あることを確信し、又子孫を慈愛する父母の威霊は顕界に於て其の肉体を亡ふも、尚幽界に在りて其の子孫を保護することを確信したり。(中略)家は祖先の威霊の住む所、国は天祖の威霊の住む所にして、祖

先の威霊は家国を防護す。（「祖先教論」『神社協会雑誌』一、一九〇二年）

肉体と分離した祖先の霊が家を、そして天祖（天照大神）が国家をまもるとの論である。

さて、今日の宮内庁の陵墓に対する見方は、一九七七年四月の参議院内閣委員会での宇佐美毅侍従長の答弁に象徴される。

代々のご祖先のみたまを祀る静謐《せいひつ》な、神聖な所と考えて、ご命日にはちゃんとお供えをしてお祀りしている。陵墓は古墳というひとつの文化財というだけではないことを、基本に考えている。

（高橋紘『象徴天皇』岩波新書、一九八七年、一五六頁、より重引）

宮内庁見解では、陵墓は単なる文化財ではない、「御霊」の宿るところである。本論の第一の眼目は、宮内庁見解の歴史的起源を探ることにある。明治維新変革による、皇室の神仏分離と皇霊祭祀の創出、そして仏教的来世観から神道的「来世」観への転換のなかに、それを求めることができる。

表2に整理しておいたように、実際には、陵墓は世界的な文化財でありながら、文化財とは違う次元の、御霊のやどる聖域であると、宮内庁は解釈している。そして今日、文化財としての古墳と、皇室用財産としての陵墓が並立することをおさえた上で、皇室用財産としての陵墓の形成過程を追うことが本稿の第二の眼目である。

第二の論点の前提として、近代の文化財には二つの体系があったことをおさえておきたい。

一つは、国宝・史蹟・博物館の美術品などの開かれた文化財であり、これらには公共性が強調された。そして、制度や理念において欧米との間に互換性が強調された。九鬼隆一は、一八九〇年、奈良

表2　陵墓と古墳

〔管轄〕　〔解釈〕
陵墓—皇室用財産—宮内庁—御霊のやどる聖域—皇室の「私的財産」
古墳—史蹟その他—文化庁その他—文化財——————国民の財産

帝国博物館の開設にあたり、奈良の寺院が勝手に寺の仏像や什宝を売却したり「秘匿」することなく、博物館に寄託する義務を説いたが、これは欧米と同じく文化財には「公益」があるゆえとの説明であった（高木博志『近代天皇制の文化史的研究』一九九七年、校倉書房）。

文化財のもう一つの体系は、正倉院御物・法隆寺献納宝物・陵墓などの、「秘匿され」国民の手の届かない宝物や不動産である。ここでは欧米との互換性よりも日本の固有性が強調される。そしてこれらは一八八〇年代に、皇室財産として整備され、立憲制とともに御料財産に、そして第二次世界大戦後は、大部分が皇室用財産として国有財産の一部に組み込まれた。

一八八〇年代の立憲制と、「秘匿」され国民から隔絶した皇室財産の形成の意義は、欧米の君主制のあり方を学んだときに、欧州との普遍性・互換性だけでなく日本の固有性が重要になることにあった。

条約改正の達成に向けて、すべての天皇陵を確定する必要を説く一八八九年の伊藤博文の建議は、日本の固有性や「伝統」が欧米に対して力を発揮することを意識した戦略であった（『明治天皇紀』一八八九年六月三日条、本書第二章）。ここでは、おそらく条約改正より帝国憲法の発布という制度的節目がより重要な動因になっていたと思われるが、万世一系と日本「神話」の視覚化のための装置としての天皇陵の確定が、国際的契機によってなされたことに注目する必要がある。

第一節　皇室財産としての陵墓

1　皇室財産の形成

陵墓は、世伝御料《せでんごりょう》ではないが、広い意味で皇室財産（御料財産）として扱われてきた。宮内省秘書課長であった酒巻芳男《よしお》の『皇室制度講話』（岩波書店、一九三四年）の「御料財産の種類及管理」によると、

> 陵墓は一の宗教的精神的建営物であつて、必ずしも財産と目することを得ない。陵墓に就いては〔皇室〕財産令は何等《なんら》規定せず、世伝御料に編入せざるは勿論《もちろん》、陵墓は絶対に処分することを得ずと規定せられたるは（陵墓令第二十条）此の故である。
>
> 然し陵墓の附属物、陵墓地、陵墓参考地は一の物体であり、御料たる財産である。但し性質上他の御料財産と区別さるべきが故に、財産令は其の規定を為さず、陵墓令に於て之を規定して居る。

とされ、陵墓の管理は諸陵寮、陵墓の土地は帝室林野局、土地以外の附属物は諸陵寮の管理に属すると解している[1]。『皇室制度講話』は酒巻が宮内省職員を対象とした「学習講習」の講義がもとになっていた（梶田明宏「酒巻芳男と大正昭和期の宮内省」近代日本研究会『年報・近代日本研究』二〇、一九九八年）。

陵墓は皇室財産の枠組みにありながらも「宗教的精神的建営物」であって、世伝御料ではなかった。

井原頼明『増補 皇室事典』(冨山房、一九四二年)では、陵墓地六四二町は、普通御料と把握されている(福尾正彦氏の御教示による)。このあいまいな神話性こそが戦前の陵墓のあり方であった。そして第二次世界大戦後の皇室制度の改革のなかで、陵墓が皇居・京都御苑や正倉院御物などと横並びで「皇室用財産」となったことは、陵墓の脱神話化への道程であり、「文化財化」への道を切り開いたといえる。一八九〇年十一月の世伝御料の設定時に、陵墓がそこからはずれたことのあいまいな意味は、近代天皇制における陵墓の神話性(万世一系)の問題として、重要な意味がある。(2) ちなみに皇室財産の世伝御料には、畿内でいえば、京都皇宮(京都御苑)、二条離宮、桂離宮、修学院離宮、正倉院宝庫、大和三山、そのほか、桃山、三十三間堂廻り、奈良、春日野、橿原、などがあった。(3)

京都御所は、明治二年三月の東京「奠都」後、荒廃するが、一八七三年以降、京都博覧会社や京都博物館の活動の場となり、禽獣会も開かれた。明治二十年代に、遷都千百年紀念事業で鴨東地域が博覧会の場となってゆくが、いわばそれ以前には京都御苑にその機能の一部があったといえよう。御苑を整備して閉じた聖域にする歩みは、一八七七年の天皇京都行幸を政治的契機とし、決定的には岩倉具視の遺言といえる一八八三年一月の「京都皇宮保存ニ関シ意見書」により加速化する。これによって大嘗祭を京都御苑で行なうことを核とした整備が行なわれ、宮内省京都支庁も設置される。京都御苑は京都府から管理替えされ、以後この宮内省京都支庁が管轄する。そして一八九〇年、世伝御料となる(本書第三章)。

二条離宮は、明治四年(一八七一)に京都府の管轄となり、後に陸軍省をへて、一八八四―一八八五年に御料地に編入された。桂離宮は、一八八一年の桂宮家の断絶ののち、その別荘に一八八三年に桂離宮の名称が与えられたものである。修学院離宮も、一八七三年に京都府の管轄となったのち、一八八三年の宮内省京都支庁による管轄を契機として、御料地の拡張がおこなわれる。いずれも一八九〇年に世伝御料となる。

正倉院宝庫の歴史は、東野治之『正倉院』(岩波新書、一九八八年)が明らかにしたように、維新前は東大寺の什宝であった宝物を皇室がとり上げる歴史である。それは、伊藤博文宮内卿時代の一八八四年五月六日、宮内省による正倉院の専管体制により完成する(4)。

また万葉の景観である大和三山は、近世においては周辺諸村の入会山であった。一八八〇年五月二十日の内務卿松方正義「大和国畝火山他二山之儀ニ付伺」をうけて、一八八二年五月には政府より名勝地として認可される。最も早い「名勝地」の公称である。一八九一年一月十九日には、畝傍山・香久山・耳成山各御料地が決定される。

皇室財産には、他に御物(普通御料)とよばれるものもあった。戦前における文化財保護行政において、御物のもつイデオロギー的意味は大きかった。国宝を頂点とする公開性のある文化財の体系とは別の、皇室により秘匿された文化財の体系であったからだ。

正倉院御物と並ぶ法隆寺献納宝物は、一八七八年二月十八日に、困窮した法隆寺から天皇家へ宝物三二二点を献納したもので、それに対して法隆寺へ一万円が下賜される。その管轄は、戦前には、内務省、農商務省博物局、宮内省、帝室博物館と移るが、戦後の皇室財産の改革の中で、文化庁移管となり、東京国立博物館法隆寺館として今日ある。そのほか御物には、一八八一年に絶家となった桂宮家の伝来品や、諸家からの献上品、一八九〇年に制度化される帝室技芸員の作品などがあった。そして古墳からの出土品は宮内省の諸陵寮に納められることとなった（本書第二章）。

これらの御物は、戦後改革で、大部分が国有財産としての皇室用財産となった。

2「非文化財」としての陵墓

公武合体運動の中で、文久二年（一八六二）十月十四日、山陵奉行戸田忠至《ただゆき》が主導して、山陵修補を開始した。

文久三年二月十七日、高市郡ミサンザイ（神武田）に神武陵が決定され、五月以降、修築が開始される。明治維新の理念は「神武創業」であり、この神武陵が修補事業の中でもっとも重要な位置を占めた。翌年より勅使発遣の儀が始まる。

維新後、明治三年（一八七〇）二月十一日、神武天皇祭が親祭となり、神祇官において勅使が発遣される。神武天皇祭は明治四年には四時祭典定則で大祭となり東京の宮中年中行事に組み込まれる。一八七四年五月二日には、古墳の濫掘が禁止される。

一八七六年三月二十八日には、「神宮大祭」「神武帝山陵例祭」「孝明帝山陵例祭」などに儀仗兵として歩兵一中隊が附与される。この背景には、これら祭式の「虚礼」を省いてきたことにより、「軽簡ニ過キ却テ有名無実」になったという認識があった。皇霊祭祀、簡素化への反省である。(5)同年十月十二日には、歴代山陵等の兆域調査がおこなわれる。

一八七七年の天皇大和行幸において、神武陵での親祭、武内宿禰《たけうちのすくね》らの顕彰、正倉院御物の天覧などがおこなわれ、大和における「旧慣」保存策が展開する。これ以降、ひとり陵墓だけでなく、史蹟・名勝・文化財・皇室儀礼など、皇室の「伝統」にかかわるものへの顕彰が総合的にはじまる。

この年二月十一日の神武陵での天皇親祭に先だって、前年十二月七日には、式部頭《かみ》坊城俊政《としただ》から堺県令税所篤《さいしょあつし》にあてて、「沿道三里巳内《いない》帝王后妃陵皇子皇女御墓幷官国幣社箇所里数等」の取り調べの指示がなされている（「御陵墓願伺」『大阪府庁文書』宮内公文書館三二九四八〜五六）。しかし一方で、一八七〇—八〇年代が、天皇が全国へその存在をアピールする行幸の時代であったように、天皇や陵墓の権威もいまだ形成途上にあったと思われる。たとえば、『郵便報知新聞』一八七七年二月十六日には、「大和・河内辺の者迄が、暁より集ひ来り、御行列や御式を拝見せんとて、柵に攀《よじ》る者あり、土手に登る者ありければ警察官ハ東西南北に奔走して之を制したり」と報じるが、東大寺大仏殿の博覧会に正倉院宝物を鑑賞しに集まるのと同じ気分の、物見高い群集の姿を見ることができる。いまだ天皇制の神聖さや「秘匿性」は未確立なのだ[6]（本書第一章）。

一八七八年三月二十八日、陵墓が内務省から宮内省へ移管されたことにより、皇室財産としての陵墓が成立する。この直後、一八八〇年に宮内省御陵墓懸《かかり》からだされた最初の『陵墓一覧』は、陵墓の総数四六二カ所であり、

此表掲載スル所ハ、明治十三年四月以前ノ確定ニ係ルモノニシテ、未《いま》タ其数ヲ尽ストセス、抑《そもそも》

歳月ノ久シキ湮埋ニ属スルモノ実ニ多ク、則《すなわち》帝陵ト雖《いえど》モ、顕宗《けんぞう》天皇、武烈天皇、光孝天皇、村上天皇、冷泉院天皇、円融院天皇、三条院天皇、後一条院天皇、二条院天皇、安徳天皇、順徳院天皇、仲恭天皇、光明院天皇、十三陵ニ至テハ、未タ其所在ノ確証ヲ得ス、況《いわん》ヤ皇后以下ノ陵墓ニ於テヲヤ、猶《なお》捜索考拠ノ力ヲ尽シ得ルニ随テ、之ヲ掲ケ以テ他日全備ノ功ヲ期セントス、

と付記されていた。ここで一八八〇年代に最後まで陵が治定されなかった天皇には、古代奈良の顕宗、武烈を除いて、光孝から光明院に至るまでの、平安京で火葬された天皇が多いことに注目したい(7)。こうした所在不明の陵墓の考証のため、一八七八年十一月十五日、古墳発見の際には、宮内省に上申することを府県に対して下令した。

振り返ってみると、文久の修陵事業で未治定であった陵墓は、一八七四年から一八八三年にかけてまず決定された。一八七四年五月には、未治定の陵墓について「口碑流伝の地は勿論、古墳と思はるゝ地」(『明治天皇紀』一八七四年五月二日条)はみだりに発掘せず、発見があれば絵図面を副えて教部省に伺い出ることが、太政官より達せられた。またこの年八月三日には、従来の衛士・守戸などを廃して、地方官の管轄下に陵掌・墓掌・陵丁・墓丁を設置する。一八七四年七月十日には神代三陵(彦火《ひこほ》火出見尊《ほでみのみこと》・瓊瓊杵尊《ににぎのみこと》・鸕鷀草葺不合尊《うがやふきあえずのみこと》)がいずれも薩摩国に治定されるが、ここには藩閥の政治力学が推測される。このあと一八七六年に崇峻天皇陵、一八七七年に弘文天皇陵、一八七八年に綏靖天皇陵、一八八〇年桓武天皇陵が治定され、一八八一年に文武天皇陵が改定された(武田秀章「近代の国家祭祀と陵墓」『別冊歴史読本　歴史検証天皇陵』新人物往来社、二〇〇一年)。

この時期の宮内省の天皇陵確定作業に、学問的追求心と柔軟性があったことは、一八八一年の天武・持統陵の治定の変更から明らかである。一八八九年以前は、根拠があれば改定可能であった。一八八〇年十二月二十五日に、宮内卿徳大寺実則は、太政大臣三条実美に宛てて、「天武天皇持統天皇御合葬、檜隈大内陵《ひのくまのおおうちのみささぎ》並文武天皇檜隈安古岡上陵《ひのくまのあこのおかのえのみささぎ》之儀ニ付伺之件」をだすが、この年の高山寺における『阿不幾《あおき》乃山陵記』（鎌倉期の盗掘記録）の発見をうけて、天武・持統合葬陵を、高市郡五条野村（見瀬丸山古墳）から野口村へ変更する内容であった。徳大寺は伺書を「今般徴拠判然候ニ付テハ考案之趣、至当ト存候」と結んでいる（『公文録』二A―一〇―公三一二一）。

宮内省官吏の大沢清臣《すがおみ》・大橋長憙《ながよし》による天武・持統陵の治定変更にかかわる考証で印象的なのは、「御陵の大御霊に、ねぎまつりつる御ちはひ〔幸ひ〕といふべきものか」との一節である。これは埋葬された天皇の霊を祈りあがめてきた、その霊の威力により治定の誤ちがただされたとする認識である。宮内庁の一時の認識が、たとえ治定が誤っていても、「皇室がお祭りをされることによって、その方の霊がそこへお移りになっている」とするのとは、大きな距離がある（石部正志『天皇陵を発掘せよ』三一新書、一九九三年）。かくして見瀬丸山古墳は、天皇陵の指定からはずれ、奈良県は一九一三年にこの古墳を陵墓伝説地とした（吉田健司「石室写真発見の経緯」『季刊考古学』別冊二、一九九二年）。(8)

天皇陵の確定作業はその後も進行し、一八八三年十二月二十四日、宮内省で編纂中の「御陵墓誌」の天覧がおこなわれたとの報道がある（『朝陽新報』三〇四）。一八八九年の帝国憲法が発布された直後、「はじめに」で述べたように、国際社会に対して日本の文化的「伝統」を誇示する文脈で「国体の精華を中外に発揚」するため、歴代山陵の所在不明分の確定がなされた。実際の調査は、足立正声《まさな》諸陵助が「出張ノ命ヲ奉シ、実地検覈」したのと、日本書紀、古事記、延喜式、扶桑略記などの文献考証による決定であった(『法規分類大全』宮廷門)。足立は、二条天皇陵について「古墳らしきものも無之《これ》」、神武皇后陵は「築陵ノ思食ニ而決セラルベクヤ」、と苦衷を吐露していた[9]。一九七八年にだされた宮内庁の公式見解である「歴代天皇陵の決定について」(高橋紘氏提供)では、一八八九年の決定は「古記録に記載された陵の所在地を考定時における現存地名・字名と比較し、また、古記録に示された陵附近の目標物と現存遺跡との位置関係等によって所在地名の範囲を考定し、その区域内の地形・古墳墓の現状等を現地調査して陵の決定」をおこなったとする。

奈良県においては一八八九年六月三日には、顕宗《けんぞう》陵(葛下《かつげ》郡今市村)・武烈陵(同郡今泉村)の治定、崇峻陵(十市郡倉橋村)の改定がなされた。なお崇峻陵の買い上げ地には六人の「宅地」と村社が、顕宗陵の買い上げ地にも四人の「宅地」と村社があり、それらは移転した。武烈陵は、村社である志都《しづ》美《み》神社の境内の一部を兆域に囲い込む(「武烈天皇御陵地一件綴」『奈良県行政文書』一-M二一-四九、奈良県立図書情報館所蔵)。

大日本帝国憲法発布の時期までに長慶天皇を除くすべての天皇陵と多数の皇后陵・皇族墓が決定済みとなり、その後、陵墓の可能性がある「陵墓参考地」が一九一五年までに四〇カ所決定される。こうした宮内省による陵墓の囲い込みからはずれたものが、その他の古墳として、一九一九年の史蹟名勝天然紀念物保存法以降に史蹟の対象となったり、民有地として放置されたりする。ここに文化財としての古墳と、皇室用財産としての陵墓が並立する状況が現出したのである。

一九一二年の仁徳天皇の陪塚《ばいちょう》発掘に対して、黒板勝美は『考古学雑誌』(三巻一号)に「古墳発見に就て考古学会々員諸君の教を乞ふ」を発表する。

若しそれその仁徳天皇の陪塚なるべきを予想し、諸陵寮の編入に洩れたるを奇貨として之が発掘を試みたるものとせば、余《よ》は更に鼓を鳴してその不道徳なるを責めずんば已む能はず、古来我が法律にては山陵を発《あば》くを以て大不敬罪となせり、現行法に於てまた然りとす、殊に我が国は祖先崇拝の国なり、建国以来子々孫々相伝へて今日に至れり、欧米諸国の人種を異にせると同じく論ずべからず

ここで黒板は「山陵を発く」行為を断罪する。これは陵墓が欧米の合理的な学問＝考古学の対象とはならない聖域であるとの主張で、宮内省の方針の是認である。黒板の言説は、一見エスペランティストで古文書学を大成した実証主義者で、リベラルな黒板という通説的イメージに合わないように思われる。しかし一九一〇年の南北朝正閏《せいじゅん》論争以降の東大アカデミズムが、宮内省や文部省の政策の担い手となった史学史からみれば、これは当然の態度である。黒板は、神話装置としての陵墓や伝説としての南朝史蹟に特別な意味を付加し、のちの神武聖蹟調査につながる国民教化へと歴史学を動員してゆく(10)。

一九二六年十月二十一日に公布された皇室陵墓令では、陵形は上円下方または円丘と規定された。また皇室陵墓令第二十一条では「将来ノ陵墓ヲ営建スヘキ地域ハ東京府及之《これ》ニ隣接スル県ニ在ル御料

地内ニ就《つ》キ之ヲ勅定ス」と定められ、明治天皇の伏見桃山陵を京都における立地の最後として、大正天皇は多摩陵、昭和天皇は武蔵野陵がともに東京の八王子市に造営される。昭和期に入り新しい陵墓を擁する帝都と古都との空間配置がはじまったのである。

天皇陵治定の最後は南朝の長慶天皇であり、一九二六年に正式に第九八代の皇位が認められ、一九四四年に嵯峨東陵に決定し、「皇祖皇宗」は完結する。

本節をまとめたい。幕末以来の陵墓の整備は、神武創業の理念を体現し、皇祖皇宗の観念を視覚化したものであった。明治維新後の皇室財産のなかでは、陵墓の整備が最もはやく進行する。他の皇室財産(京都御苑・修学院離宮・大和三山・正倉院御物など)の整備とあいまって、立憲制・国際社会への対応を射程においた一八八〇年代の「旧慣」保存＝「伝統」の創造過程において、陵墓の聖域化・権威化は進行する。それは、天皇の行幸の時代がおわり、生身の天皇は後背にしりぞき御真影《ごしんえい》としての天皇像が神聖化してゆく過程とパラレルであろう(11)。そしてこれら皇室財産が、公共性を打ちだす国民の「文化財」と無縁な領域であったことが、天皇制の文化的統合の特質といえよう。

第二節　「御霊が宿る聖域」としての陵墓

1　「御霊が宿る聖域」としての陵墓の歩み

慶応四年(一八六八)三月の神仏分離令のあと行なわれた閏四月七日の山陵御穢《おんけがれ》の審議は、山陵は

「御霊が宿る聖域」であるがゆえに、非公開にするという今日の宮内庁見解の論理の起源であると考える。

谷森(善臣)諸陵助は制度事務局へ、以下のように建議している。

> 皇国ノ古典ヲ通考仕候ニ、上代ニハ天皇ヲ現津御神《アキツミカミ》ト称《タ、ヘ》奉《たてまつり》候テ、現在ニ神ト被為在候御儀ニ御座候ヘハ、幽界ニ被為遷候テモ又神ト被為在候事、更ニ疑ナキ御事ニ御座候、然ルニ中世以来、仏徒ノ巧説ニ被為拘泥候《こうでいさせられそうろう》テ、御大切ナル御葬祭ヲ一切僧徒ニ委任被遊《あそばされ》候ノミナラス、其御陵処ヲモ専ラ仏寺ノ境内ニ被為営候《いとなませられそうろう》事ニ相成来候故ニ、懸マクモ畏キ天皇ノ山陵ヲハ、穢処《えしょ》ノ様ニ心得候人モ在之候ハ、余リニ歎ケ敷《なげかわしき》御事ニ御座候(中略)又山陵ハ万代不易ノ幽宮ニ被為在候ヘハ、世人ノ穢処ト心得申サヽル様、天祖之神宮ニ被為擬、潔清ニ御尊崇被為在度奉存候事(『復古記』)

建議では、山陵を「穢」の場とするのは仏教の解釈による誤謬であり、山陵が寺域に存在することの非を唱えている。この建議を起点に陵墓は皇霊が宿る聖なる場となってゆく。山陵は「幽宮」すなわち奥深い御殿とみなされ、天皇は生死にかかわらず「聖」なる存在であるがゆえに、山陵も永遠不変に「聖」なる場であるとし、伊勢神宮に擬して尊崇すべきことを説き、神社と山陵を同列視する。そしてこの建議をうけて、「御穢ノ事、廟議遂《つい》ニ之《これ》ナキニ決セリ」との結論にいたった。この日をもって政府公式見解では、山陵は穢の場から「御霊が宿る聖域」へと価値観を百八十度転換したのである。

この谷森善臣の説をうけた矢野玄道は、同月十四日の建言で反論する。

> 掛巻《かけまく》も畏《かしこ》き現御神天津神御子の命に於てハ崩御被遊《あそばされ》ては、即《すなわち》貴き神明と御座被成《なされ》候御事申《もうす》も更に候を、近頃霊魂の人に憑て語りしを承《うけたまわり》候《カ》に神と為りては我墓処にても厭《いとい》嫌ふと申せし語御座候、恐《おそれ》けれともかの山陵の御中にてもかかる御道理も御座候にや（「御陵意見」宮内庁書陵部所蔵、一六八函四〇五号）

矢野は、神社と山陵は別次元にあり、崩御した「貴き神明」である天皇の霊魂でさえも、「我墓処にても厭嫌ふ」と断じる。山陵への穢観は、政府の公式見解にもかかわらず、ぬぐいがたく近代史に刻印された。

明治二年九月十七日、神祇官のなかに諸陵寮がおかれるが（明治四年八月四日に廃止）、その設置理由もこの問題にかかわる。

> 山陵ノ儀当官総管ニ被仰出候処、職員打混候テハ、清穢ノ別不相立議論沸騰可致ニ付、山陵事務ハ別局ニ仕、神祇事務ト混雑不相成様仕度（神祇官上申、九月、『法規分類大全』官職門二）

山陵御穢の儀のあとも、神祇官内部で山陵の穢観にゆらぎがあり、神祇一般から山陵業務を切り離したのである。

この一連の山陵御穢の儀でやり玉にあげられたのは、後水尾天皇から孝明天皇に至る近世の陵墓群を有する皇室の菩提寺泉涌寺《せんにゅうじ》である。泉涌寺は、一八七一年一月五日の上知による官有地編入ののち一八八六年三月十三日には、泉山陵墓附属地、宮内省諸陵寮所管となる（『泉山陵墓地と泉涌寺に関する年表』宮内公文書館四一〇九三）。また京都の伏見の安楽寿院の境内にあった近衛天皇陵も、単なる多宝塔から御陵へと読み替えられ、寺から切り離されてゆく（上野竹次郎『山陵』山陵崇敬会、一九二五年）。さらに近世までの応神天皇陵（誉田山古墳）には、後円部頂上に、誉田《こんだ》八幡宮奥の院の社僧が管理する六角堂があったが、一八八八年八月に奥の院山林地や境内地が御料地に編入され、仏堂の奥の院は消滅する(12)。

時間は前後するが、孝明天皇の三回忌が明治元年十二月二十五日に、「追孝の叡旨」(13)により紫宸殿《ししんでん》の神祭として、それまでとは一新した形でおこなわれた（『明治天皇紀』同日条）。前述のごとく翌年には神祇官に諸陵寮が設置され、明治四年夏には、皇室の神仏分離がおこなわれ、泉涌寺改革をはじめ宮中の仏教的要素が一掃され、ここに皇室と仏教の関係は断絶した。また神道国教化政策は、その攘夷主義的性格の矛盾やキリスト教の解禁や信教の自由が国際社会から求められる動向のなかで、しだいに修正され、明治五年以降、天皇崇拝のために神道のみならず仏教をも動員し民衆教化をおこなう教部省政策にいたる。こうして一八七三年までには、歴代山陵と宮中における命日と式年の皇室祭祀がほぼできあがる（前掲、武田秀章「近代の国家祭祀と陵墓」）。

教部省廃止後の一八八〇年に、東京の神道事務局に造化三神とアマテラスオオミカミに加えて、幽冥界の主宰者であるオオクニヌシノミコトを祭るか否かをめぐって、祭神論争が勃発する。翌年の天皇の勅裁で出雲派が敗北し、オオクニヌシノミコトの祭祀は退けられ、国家神道は現世の問題に限定されてゆく(14)。

この祭神論争の史的意義については、宮地正人が、本論の問題意識である国家の宗祀としての神道のあり方と来世観とにかかわる観点より整理をしている。

天皇制国家権力とそのイデオローグ達は個々人の死後の安心立命への言及からある距離をおき、総ての神祇体系を天皇家に帰結させ、個人的信仰の要素を減少させることによって他の諸宗教から神道を区別しようとし(「奉道」と「敬神」の区別)、他方、天神の存在を否定することができなくなる霊の信仰——しかも、この霊なるものは、宗教学上からみればきわめて特殊なもので、それは人を加護し、人が招いて慰霊することもでき、しかも家父長制的「家」制度と密着した祖霊的色彩をも色こく有しているのだが——を社会的に拡大生産する体制を強化していこうとする。これが所謂《いわゆる》「宗教と祭祀の分離」であり、「神社神道は宗教にあらず」というテーゼの本質であった。（宮地正人『天皇制の政治史的研究』校倉書房、一九八一年、一三九頁）

ここに「個人的信仰の要素」を減少させ、その一方で霊の信仰を有する国家神道のありようを、陵墓論としていかに考えるかが課題となる。

一八八二年には、神官の教導職兼補は禁止となり、神宮と官国幣社神官による葬儀は禁止となるが、ここでの最大の矛盾は、府県社以下では従前のとおり神官による葬儀が認められた点にある。この矛盾は、明治後期の『全国神職会会報』を繰ってみると、神職の葬儀への参加要求として、一貫してくすぶり続けている。たとえば明治天皇の危篤が伝えられる一九一二年(明治四十五)六月十日には、議事として「神職ニシテ国礼ニ拠ル葬儀ヲ介助スルハ差支ナキモノト認ムト雖モ、念ノ為其筋へ交渉スルコト」が賛成多数で採決される。提案者で元浅間神社宮司の高山昇は、「官国幣社でも府県社以下でも葬儀を国葬に準拠した方法で取扱ふ」ことは、差し支えないと述べている（同誌、一六六号）。

教部省時代（明治五年六月以降）に著された、大教正《きょうせい》近衛忠房・千家《せんげ》尊福《たかとみ》による『葬祭略式』（京都大学文学部所蔵）では、式年の霊祭や、春秋二期に親族集まって饌物をつくって祖先の神霊を迎えることにより、家内が禍事から守られるとする。さらに明治十年代の神葬祭の来世観を示すものとして、出雲、都武自《つむじ》神社の神職である高橋千川が、葬祭のとき親族に向かって語る「魂《みたま》の行方《ゆくえ》」を引用したい（高橋については『国学者伝記集成』参照）。

魂《みたま》は天より賜はりて復《また》天に帰り魄《かたち》は地より賜はりて、復地にかへる、嗚呼《ああ》集侍る親族家族の人等悲しけれとも又かなしむ事なかれいま形こそ死《まか》りましつれ、御霊は即《やが》て天に報命《かえりことまを》して神の御位に昇り、又家にも帰来て子孫の八十《やそ》連続《つづき》をも守幸へ玉ふなり、又天命《あまつみこと》蒙りては再ひ形を得て産れ帰るなり、生れかへれとも本魂《もとつみたま》の欠る事なきは一つの燈火《ともしび》を百千《ももち》にわくれとも本末の光同しきか如し、これをみたまのふゆといふ、抑《そもそ》も諸人生《いき》ては現津御神《あきつみかみ》、吾か天皇に仕《つか》え奉り、身死《まか》りては在天先《あめにますさきの》天皇に仕へ奉り、生死共に神と君とにはなるゝ事はなきなり（「魂の行方」『朝陽新報』三七〇号、一八八四年七月）。

出雲派の来世観が濃厚な言説で、死者の霊は天に帰って神となり、子孫を守護し、死後においても天にいる先の天皇に仕えるとの来世観である。国家神道の建前としての非宗教性と、社会、国民のレベルにおける宗教としての神道の認知が、構造的矛盾としてファシズム期まで貫通する（赤澤史朗氏の御教示）。

来世観を棚上げにしたまま、皇室の葬儀は一八九七年の英照皇太后の葬儀において制度的原形ができ、一九一二年の明治天皇の大喪をへて一九二六年の皇室令の皇室喪儀令において法的に完成する。

2　非宗教としての国家神道と皇室の来世観

祭神論争以後の国家神道下では、宗教でないとされた神道は公的には来世の問題を語れなくなった。宗教の宗教たるゆえんの一つに、死後の救済の問題がある。たとえば裕仁《ひろひと》天皇が死んだ後どうなっているのかという死後のイメージを、今日、政府や神道関係者がわかりやすく国民に語れないことは、神道が来世を語れないことに原因がある。

一九一二年（大正元）の明治天皇の大喪時には、神職が服喪すべきや否やの議論をはじめ、神道家と死穢をめぐる議論が『全国神職会会報』上で頻繁に報じられた。明治維新後において天皇や皇族は、信教の自由や死後の安寧を選び取る自由も奪われた。そして少なからぬ皇族が神道式の葬儀に違和感をもっていた。一八九八年の晃《あきら》親王の遺言はその表出であろう。晃親王の仏式葬送の希望と、それに対する政府の不許可という事態は、ひとり皇室のみならず神道界にも大きな波紋を投げかけた。晃親王は、おそらく仏式葬儀でなければ、死後の安寧は得られないと考えたのであろう。

宮内大臣田中光顕《みつあき》の見解は、「維新後皇室祭祀の典定まり、先帝三周年祭以来、朝廷絶えて仏儀を用ゐることなく、葬送の礼亦《また》神祇式に由り、其の儀制は英照皇太后の大葬に依りて大成したり、是れ実に踵《きびす》を上世に接して、則を後代に垂れさせらるゝものなり」というものであった。東久世通禧《みちとみ》をはじめとする枢密顧問官は、奉答書で、「皇霊殿ハ常ニ歴代ノ神魂ヲ安《やすん》シ奉リ其《その》祭祀ハ常ニ古来ノ式ニ依リ奉セラレタリ」とし、晃親王の仏式葬送を許せば、「特例ヲ後世ニ開キ或ハ延《ひい》テ典礼ノ紊乱ヲ来ス」と結論づける（『明治天皇紀』一八九八年二月十九日条）。中近世における仏葬を無視し、神祇式の葬礼を「古来ノ式」として古代以来連続する「伝統」であるかのような強弁である。

では、稀薄な来世観の下で陵墓はいかに語られたか。

大正期の『全国神職会会報』に掲載された陵墓論で、宮内省の見解に近いものとして、大阪の仁木大次（神職と思われる）の議論を紹介する。

現津神《あきつかみ》にし座《いま》せば、現世の神業を終へ給ひし後は、聖体永久に寂然《じゃくぜん》幽宮として隠れ座すの地是れ乃ち山陵なり。実に山陵は森厳犯すべからざる霊域にして、神霊亦永久に鎮座せる霊場たり、是に於て山陵は神社と異るなき所と言ふ。

そして皇陵が霊地であることを忘れるのは、国民道徳上嘆かわしいとし、陵墓参拝の団体を組織することを説く（「皇陵崇敬思想」『全国神職会会報』二二三―二二五号、一九一七年）。さらに仁木は「皇陵の威霊」（下）（同誌、二二八号、一九一七年）で、「斯《か》く言へば皇陵を以て宗教上の神霊的に見るの誹《そし》りあらむも、尊祖敬神は吾国国民道徳の根本たる忠孝より出づる赤誠にして、至誠の表はるゝ所は祖霊に向ひて礼拝となり祈願となり祈禱となる、何の不可かあらむ」とし、陵墓への崇敬を、宗教とは別次元の国民道徳と位置づけた。

この背景には、明治四十年代に文部省や井上哲次郎により主唱された、国民道徳論の社会的な流布という問題がある。それはたとえば、一九一二年の井上哲次郎『国民道徳概論』(三省堂書店)に完成を見るような、国体や祖先崇拝と家族国家観を旨とする道徳論であり、一八八一年の祭神論争後の「神道は国家の宗祀」とされる神道非宗教論と連動するものであった。国民道徳は、名教的歴史観と重なりあいながら国史を包摂し、死後の問題があいまいな陵墓に対する崇敬の教義となった。また国民的神道儀礼として初詣・七五三・神前結婚式などの隆盛をもたらした(15)。

ここで宮内省諸陵頭であった山口鋭之助の議論をみたい。山口は、宮中顧問官に転じたあと、山陵の祭祀が神社祭祀に比して軽視されている現状を「山陵の祭祀を国家祀典となすべきの議」(『神祇及神祇道』四巻十号、一九二五年)で嘆いている。

山口は、明治三年(一八七〇)正月三日の大教宣布の詔をうけて、地方官が管掌する山陵の「列皇神霊の祭典」を主とし神殿の祭祀を従とした、明治初年の皇霊祭祀の方向性を理想とする。しかし彼は、一八七八年六月の春秋二期の皇霊殿での祭祀の確立や、一八八五年の内閣制下における式部職の宮内省への隷属や皇霊祭祀を内廷の「私事」とみなす誤り、あるいは一九〇〇年の内務省神社局設置による神社のみの優遇といった、その後の一連の制度改革が、山陵の祭祀を軽視してきたとみていた。その原因は、「陰陽道の吉凶の思想より醞醸せる墳墓厭忌の迷信」とする。そこで山口の提言は、以下であった。

一、山陵は悉く神社式に祭祀し、伊勢神宮と等しく式典を整備して国家的祀典の体系を明にせらる丶こと。

二、伊勢神宮及び畝傍月輪桃山等諸陵の親謁遣使の制度を拡充し、陵墓御崇敬の制を完成せらる丶こと。

三、明治神宮の境内を将来に於ける列皇の陵地と定め、其の御祭神を明治天皇以降の御歴代とせらる丶こと。

慶応四年の山陵御穢の議以来の、神社と陵墓の峻別にかかわる議論の根深さがうかがわれる。ここでなされているのは、山陵祭祀の国家的祀典化と、国家神道非宗教論に対応し、陵墓を「民衆の参拝」の場へと転換しようとする提言である(16)。

大礼使事務官として昭和大礼に中心的にかかわり、また大正・昭和の大喪使であった宮内省掌典《しょうてん》の星野輝興《てるおき》は、一九二九年に著した「皇室の祭祀」のなかで、山陵には汚れはなく、橿原神宮より格は上とする。神武天皇祭は、「大孝を申べさせられる大御心を尽し給ふにある」とし、「皇霊祭に於いては御追遠《ついえん》の叡慮を尽くさせ給ひ、神殿祭に於いては神恩を報賽《ほうさい》あらせられ、かくて天日嗣の大御栄と国の隆昌とに佑助を乞はせ給ふ」と位置づける。具体的な来世観はなく、祖先への「大孝」「追遠」といった、きわめて道徳的な解釈である(17)。

しかし、しいて来世を語る言説を戦前に求めれば、それは古代の記紀の世界を「復古」し、再解釈するものである。ここであくまで堅持しなければならないのは、山陵にまつわる来世の世界観は、維新変革を通じて創出されたという、本章で今までに論証してきた視角である。

『奈良県神職会々報』一五三号（一九三二年）に掲載された、山崎清吉の「大和に於ける山陵の研究」では、

> 日本の国は古来から、人の肉体は身退《みま》かつても、その神、または人なりの霊魂は、幽界即ち黄泉国にあつて、よく生前の通りの生活を為すものである、といふ所謂、霊魂の不滅を信仰して来た国である。（中略）〔上代人の〕死者の霊魂に対する待遇は、恰も生存せる人間に対すると同様であつた。

と、古事記の伊邪那岐・伊邪那美神話を引く。「人は死後と雖も所謂霊魂となつて、黄泉国に生存し、現国にあつた時と同じやうにその生活を営続する」との古典解釈により、古代の来世観を現代にまで普遍化する。

また帝国大学の民法、法理学者である穂積陳重《のぶしげ》は『祭祀及礼と法律』（岩波書店、一九二八年）のなかで、明治天皇の大喪に立ち会った経験を以下のように記す。

> 祭祀は敬愛の延長で、これ程大きな孝行と云ふものは無いのである。「祭る、在《いま》すが如し」――「神を祀るに神在《いま》すが如し」と云うて居る。（中略）（明治天皇大喪時）此殯宮に於ては、両陛下並に皇太后陛下御出座に相成つて行はせられます其の十日十日の御儀式を拝し奉りますと、即ち「祭る、在すが如し」で、先帝の御生前御好みに相成りました物を其儘御三方に乗せて御供へになります。葡萄酒が「コップ」に這入つて居ります。

明治天皇の殯宮《ひんきゅう》の祭に臨席した穂積が、「死後の霊魂も其生前と同じやうな属性を具」えるとの自

説を確かめた一節である。そしてこの祖先への敬愛は、家族から国家までを貫くものと論じられたのである。

むすびにかえて

近世までの朝廷においては、死後の世界は仏教の来世観で解釈されてきた。陵墓に対しては、近世後期の朝廷には穢観があった(18)。維新期になって、宮中の神仏分離・皇霊祭祀の形成が行なわれ、それらと不可分のものとして陵墓の整備も行なわれた。天皇の肉体から分離した霊の存在は、維新期には宗教としての神道の来世観のなかで説明される。しかし国家神道が成立した一八八〇年代以降には、政府の公式見解としては、死後の世界があいまいなまま非宗教のものとして霊は存在し、家族国家観に適合するようになる。陵墓への崇敬は、死後の世界を棚上げにしたまま、国民道徳の問題として限定されてゆく。そしてこの非宗教としての国家神道という構造的矛盾は、ファシズム期までもつれこむのである。

陵墓を「御霊の宿る聖域」とする今日の宮内庁見解の起源は、山陵御穢の議（慶応四年閏四月）に象徴される明治初年の神祇官時代にある。決して古代以来連続してきた観念ではなく、あくまで近代の所産である。換言すれば、本居宣長以来の記紀を通じた「古代の発見」が、近代に政策化されたものといえよう。それは、大嘗祭があたかも古代以来の「伝統」として近現代において語られるにもかかわらず、それが明治以降に記紀の世界を「復古」し解釈したものにすぎないことと、同じ性格をはらむ。そして、陵墓は、秘匿され、国民から隔絶した皇室(用)財産であり、近代の公共性・公開性を有する国宝などの文化財とは、別次元にあったのだ。

第六章　近代の陵墓問題と継体天皇陵

はじめに

二〇〇一年春からの宮内庁の情報公開により、既に報道された「大正天皇実録」など、近代天皇制にかかわる新事実が明らかになりつつある（『朝日新聞』二〇〇一年三月三十一日付）。陵墓課が所有する陵墓にかかわる史料も、治定《ちてい》（場所の決定）をめぐる宮内省内部の最終調査である勘注《かんちゅう》などをふくめて、約二千五百点の公開がなされた。

一方、歴史学会や考古学会を対象にした陵墓限定公開も、二〇〇二年度で二十四回目を迎える。二〇〇二年は十一月に、大阪府茨木市太田《おおだ》にある継体天皇陵が限定公開された。

継体天皇は、ヤマトの朝廷とは血統の異なる越前からやってきたとされ、筑紫の磐井《いわい》を鎮圧し百済の五経博士を受け入れた大王である。継体天皇陵（太田茶臼山《ちやうすやま》古墳）は、全長二二六メートル、後円部・前方部の高さが二〇メートルの堂々たる南向きの前方後円墳である。ところが戦後の考古学の成

図23　太田茶臼山古墳（手前），今城塚（奥）の航空写真

果では、現・継体天皇陵は、五世紀代の前方後円墳の典型例とされる。継体天皇の没年は日本書紀では五三一年であり、むしろ高槻市にある全長一九〇メートルの今城塚《いましろづか》が年代的にふさわしい（図23・図24）。発掘調査からも様式的にも六世紀の真の継体天皇陵は今城塚、というのが、今日の考古学・歴史学の声である。

しかし今城塚は、現在は陵墓ではなく文化財保護法で定められた史蹟であるが、戦国期の山城築城による荒廃から近代の民有地化にいたる歴史的経緯のなかで、一九八〇年代までは墳丘部に畑が入り込み荒れるがままであった。

ところで二〇〇一年度より公開された陵墓課の史料に、一九二九年に宮内省諸陵寮《しょりょうりょう》考証課の和田軍一が作成した『三島藍野陵〔継体陵〕真偽《しんぎ》弁《べん》』（宮内庁書陵部陵墓課二〇〇九）がある。和田は、東京帝国大学国史学科を卒業後、三十代はじめに考証課に勤務し、戦後には正倉院事務所長もつとめる。この史料で、和田は、「今城塚を以て継体天皇陵の陵と定めることハ最も当を獲たものと信ず」と結論づけ、元禄期以来の説を明治政府が追認した現・継体天皇陵の治定を否定した。

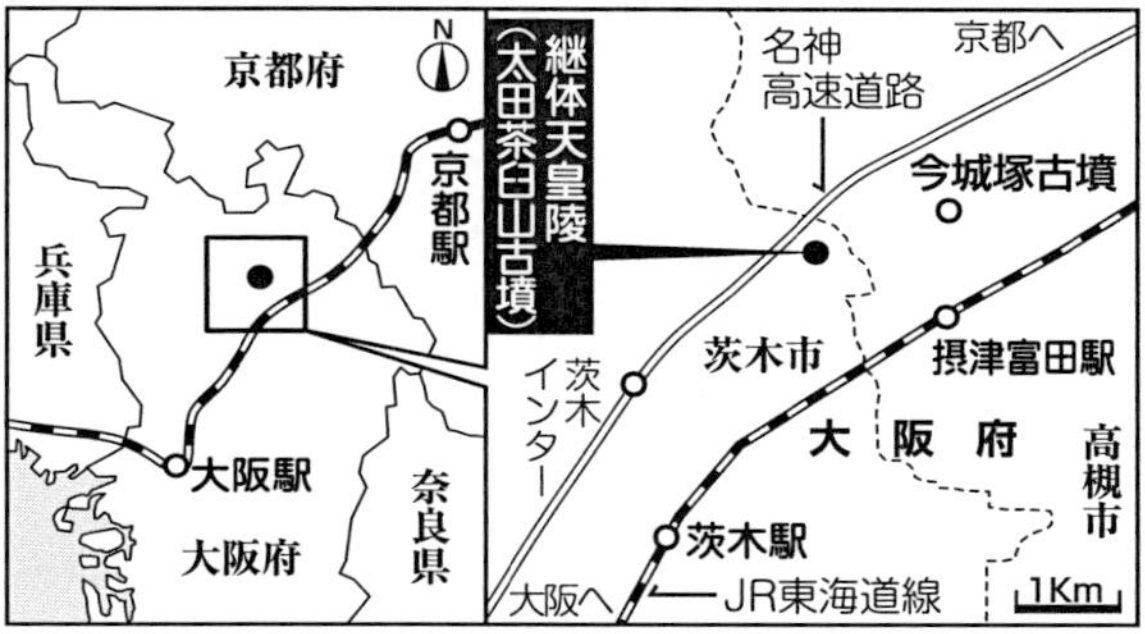

図24　北摂の地図

歴史的に継体天皇陵をおってみたい。継体天皇陵は、元禄九年（一六九六）の松下見林『前王《ぜんのう》廟陵記《びょうりょうき》』で、はじめて太田茶臼山古墳とする見解が示された。そして幕府が主導する元禄の修陵事業を通じて、墳丘に長さ五五メートルの周垣が部分的にめぐらされ、享保十七年（一七三二）までには、継体陵として治定された。しかし周垣の外側では、百姓六人による従来からの墳丘の田や藪の利用はかわらなかった。また周濠の水も引き続き村々で利用された。

こうした継体陵のあり方は、幕末以降、地域社会から隔絶したものへと変化してゆく。元治元年（一八六四）には、拝所《はいしょ》や鳥居と灯籠二基が建設されて神道的空間に生まれ変わり、一八八四年（明治十七）に御陵地が宮内省の管轄となる。憲法発布後の一八九一年には石柵・鉄扉、陵標が設置され、その後、兆域拡張として周辺の土地が買収されてゆく（後出「人皇第二十六代継体天皇 三島藍野陵誌 三島部」『陵墓沿革伝説調書』宮内公文書館四一〇四七、参照）。

神話上の神武天皇から孝明天皇に至るすべての天皇陵は、一八八九年の帝国憲法発布に合わせて根拠があいまいなまま治定された。今日、天武・持統合葬陵と天智天皇陵をのぞいて、古代の天皇陵で被葬者が一致するものはほとんどないとされる背景には、こうした十九世紀の文献考証の限界があった。(1) 継体天皇陵＝太田茶臼山説にも問題があった。古代の天皇陵の実態を示す十世紀の『延喜式』諸陵寮には、継体天皇陵は島上郡にあることが明記されているが、太田茶臼山は島下郡にあったためである。本居宣長は、郡の記載の誤記、あるいは郡界が移動したとの苦しい説をたてている。これに対して、太田茶臼山説を批判し、今城塚説を有力にしたのが、旧制茨木中学校の地歴科教師、天坊幸彦《さちひこ》である。一九二六年の『歴史地理』(第四七巻第五号)誌上で、天坊は、自ら発見した「摂津総持寺々領散在田畠目録」にもとづき古代の条里を復元し、八世紀初頭に引かれた島上・島下郡の境界からすれば、太田茶臼山古墳は島下郡にあり続けたことを論証した。かくして宮内省考証課の和田軍一は、在野の研究者天坊の説を発展させ、条里の広さや基本地点(一里区)などの綿密な考証をへて、真の継体天皇陵は今城塚であるとの先の結論に至るのである。

一八八一年、鎌倉時代の盗掘記録である『阿不幾乃山陵記《あおきのさんりょうき》』の発見により、天武・持統陵は見瀬丸山古墳から野口王墓古墳(現天武・持統陵)に治定替えされる。それを最後として、一八八九年に確定されたすべての天皇陵(長慶天皇陵を除く)は、たとえ宮内省内部で和田軍一のような学問的な検証がなされても、改められることはなかった。

第一節　近世の継体天皇陵(太田茶臼山古墳)

現在、継体天皇陵に治定されている太田茶臼山古墳(茨木市太田)は、一重の周濠をめぐらす南向きの前方後円墳である。全長二二六メートル、後円部直径一三五メートル、墳丘の高さは後円部も前方部も二〇メートルで、五世紀代の前方後円墳の主要な一類型である(森田克行「検証・継体天皇陵」『歴史検証　天皇陵』新人物往来社、二〇〇一年)。一九八六年度の宮内庁書陵部陵墓課の調査により、五世紀中期の円筒埴輪の破片約二千点が出土している(都出比呂志「陵墓公開の拡大を望む」『朝日新聞』一九八六年六月十一日夕刊)。

一方、今城塚古墳(高槻市郡家新町)は、真の継体天皇陵とされ、西向きの前方後円墳《こうえん》で、二重の周濠がめぐらされる。全長一九〇メートル、後円部《こうえん》直径一〇〇メートルで、後円部の高さが一一・五メートル、前方部一四・五メートルで、日本書紀に記された継体天皇の没年、五三一年にあう。また二〇〇〇—二〇〇一年度の高槻市教育委員会の発掘では、家形、人形、動物形など多彩な形象埴輪が出土し、継体朝の儀式を再現した埴輪群との解釈もなされている(『朝日新聞』二〇〇二年十一月二十九日)。

太田茶臼山古墳のための埴輪製造がはじまった五世紀半ばごろから、今城塚の埴輪製作のためと考えられる五三〇年ころまでの多数の窯跡が、新池遺跡の発掘調査でみつかった。これによって継体天皇陵は今城塚というのは決定的となり、いまや、今日の考古学の定説である(森田克行編『新池』高槻市教育委員会、一九九三年)。

本節では文献上の継体天皇陵をめぐる論争をあとづけたい。

問題となるのは、古代の治定を正しく伝えると考えられる、『延喜式』諸陵寮(十世紀)の記述である。

三嶋藍野《あいの》陵　磐余玉穂《いわれのたまほの》宮御宇継体天皇。在摂津国嶋上郡。
兆域東西三町。南北三町。守戸五烟。

ここでは、継体天皇陵は、「嶋上《しまのかみ》郡」にあることが明記される。「嶋上郡」と「嶋下《しまのしも》郡」の郡界は、ほぼ今の茨木市と高槻市の境界を走る。したがって「嶋下郡」(茨木市)にある太田茶臼山古墳は、三嶋藍野陵=継体天皇陵ではない、ということになる。

六世紀から十二世紀ぐらいまでは今城塚を継体陵(藍野陵)として管理していたが、中世になると行き届かなくなり、中世末になると虎口を設けた精巧な砦となり、「今城《いまき》陵」と呼ばれる(森田克行「埴廬と藍野陵」高槻市教育委員会編『継体天皇陵と今城塚古墳』吉川弘文館、一九九七年)。こうした中世城砦の築造による墳丘の景観破壊が、江戸期に継体陵の治定からはずれる一要因になったとおもわれる。

最初に、継体陵(藍野陵)を太田茶臼山古墳に比定したのは、「はじめに」で述べたように国学者の松下見林である。その著書『前王廟陵記《ぜんのうびょうりょうき》』元禄九年(一六九六)において、「三嶋藍野陵は、今、嶋上郡、嶋下郡の界、太田村にあり。俗にいう。池の上、また茶臼山と」と述べている(遠藤鎮雄訳編『史料天皇陵』新人物往来社)。

そして元禄十年(一六九七)からはじまる幕府の修陵事業で探索と垣設置事業を報告した元禄十二年(一六九九)の細井知慎「諸陵周垣《しゅうえん》成就記」にも記述がある(『勤王文庫』第三編、一九二一年)。そこでは継体陵は大和の崇神・欽明陵など、京都の後冷泉・堀河などの火葬陵とともに所在不明の「二十三帝陵」の中に列挙される。

一継体　摂津国島上郡三島藍野に葬

今島下郡太田村、除地。松平紀伊守領。

この元禄の修陵事業で墳丘に周垣がなされる。

継体天皇陵の治定の時期については、定説がない。和田軍一の宮内省の内部史料『三島藍野陵真偽弁』(一九二九年八月起草、宮内公文書館四〇四六三)では、細井知慎「諸陵周垣《しゅうえん》成就記」(元禄十二年)において所在不明と記されながら、「島下郡太田村」との地名が明記される矛盾を問題にしている。しかし治定の時期の「享保説」や「元禄享保間説」に比して、元禄十二年に継体陵が治定されたとする方が、より合理的と和田は考える。

一方、宮内庁の内部史料で一九五二年に「継体天皇三島藍野陵、担任陵墓守部」東野繁が、提出した『陵墓沿革伝説調書』(宮内公文書館四一〇四七)では、「享保十七年(一七三二)、御治定」となっている。おそらく宮内庁の大阪府三島部の現場では、享保十七年に治定されたとの認識であろう。その根拠となるのが、三嶋村大字太田、斉藤半兵衛方に残る「池之山之由来書」に所載される「口上」である(2)。

口上

一太田村陵山無年貢地之訳《わ》ケ、同藪銀之訳ケ、同川筋藪之訳ケ、右三ケ条四ケ村庄屋肝煎《きもいり》、私江《え》御書附ヲ以御吟味御尋被為仰付《おおせつけなされ》承知仕　候《つかまつりそうろう》、先達而《せんだって》村乃庄屋肝煎共ゟ《より》書附ヲ以《もって》申上候通《とおりに》御座候吟味仕候得共申伝斗《もうしつたえばかり》ニ而《て》書物等モ無御座《ござなく》候

一陵山之儀古来ゟ《より》無年貢地之儀者御支配御役人様方、能《よく》御存知之儀ニ奉存《ぞんじたてまつり》候、前々ゟ《より》百姓之内六人之名前ニ而取持支配仕　来《つかまつりきたり》候、先年大阪御奉行所ゟ《より》諸国陵御吟味ニ付太田村領字《あざ》池山者継体皇陵ニ相究《きわま》り候節御支配御代官稲石孫右衛門様、大阪御奉行所江両度も御出被成《なされ》候、最其節者殿様京都ニ被為遊御座《ござあそばせられ》時節ニ而、孫右衛門様陵ニ付度々《たびたび》上京被成、陵山絵図・長絵図等迄御差上山之訳委細被仰上候旨前々ゟ無年貢之儀者上々御役人様方御存知《ごぞんじ》被遊筋と乍　惶《おそれながら》奉存候、其後度々京大阪御役人様御越被遊《おこしあそばされ》、御見分《けんぶん》御座候得共、陵山之山上竹垣之外者右六人之者共前々ゟ之通支配仕候、尤も村方ニ而者申伝来候者太田村之用水溜池《ためいけ》出来候節、池藪地ニ罷　出《まかりいで》候、田地主共江右陵山ヲ被為下候と申伝候斗《ばかり》ニ而、何之書物も無御座候陵山之候、右御改以前者字池山と申来候

一藪銀《やぶぎん》之儀、太田四ケ村ニ藪と申《もうす》ハ少ならて無御座候古年木松林御座候、此持主ゟ例年銀五拾五分《ぶ》ツヽ、上納仕候村方《むらかた》ニ而者、只今山年貢と申来候藪銀と名付《なづけ》候者、先年田中六左衛門様御支配之節被仰候五拾五分上納銀山年貢と申而者不宣候、依之笹山《ささやま》御勘定所ニ而藪銀と申上納仕候旨承及候、今以書物其記シと申て者無御座候

一太田村川筋藪之儀堤《つつみ》際ニ田地持之者共堤原ニ竹植、尤只今ニ而者川原江はへ出し所々御座候、併川水之当ニ而者藪も押流申、畢竟《ひっきょう》流作之同地御事ニ御座候、先年ゟ川筋所々藪御座候、依之先年ゟ御支配御役人様方能御存知《ぞんじ》被遊御座候、植候者藪支配仕来候

右三ヶ条、此度御吟味《ぎんみ》御尋ニ付、乍憚《はばかりながら》書付ヲ以申上候、右何レ共御役人中様御書付等モ無御座《ござなく》候、右之趣ニ申伝ニ御座候、此上御吟味《ぎんみ》被仰付候而も申分ケ無御座候、以上

享保十七年子　太田村
組庄屋　七郎兵衛

畑近兵衛門様
中島瀧右衛門様

この享保十七年(一七三二)の「口上」から明らかになるのは、「陵山」が無年貢地であり、元禄十二年(一六九九)にめぐらされた三十間(約五五メートル)余の竹垣の外側では、周垣後も六人の百姓が所持し耕作してきたこと、「藪銀(山年貢)」を領主「笹山《ささやま》御勘定所」に納めること、太田村の川筋の藪の維持のこと、などである。

享保十七年には、元京都所司代松平伊賀守(忠周)が、山陵所在地の調査にともない、山城・大和・丹波・摂河泉に与力・同心を遣わした(和田萃「陵墓の制札」『日本古代の儀礼と祭祀・信仰』塙書房、一九九五年)。

この文書の成立をもって継体陵が治定されたとするには、根拠が不明瞭であるが、少なくとも元禄の修陵事業から享保期までに所在が決定したと考えるのが妥当と、私は思う。なぜなら、「池之山之

由来書」では、つづけて、以下の文書を載せているからである。

一継体帝陵之事　松平紀伊守殿知行所〔丹波・篠山〕

摂州嶋下郡之内

太田村ニ有之候

右者二十四年以前、元禄十一寅年大阪奉行所ゟ嶋上郡三嶋藍野と申田畑之字ニテも有之候ハ、書出し可申旨御尋有之候得共、左様之土地申伝も無之旨申上候

一右之節《せつ》紀伊守殿ゟも御吟味《ぎんみ》有之ニ付、池之山共茶磨山共申候松山有之、廻池形も御座候、所有之段申達候、其後段々御吟味之上ニ而陵ニ相極《きわま》り、廿三年以前元禄十二卯年、大阪本社(寺カ)御役人御越、右之山上ニ廻り三拾間〔約五五メートル〕余り之菱垣被仰付候、其後右菱垣朽損シ候ニ付、五年以前享保二酉年、大阪本社(寺カ)御役人御越シ、如前《まえのごとく》竹垣被仰候

一陵山竹菱垣　廻り三十二間之内 壱間同様之扉有之

此仕様、杉栗丸太目通九寸ゟ壱尺廻《まわ》り、長壱丈根入《ねいり》共壱間ニ壱本ツ、立扣《ひかえ》木同木長五尺程根入共弐間、壱本ツ、立七八寸廻り加へ、竹本末共筋違ニ切、壱間ニ丸竹ニ而廿四五本宛《ずつ》之積リ内違、押縁三通宛而(ママ)並ニ同竹二ツ割ニして立杭ゟ扣木ニ輪かけつろぎ、右何《いず》れもわらひ縄結之積ニ御座候

一太田村之儀者入組《いりくみ》も無御座候、高千十五石五斗七升四合之村ニ而御座候、已上《いじょう》

丑六月十八日

太田村組庄屋　七郎兵衛　印

同村庄屋　喜左衛門　印

丑六月十八日　同　惣七　印

同村年寄　六郎兵衛　印

同　孫右エ門　印

玉虫佐兵衛《たまむしさへえ》様

右之書物、享保六丑年ニ玉虫佐兵衛殿申御役人江差上候写

ここでは、元禄十二年に、茶臼山古墳に周垣があり、享保二年（一七一七）にも修理したことが記される。享保六年（一七二一）段階で、太田村庄屋から宛てられた玉虫佐〔左〕兵衛とは、京都代官である。なお太田村の領主、篠山藩主・松平紀伊守信庸は、側用人を経て、元禄十五年四月から正徳四年九月まで、京都所司代であった（『国史大辞典』吉川弘文館、一九八三年）。

そして、享保五年（一七二〇）には高札《こうさつ》が継体陵に立てられる。

此陵之地廻り三拾弐間之内

雑人《ぞうにん》牛馬等猥《みだり》ニ入間鋪候《はいるまじく》

掃除無油断《ゆだんなく》可申付候

依之年貢免許之事

子二月

この高札の裏には、「右御高札ハ文化三寅十二月一日ニ御下ケニ相成候事」と記される。こうした

段階的な修陵事業の故に、継体天皇陵は元禄の修陵事業から享保期までに治定されたとみておきたい。

太田村は、元禄から享保期には丹波篠山藩領であったが、維新期の『旧高旧領取調帳』（近藤出版社）では田安藩領分。嘉永三年十月の「摂津国嶋下郡太田明細書」（『関西大学所蔵茨木関係史料』三五－一三五、茨木市史編纂室写真版）では、村高が一〇四一石七斗七升で、太田村全体の戸数は一一二軒、そのうち本郷の太田村は六二軒、枝郷の夙村は二五軒であった。太田村全体の人別は六一二人であった。

本居宣長は、『古事記伝』（『本居宣長全集』第十二巻、玉穂宮巻）のなかで、「嶋ノ上は、嶋ノ下を写シ誤れるか、但シ安威《あい》上下両郡の堺に甚《イト》近ければ、此御陵の地は古へは上ノ郡なりしにや、今は下ノ郡なり」とし、「延喜式誤写説」と「郡界移動説」といった苦しい説明をする。また蒲生君平『山陵志』（文化五＝一八〇八年）のなかでは、「三嶋は今割れて上下二郡をなす。上島といい、下島という。藍野陵はすなわちその交にあり、隷《つ》くところはこれ下島なり」とし、郡所属の矛盾についての言及は避ける。

文久の修陵の重要な役割を果たす谷森善臣の『蘭笠《いがさ》のしづく』（『勤王文庫』第三編、一九二一年）の紀行では、大和の諸陵をめぐって、吉野から五条、河内長野をへて仁徳天皇の大山陵、大阪、勝尾寺に光明院の陵を訪い、安政四年（一八五七）四月一日に三島藍野陵に至る。

> こゝは何村ぞと問へば、おほだ（太田）村に侍りといらふる声《コワ》ぶり。男大進《オホド》といふに、いとちかくかよひてきこゆるは、継体天皇の大御名を地名にかけて咔《ものいい》来れるが訛《ヨコナマ》りながらに伝はりたるにはあらざるか。此村の家並すぎて、行道の左のかたに、茶臼山とも陵ともよぶ古塚は、継体天皇の三島藍野陵なり。御在所は円く、前は方《ケタ》さまになりて、巳午の方に向ふ。松生ひ茂りて、根廻り

三百五十間は、御在所の頂発《アバ》けて、大石五つ顕出たりとぞ。めぐりの堀広く水湛へたり。北の方東の方に円き小塚五つあり、東北の堀の外側、いま里人の墓地となり、南の堀の外岸には小社立り。こゝより南の広き道に立双べる家どもは夙《マヽ》村なり。

と、報告している。

谷森善臣の弟子で、維新後は神祇官の諸陵寮から宮内省の御陵掛まで、帝国憲法発布の時期まで修陵事業にかかわる大沢清臣は一八七八年(明治十一)九月に著した『山陵考』(宮内庁書陵部所蔵、一六八函九二号)で、本居宣長から宮内省官吏の大橋長憙《おおはしちょうき》にいたる、継体陵＝太田茶臼山説を追認する。(3)

また延喜式、扶桑略記にハ島上郡なるよしにしるしたれといま島下郡に属《ツキ》たれハ、その地理古書の趣に合《カナハ》さるか如くなれと、御陵の東辺すなハち島上郡なれハいさゝか郡界のかはりしものなるへし、また阿威山も阿威川も神名式に載たる阿為《アヰ》神社もミな遠からぬ地にあなれハ此あたりはそのかミ藍野とよひし地なること明《アキラ》けく、かつ村名の太田も土人の口称にハ太の文字の訓《ヨミ》を上声に称ふるなと、おのつから男大迹天皇と申奉りし御名にいと近く聞なし奉らるゝハいともあやしきことになむ

その論拠は、第一に本居宣長以来の郡界移動説、第二に阿武山、阿威川等の地名が近くにあり、「藍野」が陵名にかなうこと、第三に継体天皇の別名「男大迹天皇」は、「太田」に通じること、をあげる。この大沢清臣の『山陵考』が、諸陵寮考証課の和田軍一もいうように、「以て本陵〔継体天皇陵〕の決定理由書」と、宮内省内部ではなったのである(『三島藍野陵真偽弁』宮内公文書館四〇四六三)。

第二節　近代における整備

本節では、これも二〇〇一年度の情報公開によるものだが、継体天皇陵の修補の過程が、江戸期から戦後（一九五〇年）まで跡づけられる「人皇第二十六代継体天皇 三島藍野陵誌 三島部」（『陵墓沿革伝説調書』宮内公文書館四一〇四七）に載る「沿革」の年表を紹介したい。『陵墓沿革伝説調書』は、山科部・宇治部・神楽岡部・嵯峨部・田邑部・大原部・金原部・畝傍部・佐紀部・忍坂部・傍丘部・掖上部・山辺部・百鳥部・磯長部・三島部・高野山部の一七部からなり、一九五二年に各部から調書が提出されたものをとりまとめたものである。三島部では勝尾寺の開成皇子墓（光仁天皇皇子）と、継体天皇陵の二つの陵墓のみが管轄されている。

十、沿革

年月日	摘要
享保十七年	御治定
元治元年十月	御拝所《はいしょ》及鳥居燈籠二基建設せらる
慶応二年	御在所附近環隍《かんこう》土堤等を修営せらる
明治十七年	御陵地宮内省所管となる
明治十九年	御拝所東側凸凹溝渠《とつおうこうきょ》多かりしを地を平均し根石垣等修築せらる

明治二十四年三月	御拝所石柵鉄扉《てっぴ》を改造、陵標及駒寄《こまよせ》建設、周囲に樫《かなめもち》生垣の植附燈籠二基更に建設せらる
明治三十四年	道は元村社道と混淆なりしを国道に接続して陵道を新設せらる
明治四十二年十二月	兆域《ちょういき》拡張の為、御拝所西側民有地買上げ、石垣築造松樹を植附兆域に編入せらる
大正三年五月	面積拡張の為、西側の八阪神社を字Tへ移転料を下附せられ移転し、三畝〇九歩を兆域に編入す
大正七年	皇太子殿下〔裕仁〕御参拝に付、大阪府に於て御車寄道を新設す
大正十一年二月	御拝所前の田五畝十七歩を買上げ、御陵地に編入す
大正十四年十一月	御拝所拡張の為、往年買上げの田の埋立石垣を築造駒寄改造、樫生垣《いけがき》を補植、御隍《ほりみず》水口附近五十坪浚渫《しゅんせつ》せらる
同年同月	見張所建設せらる
昭和三年四月	見張所附近へ「カシ」植樹
昭和四年四月	土堤上に「カシ」植木職使用にて移植す
昭和四年六月四日	本多〔猶一郎〕侍従御参拝《さんぱい》せらる
昭和四年十二月	御拝所西側へ松植樹す、御料所周りに「カシ」種子播《ま》く
昭和五年七月十六日	野口〔明〕侍従御代拝

昭和六年三月十二日　一阡《せん》四百年式年祭、立花〔寛篤〕勅使御参拝
昭和六年八月十四日　秩父宮殿下御参拝遊ばさる
昭和六年八月二十七日　秩父宮妃殿下御参拝せらる
昭和七年十一月十三日　久松〔定孝〕侍従御代拝せらる
昭和九年九月二十一日　大暴風雨襲来、樹林倒壊折損せり
昭和九年十一月十二日　風害御慰霊の思召に依り諸陵頭《かみ》拝礼の儀あり、御山内前方部植裁す
昭和十五年十一月　紀元二阡六百年に際し永積〔寅彦〕侍従、御代拝せらる
昭和十六年十月二日　鳥居改修工事着手
同年十二月二十日　同右竣功す
昭和二十五年九月三日　ジェーン颱風《たいふう》襲来、樹木倒壊、折損せり、今時より十一年来絶えてゐた草刈奉仕人を選び、草刈奉仕仲間規約を厳守して御陵墓御安泰、御威厳保持に万遣〔遺〕漏なき様期す
慣例、御隍《ほりみず》水下賜灌漑反別茨木市太田ノ内、T領十町三反歩御隍内樋管工事費民費

（亀甲カッコ内は『宮内省省報』により補い、夙の字名をTと表記した）

この史料からは、継体天皇陵が皇室財産として囲い込まれ、荘厳な景観を形成していく過程が鮮やかに跡づけられる。

「元治元年十月、御拝所及鳥居燈籠二基建設せらる」との記載より、幕末の修陵事業で、拝所・鳥居・燈籠が設置され神道的空間に生まれ変わったことがわかる（大平聡「天皇陵には鳥居が似合っているか?」、岡田精司ほか編『神道を知る本』宝島社、一九九三年、参照）。

書陵部陵墓課の史料である『陵墓の鳥居』（宮内公文書館四〇一二〇、「昭和二十五年九月調査係」の奥付がある）によると、その沿革を、

近世修陵の初めである元禄の時はその陵図（大和国の分）を見ると陵域を囲った竹垣の入口を示す門はあるが鳥居はない。享保の修理の絵図にはこの門も見えない。これが幕末の文久・慶応の修補の時に至って燈籠と共に鳥居を設けたのである。これは古制に従ったと共に当時の尊王の気運が先帝の神しづまる貴所をして最も森厳に表象するためにも用ひたものであらう。

とする。「古制」かどうかは、検討が必要であろうが、幕末の段階になって、一斉に鳥居が設けられた、と宮内庁でも認識されている。

「池之山之由来書」では、近世の継体天皇陵の「陵山之山上竹垣之外」は「百姓之内六人之名前ニ而取持支配仕来」とあるが、一八七三年（明治六）では、「塵芥《じんかい》鬱埋」「雑草又ハ小竹繁茂《はんも》」の状態であった（『継体天皇陵御在所御掃除ノ件』宮内公文書館四〇六四〇）。元治から慶応期にかけて拝所の鳥居・灯籠設置や環隍土堤が修営された。この幕末の修陵事業の中で、農民による墳丘の土地所有は解消されていったのではないか。

一八七八年には、全国的に御陵地が宮内省の管轄となっているが、継体陵は一八八四年に宮内省所

管となる。この年代のズレについては、理由が不明である。

一八八六年十月二日には、太田村の字Ｔに住み、継体陵内の鳥の糞など塵芥を取り除く仕事を請け負った者から、守部の斉藤半兵衛にあてて「御断書」がだされ、隍内でみだりに小舟を使用した不始末をわびている（『斉藤脩家文書』一一三、茨木市史編纂室所蔵写真版）。かつては字Ｔの所有する堀（隍）がまわりをめぐっていた継体陵は、一八八六年段階では近づきがたいものとなっていたことが理解できる。

立憲制とともに長慶天皇陵以外のすべての天皇陵が治定されるが、そのあとも陵墓と兆域を荘厳化する諸施策がとられ、一八九一年には、拝所・石柵・鉄扉を改造し、陵標および駒寄が建設され、周囲に楆《かなめもち》生垣が植附られ燈籠二基が増設された。また兆域拡大のため、一九〇九年（明治四十二）十二月、拝所西側の民有地を買上げ、石垣を築造し松樹を植附けている。(4) 大正大礼の紀念事業と推測されるが、一九一四年（大正三）五月には、拝所「西側の八阪神社を字Ｔへ移転料を下附せられ移転」させ、三畝九歩を陵墓の兆域に編入した。

この八阪神社は、近世には「夙《しゅく》村氏神」とされたものである（安永五＝一七七六年「摂州島下郡太田村明細絵図」関西大学図書館蔵、『絵図に描かれた被差別民』大阪人権博物館、二〇〇一年）。そして前方部南東正面に隣接する「夙村氏神」が、西国街道の南側に約二〇〇メートル移転させられ、字Ｔの八阪神社には、宝暦元年の銘の入った一対の灯籠が残されている。

太田茶臼山古墳が継体天皇陵とされた根拠の一つに、「守戸《しゅこ》の転化たるべき夙村」の存在があった（梅原末治「摂津の古墳墓」『考古学雑誌』四－八、一九一四年）。継体陵の北西から時計回りに南側にまで隣接して「太田枝村夙村」の領地が広がり、墳丘のまわりは「太田夙立会池」がめぐっていた（安永五＝一七七六年「摂州島下郡太田村明細絵図」）。

この八阪神社の社殿には、神功《じんぐう》皇后の新羅征伐の伝説に基づく「神功皇后の渡海」の絵馬、武装姿の神功皇后と戦いの神である八幡とされる赤子の応神を抱く武内宿禰《たけうちのすくね》のモチーフの「神功皇后と武内」（第三部扉絵）の絵馬（「文久元酉歳」の年紀がある）、そして甲冑の立ち姿のおそらく神功皇后の絵馬などが奉納されている。近世から明治期には、太田茶臼山古墳の南東正面に「夙神」（のちの八阪神社）があり、陵墓の正面では、近代天皇制とは異なる地域社会固有の信仰世界が展開したのである。

その信仰の実態はわからないが、被差別部落の河原巻物には、神功皇后伝説にかかわる産穢や「朝鮮征伐」に、彼らの由緒や権益の根拠があるとされる。また洞部落の生国魂《いくくにたま》神社にも「古老ノ口碑ニモ神功皇后三韓征伐ノ御随行相成《あいなり》シ神」との伝承があり、一九二七年には「神功皇后と武内」の絵馬が奉納された。夙村と被差別部落とでは、由緒書や伝説は異なるが、共通性を指摘することができる。すなわち、伊勢に由来し大和などの夙に残る垂仁《すいにん》天皇時代の英雄の貴種流離譚《りゅうりたん》「河原細工由緒記」と、大和・山城などの夙に残る垂仁天皇のときに殉死をやめさせた埴輪づくり（土師部）の末裔とする由緒書きが、ともに垂仁天皇を起源としているのである。[5]

さて陵墓兆域の荘厳な景観に向けて、先の『陵墓沿革伝説調書』によると、昭和大礼の時期の一九二八、二九年と、「見張所」「土堤上」「御料所周り」に常緑の「カシ（樫）」が植樹される。「カシ」の植樹は明治神宮造営時に確立する、神苑設計をはじめとする近代造園学の問題にかかわるであろう（青井哲人『植民地神社と帝国日本』吉川弘文館、二〇〇五年）。陵墓の景観整備と造園学とのかかわりについては未解明の課題である。

第三節　継体天皇陵治定への疑義

さて、こうした元禄期以来の太田茶臼山＝継体陵説に最初に疑義を呈したのが、宮趾や天皇陵の在野の研究者の木村一郎である。[6] 木村は、一九一三年（大正二）一月に「継体天皇陵三島藍野陵に就いて」を『歴史地理』（第二一巻第二号）に投稿し、継体天皇陵は『延喜式』には島上郡に、また式内《しきない》太田神社は島下郡にあるとする。「右の山陵の西辺と此の太田神社の社殿とは、相距ること僅に五六十間《けん》内外なり」とし、郡界の矛盾をつき、継体天皇陵＝今城塚説を唱えた。翌年四月、京都帝国大学文学部の梅原末治は、木村説を「注意に値する」としたうえで、継体天皇陵＝太田茶臼山古墳としてきたのは、「（一）其の所在地が守戸の転化たるべき夙村なること、（二）そが阿威《あい》村に近き故藍野陵なるべし（歴史地理編者の説に依る。）等の理由ありしに拠るなるべく、其の労を多とすべきも、然かも未だ今城塚に関する重要なる点に注意を払はれざりしは実に遺憾」とする（「摂津の古墳墓」『考古学雑誌』第四巻第八号）。

木村説をうけて学界に大きく問題提起したのが、喜《き》田《た》貞吉《さだきち》である。一九一三年十二月の「上古の陵墓」（『歴史地理、皇陵、秋季増刊』）のなかで、「此の地東西に相対してほゞ同規模の両瓢形墳あり。東なるは今城塚《いまきづか》と称し二重湟《ほり》あり、島上郡に属し、西なるは茶臼山と称し、単湟を繞らし、島下郡に属す。両郡の境界古今変遷あるか。延喜式内島下郡太田神社、茶臼塚の西畔にあり。此の社の位置古より移動なかりしものとすれば、茶臼塚は延喜の頃より既に島下郡の域たりしに近きか」と、木村一郎と同じ論拠で太田茶臼山＝継体陵説に疑義を唱えた。また一九一七年(大正六)三月、「三島地方の古代」(『大阪府史蹟調査委員会報』第四号)では、『延喜式』の郡の記載を問題にし、郡界が移動したならば島下郡の太田神社と太田茶臼山との狭い間に元々の境界があったとの不自然な解釈になるとし、「今城塚は立派に島上郡にある大陵として、継体天皇陵の参考地としても決して恥かしくないもの、あるいはこの方がむしろ理屈に合ったものかとも思われますが、それが今日はあのように、無残にも崩されているのは、いかにも残念であります」と述べた。

その喜田説を実証的に裏づけたのが、旧制茨木尋常中学校の地歴科の教師天坊幸彦《さちひこ》である。天坊幸彦は京都の丸太町の出身。父親の謦平《かくへい》は知恩院宮の家臣で、華頂宮博経王、岩倉、姉小路らに学問を教え、蓮月尼《れんげつに》らとも交流し、明治二年には皇学所の御用掛となった。また謦平は、陽成天皇陵・三条天皇荼毘所《だびしょ》の陵掌をつとめた。天坊幸彦は一八九七年、東京帝国大学文科大学の国史科を卒業する。一年先輩に喜田貞吉、黒板勝美《くろいたかつみ》がいた。文科大学を卒業後、大阪府第四尋常中学校の教諭となり、歴史および修身を講じる。その後、一九二六年には、浪速高等学校の教授となる。天坊は、一九一五年(大正四)大阪府史蹟調査委員会の開設とともに常任委員となり、大阪府の地域史に取り組み、条里、古社寺、上代難波の研究などの分野に取り組む(木村武夫「天坊先生略伝」、天坊幸彦『富田史談』天坊家蔵版、一九五五年）。著書に、『上代《じょうだい》浪華の歴史地理的研究』（大八洲出版、一九四七年）、『古代の大阪』（湯川弘文社、一九三六年）、『高槻通史』（高槻市、一九五三年）、『三島郡の史蹟と名勝』（天坊裕彦・天坊武彦、一九六一年）があった。

喜田貞吉が自ら紹介文を書き、一九二六年一月の『歴史地理』第四七巻五号に、天坊の「摂津総持寺々領散在《さんざい》田畠目録」が掲載される。喜田が天坊を紹介した背景には、東京帝国大学国史科の先輩・後輩というだけでなく、一九一七年に喜田自身が主張した継体陵＝今城塚説を、天坊の議論が裏づけたゆえであろう。天坊が、三島村中城《なかんじょう》の常称寺に見つけだした文和元年（一三五二）の「摂津総持寺々領散在田畠目録」により、ほぼ現在の茨木市と高槻市の市境が、八世紀初頭に引かれた島上・島下郡の境界であり、太田茶臼山古墳が島下郡にあることが明らかとなった。論証のポイントは、条里の復元を通じて、島下郡の一条が島上郡の十一条にあたり、そこに両郡の境界を指摘したことにあった。島下郡の一条一里が、島上郡の十一条の何里に当たるかは不明ではあるが、中世の史料を現状の地図の上におとし条里を復元する、画期的なものであった。天坊は三島郡の条里の調査の成果について、

更に其全部を宮内省に提出した。蓋《けだ》し其調査の結果が旧島上島下二郡の境界を明にすることを得、且つ二郡の旧境界を明にすることが継体天皇三島藍野陵の永年の疑問を解決する絶好の資料となると考へたからである。素《もと》より井蛙の管見であるから、当局に取りては何程の参考にもならなかつたであらう。

とする。さらに、「摂津豊能郡の条里」を検討し三島郡からの条里の延長を認めている（『歴史地理』第五二巻第五号、一九二八年）。また条里の復元を、兵庫県の「西摂の条里」でも試みた（『歴史地理』第五五巻第五号、一九三〇年）。

天坊は、一九三一年の「摂津国三島藍野陵と今城」（『歴史地理』第五四巻第六号）で次のように述べた。享保十七年（一七三二）に太田茶臼山古墳が継体天皇陵に治定されたが、疑義をもたざるをえなくなり、「其附近にある今城の忽諸《なおざり》に付すべきものに非ざるを知つた。故に大正五年、今城保存のことを府に上申し、昭和二年宮内省へも提議した」。そして、太田茶臼山古墳は、継体天皇の元妃目子媛《めのこひめ》の陵墓とみる（もっとも今日では陵墓が五世紀の築造とされるため年代的にあわない）。

しかし、宮内省当局にとっては、天坊の説は「参考にもならなかつた」わけではない。むしろ波紋を投げかけていた。すでに、天坊幸彦の論文がでた直後の一九二六年五月二十五日、宮内省諸陵寮《しょりょうりょう》考証課の和田軍一は、宮内省の内部文書の『三島藍野陵問題に就て』（宮内庁書陵部陵墓課二〇八）を著す。

和田軍一は、一九二三年（大正十二）に東京帝国大学文学部国史学科卒業後、宮内省諸陵寮考証課勤務、戦後の一九四八年には正倉院事務所長となっている（日本歴史学会編『日本史研究者辞典』吉川弘文館、一九九九年）。そのなかで和田は、継体天皇陵が今城塚か太田茶臼山かについて結論をだせずにいる。今城塚説の最大の難点は、塚の位置と陵号との不一致であるとみる。「三島藍野陵」の「藍野」は、「安威郷中の藍野の原に負ふ」とし、安威郷に隣接する太田茶臼山がふさわしいことになる。一方、太田茶臼山説では、島下郡にある太田茶臼山は、松下見林などの延喜式誤写論や郡界移動論については、天坊論文によって否定されたと見る。「天坊学士が指摘してをられる如く、上代条里制実施の郡界と近世の夫れと殆んど一致し、中世以降近世迄の間に郡界移動の事実を証する史料が発見されない」、との論拠である。一九二六年段階で和田は、両説、「併存」の見解であった。

それに対して、一九二九年八月に草された『三島藍野陵真偽弁』（宮内公文書館四〇四六三）では、「天坊氏の研究の結論には大過なきも、最も重要なる研究の過程に於て未だ不十分である。何者《なんとなれば》三島地方の条里を定めるに就て、条里の広さの基本的数値、及び之を当嵌むべき基本地点の決定に欠くるところがあるからである」と、和田は論じた。それらを検討した上で、継体天皇陵＝今城塚説の最大の難点である、陵名と地名の不一致については、「藍野」とは藍を栽培した土地の意味であり、「安威郷」内に必ずしもある必要がない。そして、太田茶臼山も安威郷の東の外にあり、今城塚が安威郷の「東辺」と考えて差し支えない、とみる。また、大沢清臣らの継体天皇の諱名「男大迹《おおと》天皇」は、「太田」に通じるとの説についても、「播磨風土記」では紀伊国の「太田」の地名が移されたとされるように、ありふれた地名であるため難点にならない。また円筒埴輪がでたため、継体朝より古いとするのも、太田茶臼山でも同様の出土があるため、適当ではない、と主張する。かくして「結語」として、

総持寺寺領散在田畠目録を中心として三島地方の条里を研究した結果ハ旧島上郡旧島下郡の郡界の一部を決定した。そして継体天皇の現陵ハ旧島下郡に属し、今城塚ハ旧島上郡に属することを明にし得た。この事実を延喜式等に継体天皇陵ハ島上郡に在りと明記されてゐるのに合セれバ、今城塚を以て延喜式等に示されてゐる継体天皇の陵と定めて宜いと思ふ。しかも今城塚を継体天

皇の陵と定めるに就ての従来の難点ハ多く当を得ないものであり、難点中最も有力なるもの、即ち陵名より見たる今城塚の位置の問題も絶対的なるものでなく、固より郡界問題の解決によつて穫たる結果を動揺せしめるものではない。今城塚を以て継体天皇の陵と定めることハ最も当を獲たものと信ず。

と述べる。つまり天坊の「参考にもならなかつた」であろうとの憶測とは全く逆に、諸陵寮考証課の和田はそれを踏まえて綿密な分析をおこない、継体天皇陵＝今城塚説に到達していたのである。しかし宮内省から天坊への連絡がなかったことからしても、宮内省内部の議論に終始したと思われる。逆に言えば宮内省内部では、自由な学問的議論が一定程度なされていたことが認められる。

そのことは、『臨時陵墓調査委員会書類 及《および》資料』（七冊、宮内公文書館四〇三五六〜六二）からわかる（外池昇『事典 陵墓参考地』吉川弘文館、二〇〇五年、参照）。以下の分析は同史料によるものである。一九三五年六月二十七日、「臨時陵墓調査委員会ニ於ケル宮内大臣挨拶」では、発足する同委員会の目的を、長慶《ちょうけい》天皇陵およびその他未治定の陵墓の調査におく。委員会の構成は、委員長に宮内次官大谷正男、委員には宮内省から渡辺信・浅田恵一・芝葛盛《しばかずもり》、学者では辻善之助・浜田耕作・黒板勝美・荻野《おぎの》仲三郎《なかさぶろう》・原田淑人《よしと》、幹事には諸陵寮考証官和田軍一のほか伊藤武雄・林与之助があたる。

臨時陵墓調査委員会の主要な目的は長慶天皇陵の調査にあるが、諮問第五号（今城塚の陵墓参考地編入問題）の担当委員の浜田耕作・黒板勝美・荻野仲三郎が、天坊幸彦など多くの研究を参考にしながら、一九三六年二月十日に今城塚を陵墓参考地に編入すべきと報告していた。しかしこの答申は宮内省では採用されず、戦後に至るのである。

今城塚を「陵墓参考地へ編入セラルベキ」と、浜田耕作ら三委員が答申するポイントとなる郡界問題について、「理由書」では、「其郡界特ニ茶臼山附近ニ於ケルモノニ就《つ》キテ見ルニ、近時発見セラレタル大阪府三島郡三島村大字中条(城)常称寺所蔵ノ摂津国島下郡総持寺寺領散在田畠目録ヲ始メトシ、摂津国勝尾寺文書其他ノ文書ニ基《もとず》ク当地方条里ノ研究ノ結果ニ拠《よ》レバ、此地方ノ条里施行当時ノ郡界ハ茶臼山ノ東ニ在リシモノト推定セラレ、上記延喜式、諸陵雑事注文及ビ扶桑略記ノ記載等ト併《あわ》セ考フルニ、茶臼山即チ現在ノ三島藍野陵ハ島上郡ニ属セシモノトスル能ハザルニ似タリ」と結論づけていた。なお天坊幸彦は、一九二七年(昭和二)十二月に宮内大臣宛に「三島藍野御陵ニ関スル提議」を上申している。その際に「関係資料」として、「摂津国島下郡総持寺々領散在田畠目録」「勝尾寺田畠譲状《ゆずりじょう》」「石清水文書」「興楽寺文書」の写が提出されている。天坊の「提議」の内容は不明だが、臨時陵墓調査委員会で「天坊幸彦の説」とまとめられたものがある。そこでは、これらの古文書から島上・島下二郡の条里の起点と数え方を論証して、「二郡の郡界か茶臼山と今城塚の中間にありしことを確めたり乃《すなわ》ち今城塚は旧島上郡に属し茶臼山は旧島下郡に属すと断言せさるを得《え》ず」とある。天坊幸彦の研究が、今城塚を陵墓参考地に編入すべきとの臨時陵墓調査委員会報告の根拠になったことは明瞭である。

第七章 「仁徳天皇陵」を世界遺産に！

世界文化遺産とは、一九七二年に国際連合教育科学文化機関(United Nations Educational, Scientific and Cultural Organization)の第十七回パリ総会において、締結された「世界の文化遺産及び自然遺産の保護に関する条約(Convention Concerning the Protection of the World Cultural and Natural Heritage)」に定められたものである。「顕著な普遍的価値(outstanding universal value)を有する文化遺産及び自然遺産の保護に参加することが、国際社会全体の任務」であり、「人類のための世界の遺産の一部として保存」しなければならないとされている。文化遺産としては、記念工作物、建造物群、遺跡のカテゴリーがあげられた。二〇〇五年七月現在で、世界遺産総数八一二件、文化遺産六二八件、自然遺産一六〇件、複合遺産二四件が登録されている。

日本は条約には一九九二年に加入し、一九九三年法隆寺地域の仏教建造物群と姫路城、九四年古都京都の文化財、九五年白川郷と五箇山《ごかやま》の合掌造り集落、九六年原爆ドームと厳島神社、九八年古都奈良の文化財、九九年日光社寺、二〇〇〇年「琉球王国のグスク及び関連遺産群」、二〇〇四年には文化的景観第一号として、信仰に重点がおかれた「紀伊山地の聖地と参詣道」が登録された(1)。二〇〇五年にはさらに知床が追加された。

そうしたなかで、一九九八年十二月二日、正倉院正倉の「古都奈良の文化財」としての世界遺産登録は、明治維新以来の日本の文化財保護の歴史に画期をもたらす事件となった。一九九七年四月十八日に、皇室用財産としての正倉院正倉は、重要文化財から即日の国宝指定を経て、はじめて文化庁による世界遺産への登録が可能になった（木下直之「本日休館・近日開館」『IS』一九九七年六月、鈴木嘉吉・（財）文化財建造物保存技術協会理事「新国宝　正倉院正倉」『月刊文化財』一九九七年八月号）。皇室の私的な性格の濃い皇室用財産では、世界遺産への登録はままならず、国内法である文化財保護法の最高ランクの国宝＝国民の財産であることを追加規定して、はじめて世界との普遍性・互換性を獲得しえたのである。天皇制の戦後改革において不十分な部分、戦前から連続する文化財の旧皇室財産の体系では、世界に通用しないことが明らかになったといえよう。

また一九九〇年秋の東京国立博物館における「日本美術名宝展」から二〇〇〇年春の「皇室の名宝展」に至る展示も、旧皇室財産系文化財のあり方の変化を予兆させるものであった。昭和天皇の死去にともなう遺産相続により国有財産となった「旧御物」、正倉院御物、旧法隆寺献納宝物、そして聖徳太子像・桂宮家本万葉集・太刀《たち》といった現在の御物など、旧皇室財産系の文化財が大規模に公開された。これは昭和から平成の皇室へと移るなかで、天皇制の文化的な役割が増大し、「秘匿された文化財」の情報公開が促されたと考えられる。

一九九八年に正倉院正倉が世界遺産に登録されるには、その前段階として、一九九四年に古都京都における旧皇室財産系の文化財――京都御苑・桂離宮・修学院離宮、の世界遺産への未登録問題があった。いわば京都盆地を空からみたとき、教王護国寺・比叡山延暦寺・賀茂社・鹿苑寺・清水寺といった古社寺が世界遺産になっているのに、旧皇室財産系の文化財が、一つの空間の中で未登録地域として虫食い状態を呈していたわけである。実際、一九九四年に「古都京都の文化財」として京都御苑が世界遺産登録されなかったことについて、坪井清足《きよたり》・元奈良国立文化財研究所所長は「海外から批判を受けた」事実を指摘する（『読売新聞』一九九七年四月十九日）。賀茂社・清水寺が世界遺産で、どうして京都御苑や桂離宮・修学院離宮は世界遺産ではないのか？　そしてその「反省」が、一九九八年十二月には、奈良において、東大寺・春日大社・興福寺・春日山原始林・平城京と景観として一体となった正倉院正倉を、一括して世界遺産に登録することになった一因といえよう。

このことを裏づけるように、西川杏太郎《きょうたろう》・文化財保護審議会会長のコメントでも、外国から見れば、正倉院が重要文化財に指定されないとすればそれは疑問視されるとし、また「学術的な価値付け」の必要性を説いている（『朝日新聞』同日付）。坪井清足は、正倉院正倉の登録という「宮内庁が開放的な姿勢を見せたことで、国民常識に照らして納得の行く結果が得られた」と意義づけた（『読売新聞』同日付）。

もっとも宮内庁サイドは、あくまで正倉院正倉は特例とする。渡辺今朝年・宮内庁調査企画室長は、「皇室用財産に二重の担保」、すなわち文化財保護法はいらないとの姿勢を堅持し、「正倉院と東大寺は一連の建造物であり、京都のケースとは違う。世界遺産から「歯」が抜けてしまうのを防ぐためにはやむなしと判断した」との見解である（『読売新聞』同日付）。その一方で、「正倉院を伏線として、将来は天皇陵も論議の対象になるだろう」との宮内庁内の声もある(『朝日新聞』同日付)。

いわば明治期以来の日本の文化財のあり方が、一九九八年にユネスコの世界遺産登録という「黒船」によって変化を余儀なくされつつあるといえよう。

＊

日本の文化財は、公共性のある史蹟や博物館に収められた美術・国宝などの「開かれた文化財」の体系と、秘匿することによって神秘性・権威が増す、正倉院御物・天皇陵などの皇室財産の体系の、二つの体系があった(高木博志『近代天皇制の文化史的研究』校倉書房、一九九七年、および本書第五章)。この二つの体系は、一八八〇年代に形成される。いわば社寺において常時拝観できる仏像と、年に一度開扉される秘仏との関係に似ている。あるいは天皇就任儀礼の壮麗で国民統合に利用される即位式と、「秘儀」としての大嘗祭との関係ともいえよう。

ところで十九世紀の日本が模範としたヨーロッパ王室の文化財は、フランス、ロシア、オーストリアのいずれにおいても、王室の私的なコレクションのあり方から公開性・公共性のある博物館による国民統合の機能を担うあり方へ変化した、というのが道筋であった。それに対し日本の皇室財産系の文化財(御物、天皇陵など)のほとんどが、近代になってむしろ逆に集められたり整備されてくるのである。

さてこの二つの系統の文化財は、戦後改革が徹底されれば、すべて国有財産となって、国民主権にふさわしく、文化庁管轄の国立博物館で常時正倉院宝物をみたり、天皇陵が発掘され、四世紀から五世紀の巨大古墳の時代の国家形成史が大きく解明される可能性もあった。しかし現実には、国有財産法に定められた皇室用財産は、戦前から連続する運用が宮内庁によってなされている（以下、大澤覚氏の御教示が大きい）。この天皇制の戦後改革の不徹底を考えたい。

日本国憲法は、皇室の財産授受は国会議決を必要とし（第八条）、すべての皇室財産は国に属し、すべての皇室の費用は国会の議決を経なければならない（第八十八条）と規定し、本質的には皇室からの「皇室財産の剝奪」を憲法原理にしている（笹川紀勝「皇室経済と議会制民主主義の課題」『北大法学論集』第四〇巻第五・六号、一九九〇年）。

しかし実際の皇室の財産は、戦前と連続する運用がなされている。皇室用財産は、国有財産法第三条二項三で「国において皇室の用に供し、又は供するものと決定したもの」と規定される。宮内庁法第二条の「宮内庁の所掌事務」には、「十二 陵墓に関すること」「十四 皇室用財産を管理すること」「十八 正倉院宝庫及び正倉院宝物に関すること」が定められる。皇室用財産である陵墓と正倉院が、わざわざ皇室用財産と別だてで特記されることからも、書陵部陵墓課や正倉院事務所の管理とあいまって、両者の重要性がうかがわれる。そして宮内庁組織令第二十二条の書陵部陵墓課の事務は、「陵墓の管理に関すること」「陵墓の調査及び考証に関すること」である（法務大臣官房司法法制調査部編『現行日本法規』二・三〇）。

戦後、国有財産である皇室用財産に対して、なぜ宮内庁は「閉じた」管理を継続することができたのか？

高見勝利の研究によると、連合国総司令部は、戦前の皇室財産を凍結した後、「その公的性質を有する財産は国家に移管し、私的性質の財産については財産税を賦課」するという大方針であったという。この皇室財産の公私の区分をめぐって、総司令部、日本政府、帝国議会のそれぞれで議論になる。そして一九四八年六月改正の国有財産法第三条で、皇居・離宮・京都皇宮・陵墓・正倉院などが「皇室用財産」として、「従来通り皇室の使用となり、その事務は宮内庁が所管することになった」（「皇室経済法立法の経緯および資料解題」、芦部信喜・高見勝利編『皇室経済法　日本立法資料全集七』信山社出版、一九九二年）。

一九四六年十二月二十一日の皇室経済法案特別委員会の審議のなかで、金森徳次郎国務大臣は、皇室の私的な財産にかかわる第七条をめぐって、正倉院御物について、「保存の面に於きましての経費が相当あると考へなければならぬと云ふ意味がありますし、それから是が純粋の私有財産でありますと、将来租税制度の色々な関係からして、租税の客体になると云ふことも考へられます」（同書、三二七頁）と答弁している。

金森答弁のほかにも経費と課税の問題は何度か発言がある。私の仮説は、本来、占領下の日本政府は、陵墓や正倉院御物は皇室の私有財産として運用したかったのだが、その困難な財政や将来の代替りなどでの課税の課題を考慮して、そしておそらく国民主権の趨勢とすりあわせて、国有財産への編入と宮内庁による戦前と連続した管理体制をひくことによって、その課題をクリアしたと考えたい。

この問題には、戦後の大嘗祭と旧帝国憲法下の登極令との連続性など、今日の政教分離裁判の課題も含めて、本格的な研究が必要である。戦後改革において、戦前の皇室の儀礼や財産のあり方と、その運用面において戦後と連続性をもたらすことになった政治過程の研究が要請される。

最後に指摘したいのは、陵墓は戦前において広い意味で皇室財産であったが、世伝御料とは別の「一《ひとつ》の宗教的精神的建営物」との「神話性」を有していたことである。しかし戦後には皇居・京都御苑・正倉院御物などと横並びで、「皇室用財産」として「文化財化」する。このことは戦前・戦後の天皇制の変化の問題として位置づける必要がある。

＊

一九九八年十二月十二日に天理大学でシンポジウム「日本の古墳と天皇陵」が行なわれ、森浩一・甘粕健・宮川徏《すすむ》・泉武・高木博志・安田浩の発言があった。「陵墓限定公開二十年をふりかえって」と副題にあったが、陵墓公開運動が、主権者が国民であるという意味を戦後史のなかで問い続けてきた意味は大きい。(2) そして仁徳天皇が埋葬されていない「仁徳天皇陵」の名称の非科学性を突き、教科書の叙述を大仙陵に書き換えた、森浩一をはじめとする功績も大きい。

しかし一方で、天皇陵は日本国民の財産であるという運動の論理そのものは、近代の国民国家形成時に創られた視線を反映している。弥生時代から古墳時代の千年間に、百万人を越える多くの職能集団が日本に移住し、東アジア世界のなかで巨大古墳が築造されたことを考えると（網野善彦『日本社会の歴史』（上）、岩波新書、一九九七年）、近代に引かれた国境と創り出された国民という枠を取り払って考える必要があるのではないか。朝鮮や中国にとっても共通の遺産が天皇陵なのであるし、中国・南北朝鮮の学者が陵墓公開を求める必然性がある。そうすることによって東アジアの古代史が明らかになるであろう。

さらに日本の「文化財」という言葉は、一九五〇年の文化財保護法で一般化する。実際、明治期には古器物・宝物・什宝といった言葉が、今日の文化財の語にあたるものとして用いられた。最近、鈴木良は南京事件の図書略奪の際に中国の壮大な「文物」概念に対抗してできた言葉という説をたて、塚本学はドイツ語の Kultur Güter が文化財の原語として知識人にある程度普及していたとみるが、どちらにしても日本ファシズム下の政治・文化状況の中で「文化財」の語が誕生したことが通説となりつつある。[3] 山本有三が cultural properties を訳したという、戦後改革のなかで、アメリカのデモクラシーと重なるバラ色の「文化財」生成の物語は、虚像なのである。

さらに日本の文化財保護法の文化財の定義は、空間的には「国境の中に限定された場所でつくられたもののみ」を保護する性格が強い。一方、フランスでは「文化的に価値あるものは、つくられた場所に関係なく」保護すべきとの理念があるという（河野靖『文化遺産の保護と国際協力』風響社、一九九五年）。

一九七二年十一月十六日の第一七回ユネスコ総会で採択された「世界の文化遺産及び自然遺産の保護に関する条約」が、フランスと同じく、国境を越えた理念をもつことはいうまでもない。「顕著な普遍的価値（outstnding universal value）」をもつ文化及び自然の遺産は、「全人類のための世界の遺産の一部として保存しなければならない」のである。

ギゼーのピラミッドが世界遺産で、どうして堺の「仁徳天皇陵」（大仙陵）は世界遺産ではないのか？ 陵墓公開運動で培われた民主主義の理念を継承し、世界遺産保護の視座に立つ時、外圧には誠実な姿勢の日本政府に対して、「「仁徳天皇陵」を世界遺産に！」のスローガンも道具として有効ではないか。

二十一世紀には、「仁徳天皇陵」は特別史蹟の指定を受け、世界遺産に登録されるだろうか？

〔補注2〕

世界遺産と陵墓をめぐる問題の、その後の展開を補足したい。二〇〇七年一月一日に宮内庁は「陵墓の立入りの取扱方針」を内規として施行し、学術目的のために、墳丘の第一段までの立入りを認めた。二〇〇八年二月二日の五社神古墳（神功皇后陵）に始まり、毎年二月に、佐紀陵山古墳・伏見城（明治天皇陵）、河内大塚山古墳・誉田御廟山古墳（応神天皇陵）、春日向山古墳（用明天皇陵）・山田高塚古墳（推古天皇陵）、箸墓古墳・西殿塚古墳（手白香皇女陵）と、二〇一四年の野口王墓古墳（天武・持統天皇陵）にいたるまで、立入りによる墳丘の表面観察を関連一六学協会がおこなった。一方、二〇一〇年一〇月六日、政府は文化庁の推薦を受けて百舌鳥・古市古墳群を世界遺産への推薦に向けた国内暫定リストに記載することを決めた。文化庁・大阪府・堺市などは、陵墓を文化財保護法における史跡には指定せずに、宮内庁管理の現状（国有財産法における皇室用財産）のままで「周知の埋蔵文化財包蔵地」（文化財保護法第九三条）であるとみなし、実質的に文化財保護法が陵墓におよばない、新たな枠組みをつくった。ここにいたって、大仙古墳(仁徳天皇陵)を世界遺産に登録することにより、一九世紀以来の陵墓の秘匿性のありようを凍結し、むしろ陵墓公開を阻害する可能性が生じている。結果的に、陵墓を秘匿したまま世界遺産に登録することが「日本文化」であるとユネスコにアピールする、ナショナルな戦略となっていると思われる。この間の経緯については、高木博志『陵墓と文化財の近代』(山川出版社、二〇一〇年)、同「二〇一三年に文化財として陵墓を考える」(『季刊考古学』第一二四号、二〇一三年)を参照されたい。

二〇一四年三月、高木補記。

補論

桜とナショナリズム
――日清戦争以後のソメイヨシノの植樹――

はじめに

この二枚の写真(図25・図26)を比べると、弘前城に桜が植えられたのは、明治時代のできごとだったことがわかる。もっとも青森らしい(あるいは津軽らしい)景観である、桜が咲きほこる弘前城の春は、近代に創り出されたことになる。

鉄道省の国際観光局が、外国人向けに英文で日本紹介を行なった、「ツーリスト・ライブラリー」の第三巻は、三好学による、*Sakura ― Japanese Cherry*, 1934. である(七〇頁の小冊子)。三好は、桜には多くの種類があること、そして近世までの日本で一般的に愛された桜はヤマザクラであり、近代が起源のソメイヨシノが急速にその座を占めつつあることに言及する。しかし、巻頭の唯一のカラー写真は、「弘前城の桜」である。そして城郭ではもう一つ、「姫路城の庭に咲く桜の印象的な眺め」と題されたモノクロ写真も掲載する。弘前城の桜の植樹は日清戦争後であるし、姫路城の桜は一九一

図 25　公園になったころの弘前城本丸（1890 年代）

図 26　春の弘前城本丸（1915 年）

二年(大正元)八月に姫山公園が開園して以降の植樹である。外国人に向けて紹介される、日本を代表する桜の景観は、同書の発行からせいぜい二、三十年前に植えられたソメイヨシノなのである。しかも城に桜という近代に創られた景観は、武士と桜を結びつける幻影である。散りぎわのよい桜と武士を重ねる幻影である。

弘前城の西の郭および二の丸に、一八八二年(明治十五)、旧津軽藩士菊池楯衛《たてえ》がソメイヨシノを植えたとき、士族仲間からは城を物見遊山《ゆさん》の場にするのかと非難され、桜が引き抜かれた。

考えてみれば、そもそも武士の戦いの場である近世の城郭に、物見遊山の対象であった桜の花は似つかわしくない。中世には「貴族の花」であった桜は、近世には「庶民の花」「女性の花」となっていたのだ(斉藤正二『植物と日本文化』一九七九年、八坂書房)。

一八九七年(明治三十)六月十日の弘前城の「旧城樹木調現在」(『明治廿七年、甲 旧城内公園設置願伺届書類』弘前市所蔵)では、松二四七三本、杉一二六二本、檜四七五本、漆一一五八本。ほかは椴《むくげ》、欅《けやき》などである。おそらくあっても桜は雑木として扱われ、有用木としては見なされなかったのであろう(弘前市樹木医小林範士氏の御教示)。

文化二年(一八〇五)の弘前城城郭図(弘前市立図書館所蔵)には、城内の郭ごとの堀沿いに松並木が描かれるし、江戸後期の「姫路城絵巻」は松の海に天守が浮かぶ(兵庫県立博物館『特別展 城郭を描く』一九九八年)。これらは現実の景観と乖離があるかもしれないが、少なくとも近世の城は松のイメージだったのである。

近世までの物見遊山の対象としての桜は、葉と花が同時に萌え出る、西日本ではヤマザクラが、東日本ではオオシマザクラが主であった(佐藤俊樹『桜が創った「日本」——ソメイヨシノ起源への旅』岩波新書、二〇〇五年)。花だけが咲き誇るソメイヨシノは幕末にエドヒガンとオオシマザクラの交配により生み出された(1)。そしてクローン(複製)として群れなすソメイヨシノの全国画一の景観は、「近代」「文明」を象徴する。したがって、弘前城・姫路城をはじめ全国の桜(ソメイヨシノ)の名所は、近代以降の景観ということになる。

そして日清戦争をへて、物見遊山の対象としての桜に、ナショナルな表象が付加される。日清戦争の戦勝紀念として士族の内山覚弥がソメイヨシノ(吉野桜)を百本、弘前城に植裁の上、寄附する(内山覚弥『花翁遺詠』一九三五年)。一九〇〇年(明治三十三)、弘前公園に、弘前市議会は嘉仁《よしひと》皇太子(のちの大正天皇)の成婚記念として、ソメイヨシノを植えようとする(『東奥日報』同年四月二十四日、以下『東奥』)。また青森県下の各地では、成婚記念植樹として、小学校に桜や松が植えられる。

実は、中世の和歌の世界を体現するかのような吉野山の桜(ヤマザクラ)も、近代に補植され、吉野山保勝会が中世の景観を復興しようとしたものである。そして全国の小学校の桜(ソメイヨシノ)の入学式も、近代に創られた景色なのだ。

京都の三代目の「桜守り」佐野藤右衛門《とうえもん》は、『桜のいのち庭のこころ』(草思社、一九九八年)のなかで、長年の全国桜行脚と、植木屋としての経験を踏まえて、

古いソメイヨシノの木で残っているのは、日露戦争の戦勝記念というのが一番多いんですな。明

治三十九年（一九〇六）ごろですか。そのあとも、いわゆる国民的行事、国家的行事のあるときに植えているんです。

関西では、そのあと多かったのは昭和十一年（一九三六）。というのは、昭和九年に室戸台風と水害があって、その復旧のあとに植えたんですわ。それから昭和十五年（一九四〇）。これも例の紀元二千六百年記念で植えたんです。これがいま残っている古いソメイヨシノですわ。

それと、桜は軍隊とともに歩んでいるんですわ。ほとんどの連隊のあとには、みな桜並木がありますわ。だいたい四月の入営に合わせて花が咲くようにね。

と述べる。本稿はまさに、佐野藤右衛門《とうえもん》のいうソメイヨシノの近代を、検証することになる。

財団法人日本さくらの会がだした『日本のさくら――さくら名所一〇〇選』（世界文化社、一九九〇年）巻末の、「さくら名所一〇〇選 案内」には、桜の来歴が記される。ほとんどがソメイヨシノが中心で、日露戦争から昭和戦前期までに植樹されたものが多い。弘前城、姫路城のほかにも、桜植樹の年代をいくつかひろうと、高松公園（岩手県・盛岡市）は一九〇六年の日露戦勝記念。船岡城址公園・白石川堤（宮城県・柴田町）は一九〇七年。桧木《ひのき》内《ない》川堤・武家屋敷（秋田県・角館町）は一九三三年の堤防・護岸工事と皇太子誕生記念。鶴岡公園〈城址〉（山形県・鶴岡市）は一九〇六年。霞ケ城《かすみがじょう》公園（福島県・二本松市）は昭和に城址が公園になった頃。鶴ケ城公園（福島県・会津若松市）は一九〇二―〇七年。桜山公園（群馬県・鬼石《おにし》町）は一九〇八年の日露戦勝記念。高田公園〈城址〉（新潟県・上越市）は一九〇九年の陸軍第十三師団の入城記念。豊《ほう》公園（滋賀県・長浜市）は一九一四年の大正御大典事業。郡山城址公園(奈良県・大和郡山市)は一九一一年の植え替え。鶴山《かくざん》公園〈城址〉(岡山県・津山市)は一九〇〇年の公園化以来の植樹。岡城公園(大分県・竹田市)は一九三三―三五年、といった具合である。

まさにソメイヨシノの全国席巻である。

何よりも爆発的な普及の理由は、ソメイヨシノが、東京よりやってきたモダンな「文明」表象する品種であり、地方にとっては東京そのものだったからだ(高木博志「近代が変えた桜の景観」『京都新聞』二〇〇三年四月十一日付、本章末補考参照)。

そして、すでに斉藤正二や小川和佑が指摘するように、本居宣長の歌、「敷しまの倭こころを人とはば朝日ににほふ山さくら花」は、本来は桜をめでる感情の素直な発露こそが日本精神とされたのが、国体を表す桜への賛美と近代に拡大解釈される。さらに「花は桜木、人は武士」といった死と結びついて散る桜のイメージは、歌舞伎の町人の世界にあったものが、近代になって広まることとなった(2)。日清戦争後には近代の「武士道」が喧伝されだすが、それは農民が兵士(武士)になる国民皆兵の時代であり、いわば「武士」の四民(臣民)化を基盤とする(高木博志「「郷土愛」と「愛国心」をつなぐもの――近代における「旧藩」の顕彰」『歴史評論』六五九号、二〇〇五年)。まさにその時、かつて武士の独占物であった城が、四民(臣民)に公園として開放される。

本章では、近代に弘前城にソメイヨシノが植樹される過程を、具体的にあきらかにする。しかし近世の庶民の観桜《かんおう》の実態や旧津軽藩士族や新興商工業者の動向、あるいはソメイヨシノの植樹についてのさまざまな地域にそくした事例(特にソメイヨシノに抵抗感の強い京都)など、つめるべき課題は多い。したがって本章は、「桜とナショナリズム」論に向けての、覚え書きにすぎないことをお断りしておきたい。

第一節　明治維新と桜

神崎宣武は、「現在に伝わる宴会をともなったにぎにぎしい花見の源流は、江戸風俗にある」とし、それは貴族社会の花詠《よ》みの雅風と、農村社会の花祝いの習俗が融合したものとする（『物見遊山と日本人』講談社現代新書、一九九一年）。これは、農村における民俗の源流として、稲の実りの豊かさを咲きみだれる桜に連想しつつ楽しむ祝福の行事を花見とする、和歌森太郎の説もふまえている（『花と日本人』草月出版、一九七五年）。

興味深いのは、近世の観桜のあり方の変化である。麻布の長谷寺《ちょうこくじ》、小石川の伝通院《でんづういん》などの一本桜（寺桜）を愛で、歌や俳句をつくる風流人の鑑賞から、十八世紀初頭の吉宗による意図的な桜並木の整備を通じて、庶民のにぎにぎしい花見へと転換する。(3)

十七世紀までの「寺桜」の時代には、江戸では一シーズン三万人程度の人出だったのが、御殿《ごてん》山、上野、浅草、隅田川、飛鳥山の名所の形成後、十九世紀半ばには、約三十万人の人出となる（青木宏一郎『江戸の園芸』ちくま新書、一九九八年）。

江戸の庶民の花見の基盤は、近代のソメイヨシノ植栽以前から広がり、そうした江戸期以来の伝統の上に、英国公使夫人メアリー・フレイザー(Mary Crawford Fraser)の一八九〇年(明治二十三)四月の感慨が発せられるのだろう。

> 東京は桜の都市です。どの通りにも、桜の木がふんだんに密に並べて植えられています。庭という庭は念入りに育てた桜の木を誇りにしています。また向島《むこうじま》の川端では、桜は水にまで浸り、バラ色の津波のように陸の方へひろがっています。そして上野の大公園は百の空から日没の雲をつかまえて、ひろい森の径に沿ってその雲また雲をつなぎ留めているかのようです。(ヒュー・コータッツィ編、横山俊夫訳『英国公使夫人の見た明治日本』淡交社、一九八八年、一六七頁)

この向島の桜はもともと山桜であったのを、明治維新後に成島柳北《なるしまりゅうほく》がソメイヨシノに植え替えたものである(岡沢慶三郎「復興せる向島の桜」『桜』一二号、一九三〇年)。また上野公園には江戸期以来のヤマザクラやヒガンザクラに加えて、新しいソメイヨシノも混在していた(「上野公園桜花ノ種類」『日本園芸会雑誌』九二号、一九〇〇年)。おそらくフレイザー夫人がみた景観は、近世の桜から近代のソメイヨシノ主体に移る過渡期のものだったろう。

ところで、国学者や博物学者のなかに、十八世紀になると、桜は中国にはない日本独自のものという考え方が芽生えていた。

> 賀茂真淵
> もろこしの人に見せばや三《み》吉野のよしのゝやまの山ざくらばな

本居宣長

しきしまの大和心を人とはば朝日ににほふ山桜ばな

山田孝雄《よしお》は、史料を博捜し厳密な解釈をほどこした名著『桜史』(講談社学術文庫に再録)を一九四一年(昭和十六)に著す。[4] そのなかで、真淵の歌は、「山桜を大和心の象徴とせる思想」とみる。後者については、宣長の養子となる本居大平《おおひら》の解釈にこの歌の真意をみる。すなわち「日本精神、即ち大和心もただ「うるはしいものだ」というだけ」との解釈である。

また貝原益軒『大和本草』(一七〇九年)では、「日本の桜と云物は、中華に無之《これなし》」と断じ、「中世以来、桜を花と云」とする。そして世界に比類ない吉野の桜への思い入れが語られる(横山俊夫「序 安定社会を生きる」『貝原益軒』平凡社、一九九五年)。また南蘋《なんぴん》風の画を描いた花顚《かてん》、三熊《みくま》思孝は、寛政五年(一七九三)に、「桜は皇国の尤物《ゆうぶつ》にして異国にはなし」と述べる。そして寛延元年(一七四八)に初演される浄瑠璃『仮名手本忠臣蔵』のなかで、「花は桜木、人は武士」という言葉があらわれる。武士ではなく、あくまで町人の歌舞伎の世界のせりふである。

しかし十八世紀以降の江戸後期の桜は、物見遊山の対象であり、桜は「庶民の花」、イメージとしては「女性の花」であった。そして国学者や知識人の閉じたサークルのなかだけに、桜=大和心論が芽生えはじめていた。山田孝雄もいうように、「桜の花が潔《いさぎよ》く散るとか、或は武士道に一致する」といった桜観は、近代に創り出されたものであった(『桜史』)。

近世までの観桜の対象は、ヤマザクラであり、維新期のソメイヨシノの登場により明治の中頃までに、「日本の春の景観は一変」する(小川和佑『桜誌』)。

染井村のある駒込や巣鴨は江戸期以来植木の栽培が盛んであった。そしてエドヒガンとオオシマザクラの雑種が染井の植木屋から、明治初年に売りに出された（『豊島区史 通史編二』一九八三年）。ソメイヨシノの名がはじめて登場するのは、一九〇〇年（明治三十三）の『日本園芸会雑誌』（九二号）の、「上野公園桜花ノ種類」である。従来の「ひがんざくら」「やまざくら」に加えて、「そめいよしの」の三種が大分類としてある、と記述される。

かくしてソメイヨシノの全国席巻がはじまるが、ソメイヨシノが圧倒的に隆盛になった理由として、東京市役所公園課々長の井下《いのした》清は、(1)葉をまじえず花だけが密生して、樹形も美しい、(2)成長が早く十年で立派に花として見られ、二〇年で壮観、三〇年で名木となる、(3)繁殖は接《つ》ぎ木で活着《かつちゃく》容易で、値が低廉である、(4)「吉野桜」の名と明治初年の宣伝が良かった、などの諸点をあげる。そして「是《これ》等《ら》の桜は為政者に依つて河川道路等の工事に関連して植ゑられ又公園霊場の修飾として植ゑられたものもあるが、寧《むし》ろ地方有志の協力に依つて植ゑ来つたものが多いことは桜の大衆性に適はしいことである」、としている（「染井吉野桜」『桜』一七号、一九三六年）。

元京都府知事で当時は北海道庁長官であった、北垣国道《くにみち》の日記『塵海《じんかい》』（京都府立総合資料館所蔵）の一八九四年（明治二十七）八月十五日条には、「午後三時大津馬場停車場着、汽車ヲ下リ疏水運河ニ出、点検、隧道《すいどう》前両岸ノ桜樹ハ我命令ニ従ヒ之レヲ傷《そこな》フ者ナク、今ヤ天然ノ森林ト為リ一層ノ風致ヲ呈セリ」とあり、琵琶湖から京都市内に向かう疏水の両岸の桜に満足している。ここでは「風致」のために桜を植栽したとある。庶民の「偕楽《かいらく》」のための「風致」は、明治維新後の公園設置以来のキーワードであった(丸山宏『近代日本公園史の研究』思文閣出版、一九九四年)。

しかし一般的にはソメイヨシノは、雑誌『桜』につどう、学者や園芸家といった桜に関心の高い人々には人気がなかった。

天然紀念物保護の中心にいた植物学者の三好学《まなぶ》は、

近頃染井吉野が全国を通じて所々に植ゑられる。此桜は発育が早く花の咲揃つたときは陽気であるから人が好む。勿論染井吉野にも特色はあるから、此桜に適する場処へ植ゑるのは差支《さしつかえ》ないが昔の桜の名所に斯様《かよう》な新らしい桜を植ゑることは全く不自然で、名所保存の主意に反して居る。

(「桜の名所」『桜』七巻、一九二五年)


と厳しい。

また京都園芸倶楽部の香山益彦《みつひこ》は、ソメイヨシノは明治末年に京都に移入された種類で、山桜とは景観が異なり、「麗なれども、雅ならず」、吉野朝以来の桜の名所で西行が愛好した伝説のある勝持寺(花の寺)にはふさわしくないという。「一日もこの染井吉野の枯死の早からむ事を待つ」、との排斥である(『京都の桜』京都園芸倶楽部、一九三八年)。

こうした知識人の言論を乗り越えて、安く、活着力がよく、すぐに成長し、花だけの景観が豪奢なソメイヨシノは、新しいモダンな東京の品種として大衆的な支持をえて、全国に広まってゆく。日清戦争後には、桜を植えるのが特に流行し、東京では、社寺公園、堤塘《ていとう》、公道の傍ら、そして山の手では「隙地《げきち》あれば桜あらずといふことなし」といったありさまであった(野口勝一「何処桜花好」『風俗画報』

二六七号、一九〇三年)。そして国内だけでなく、日露戦争勝利記念として旅順口に、「知らず〳〵の裡《うち》に祖国の精神を煥発せしむる」ために、八重桜と一重桜(ソメイヨシノと思われる)の数千株を高台に植樹する(画報生「旅順桜樹移植に就て」『風俗画報』三二八号、一九〇五年)。

このソメイヨシノが広まる時期は、桜＝国花《こっか》観が広まる時期でもあった。

すでに一八九二年(明治二十五)四月に、野口勝一は、桜＝国花論を展開し、東京では花見は「年中遊楽の一大節」とする(「桜花愛賞の俗」『風俗画報』第四〇号)。

また雑誌『日本人』を繰ってゆくと、桜に関する論がではじめるのは日清戦争後で、一八九六年(明治二十九)には三宅雪嶺《せつれい》の「桜の花」(第一九号)がのっている。この号を境に、雑誌『日本人』の表紙は桜の花に変わる。雪嶺の論は、詩文を素材にして、中国や西洋にも桜があることに言及し、「美威《カ》を喚起する」ことにおいて西洋の薔薇との共通点も指摘する。一方で、「桜花を以て花王とし、単に花と称せば則ち桜を意味」し、また「勁節《けいせつ》と貞心」を桜にみる、日本の特殊性にも言及する。一八九五年の雑誌『太陽』(一巻二号)の雑録「月と花」も雪嶺の博学な東西の比較文化論である。そのなかで雪嶺は、「朝日に匂ふ山桜花、といふや、彷彿《ほうふつ》として日本国民の元気を目前に睹《み》る心地」がするとして、軍隊の帽子や馬の鞍に桜の章が用いられることを指摘する。

これが日露戦争時の『日本人』(四〇八号、一九〇五年)の巻頭言になると、

花と言ひて桜花に限るは昔よりの事なれど、本居氏の大和心の歌ありて以来一層賞美せられ、明治年代に入りて之を栽培すること益々盛んに、特に帝国を表彰するの徽章《きしよう》として用ゐるに至れり。

といったように、桜のナショナルな解釈のみが、ひとり歩きしてゆく。

教育の場での象徴的な議論を一つ紹介すれば、日清戦争勝利後の、『教育時論』(三四八号、一八九四年十二月)への北村小次郎の投稿「征清紀念樹を植ゆべし」である。

特に将来に於る国民教育の為に、全国の各学校をして、内外共に見易《みやす》き所を撰《えら》み、征清紀念樹を栽植せしむるの必要を説くものなり。而して其栽ふる所の樹木は、古来我日本魂の表章たりし、彼桜樹を以て最恰当《こうとう》なりと信ずるなり。(中略)不知不識《しらずしらず》の間に、欝然《うつぜん》人に迫り、生徒の心を薫化して。教師の訓練を助成すること、果たして幾何《いくばく》ぞ。余は実に其驚くべきものあるを信ずるなり。

「征清紀念樹」には桜が「古来我日本魂の表章」としてもっとも適当とする。

また日露戦争の「戦時紀念樹栽」の和歌として、徳島県麻植《おえ》郡瀬詰《せづめ》尋常高等小学校教員の高室由蔵は、「庭に植うる大和桜は露西亜討つ、三十七歳《ミソナナトセ》のしるしにぞある」とうたう(『教育時論』七一〇号、一九〇五年一月)。

かくして一九一八年(大正七)に発行された第三期国定国語教科書『尋常小学 国語読本 巻二』には、「ハナ」として桜の絵がはじめて登場する。そして一九三三年(昭和八)第四期国定国語教科書『小学国語読本 巻一』の、「サイタ、サイタ、サクラ、ガ、サイタ」で、尋常小学校一年生の春ははじまるのである(『日本教科書大系 近代編』第七巻、講談社、一九六三年)。

第二節　弘前城と桜

1　明治維新と弘前城

明治四年(一八七一)七月、津軽藩四万六千石は廃藩となる。同年九月四日に、弘前県庁が旧城址におかれる。九月に兵部省の管轄におかれた城地に、翌十月、東北鎮台《ちんだい》第二大隊(弘前分営)が設置され、一八七五年(明治八)十月まで使用される。

明治四年(一八七一)十一月、全国的に城郭破却の指令がだされるが、本丸御殿・武芸所は取り壊されたものの、城門や矢倉はそのままで、弘前城は、比較的ゆるい措置であった(5)。荒城となった弘前城は、無用の長物で「開化」を疎外するとみなされた。たとえば明治四年(一八七一)十一月、兵部省《ひょうぶ》にあてて青森県は、弘前城などの城郭は「辺境固陋《ころう》ノ俗、自然開化進歩ノ道ヲ塞」ぐとして、桑茶の園《えん》圃《ぽ》を開いて、授産開墾の地にしたいと、願いをだしている。また一八八四年(明治十七)一月には、旧士族から青森県令にあてて、弘前城跡を借用し、「屠殺牛集牧ノ場」あるいは「乳牛放牧ノ地」にしたい旨の嘆願がだされる(『新編弘前市史』資料編4、一九九七年)。この明治十年代に、のちに述べるように、内山覚弥・菊池楯衛による最初の城跡への桜の植樹がなされる。

そして一八九三年(明治二十六)以来の、旧城主津軽承昭《つぐあきら》と弘前市の運動が実り、一八九五年(明治二十八)五月二十日、弘前公園が開設される。各地で旧城主が、城跡を陸軍省から払い下げる請願をしている状況をうけて、津軽家も運動するが許されなかった。しかし「公共用」の公園として使用するなら払い下げが許された。公共性が鍵である。

城跡一四万四八三九坪を、陸軍省から津軽家へ十五年間に限り使用許可がおり、さらに津軽家と弘前市が公園の「管理規程」と「設計書」で委託契約を結んだ。最終的には、一九〇二年(明治三十五)五月、弘前公園の管理は津軽家から弘前市に移管される。

また一八九六年(明治二十九)九月、第八師団司令部が弘前の富田地区を中心に設置されるが、二年後に旧城址の三の丸に兵器支廠《ししょう》が設置される。弘前は軍都の性格をもあわせもってゆく。

一八九四年(明治二十七)三月の「弘前公園設置計画書」には、

第一、旧城地ハ元ヨリ数百年ノ喬松・老杉森々トシテ、自然ノ公園ヲナスト雖トモ、先、第一着ニ三ノ郭、旧庭園地ノ荒蕪《こうぶ》セルヲ掃除シ、更ニ花樹・花草ヲ植ヘ、公衆ノ遊園所トスヘシ、

第八、城地中樹木薄立ノ場ハ勿論、道路側其他便宜ニ依リ松・杉等ノ樹木及花樹草ヲ栽培シ風致ノ増益ヲ計ルヘシ、

とある。(6)

ここで重要なのは、公共性を有する公園には「公衆」が自由に出入りするが、その公園の「風致」をますために、「花樹草」を栽培するという文脈である。(7) かつて武士だけのものであった城が市民に開放され「近代」の公園となる。

弘前市の空間的中心に弘前城跡が公園として成立すると、第一に「風致」のために新しくモダンな

品種のソメイヨシノが植樹される。それは年中行事としての庶民の弘前城での花見、そして一九一八年(大正七)以降の観桜会へと発展してゆく。

第二は、弘前城の開放と整備により、津軽藩の顕彰がはじまり、津軽らしさを掘りおこす「お国自慢」創出のきっかけとなる。一九〇六年(明治三十九)九月、藩祖三百年祭が開かれ、一九〇九年(明治四十二)には藩祖為信《ためのぶ》公の銅像が建立される。

これらの動きは、全国的にみれば一八八九年二月十一日の大日本帝国憲法発布とそれにともなう大赦令による戊辰戦争の和解、そして一八八九年(明治二十二)八月二十六日の東京開市三百年祭の幕府顕彰を起点とし、弘前・仙台・金沢などの地方城下町が、自らのアイデンティティとして、藩祖(津軽為信・伊達政宗・前田利家)や旧藩を顕彰してゆく過程のなかに位置づけられる。「お国自慢」である地域のアイデンティティは、日清・日露戦争後の国家のナショナリズムと重層的に進行する。明治前期には未成熟で矛盾した「郷土愛」と「愛国心」との両者が、二十世紀になってはじめて構造的に連動し、「賊軍《ぞくぐん》」の戊辰戦争におけるトラウマが癒えてゆく。(8)

そして桜と「お国自慢」の両者があいまって、昭和戦前期には大衆社会状況を背景に、ツーリズムから地方文化運動へと展開してゆくのである。

2　桜の植樹

佐藤太平は、一九三六年に「弘前公園の桜」(『桜』一七号)のなかで、『津軽藩日記』を引用し、正徳五年(一七一五)三月に、五代信寿が家臣の献木二五本を西の郭に植えたのが、弘前城の桜のはじまりとする。京都の嵐山から取り寄せたという正徳のカスミザクラが、弘前城の桜の起源であるとすることの記述は、財団法人日本さくらの会『日本のさくら——さくら名所一〇〇選』(前掲)をはじめ、多くみうけられる。

しかし近世の桜の名所は、決して弘前城ではなく、享和三年(一八〇三)に藩主が大円寺の下の土淵川原に植えた桜林や、そのほか大行院《だいぎょういん》や慈雲院などの「寺桜」であった(弘前図書館編『津軽覚え書』一九七四年)。明治二十年代までの弘前城は、荒廃しており、桜の名所ではなかった。

日清戦争後の公園化にともない、市民に開放された弘前城に桜が植樹され、大正期以降に桜の名所となる。明治二十年代以前の弘前の桜の名所を、佐藤良之助編『弘前名勝案内』(弘前文栄舎、一八九四年)にひろいたい。

まず大行院址(宇庭)の枝垂れ桜。廃仏毀釈後に、修験道の大行院が廃寺となり天満宮となった。

桜の名所なり、芭蕉塚及碑多し、庭内箒痕清く風新たにして已に仙化す、一老桜幹其齢幾百千年なるを知らず、蟠龍の将《まさ》に雲を起して動かんとするか如く、枝は糸の如くに垂れて地に達す、花時爛熳の候芳風満都に亙り、岩木の白芙蓉、花開いて花花に対し遠望殊に佳なり、旧陰三月廿五日は菅公祭にして花は恰度見ころなるを以て、参詣群集す

大行院址の枝垂れ桜は、弘前を代表するものであるが、「大行院の名樹は漸次枯れが増す有様」で、名勝として保存すべしとの意見もでる(『東奥』一九〇〇年五月二十六日、一九〇六年五月三日)。そのほか新

寺町の「重弁濃厚艶なる」報恩寺の桜。同じく新寺町の慈雲院は、「桜樹両三《りょうさん》、頗老」である。慈雲院は天神をまつり、旧暦三月十五日には大行院(天満宮)とともに賑う。文人墨客《ぼっかく》がここで「瓢《ふくべ》を傾けて風懐を述べた」(『弘前市史 明治・大正・昭和編』)。慈雲院の桜も、高坂如雲編『弘前の栞《しおり》』(近松書店、一九〇六年)によると、枝垂桜である。あとは新寺町から市内元町に向かう途中の南溜池(鏡ケ池)畔堤の桜である。

ここで重要なのは、明治三十年代に弘前城に桜が植樹される以前の、近世の弘前の桜は、江戸でいえば享保期以前と同じように、一本の桜をめでる「寺桜」の性格が強い点にある。

一八九四年(明治二十七)の『弘前名勝案内』は、弘前公園の開設前の案内であるから、弘前城の桜はもちろん記載がない。ところが日露戦争後の一九〇六年(明治三十九)の『弘前の栞《しおり》』にも、公園は「林叢変じて市民遊歩観楽の界と化す」とあるが、「三百年の松樹巨幹」はあっても、桜の記述はない。いまだ桜の名所ではないのである。同様に、『東奥日報』一八九六年(明治二十九)五月五日条の「弘前市の花信《かしん》」は、薄紅の山のごとき大行院の桜、花の街道のごとき鏡ケ池畔堤に対し、「公園地三の丸の小桜八、九株」といった有様であった。

さて明治以降の弘前城への桜の植樹であるが、かつて城内の館番をつとめた旧藩士の内山覚弥が、一八八〇年(明治十三)に、桜二〇本を自費で三の郭に植えたのが、はじまりとされる。そして旧藩士時代に山林取締役兼樹芸方であった菊池楯衛が、一八八二年に、西の郭・二の丸を中心に千本の桜を寄付する。(9)

この桜は旧士族の反発にあって引き抜かれたと言い伝えられている。

明治二十七年ころ旧士族が「おそれながらも殿様が住んでいたお城に桜を植え百姓、町民どもが物見遊山にふけるのは無礼きわまる」と恐しいケンマクで反対、このときの桜は各議員が引取ってしまった。(『写真でみる弘前市七〇年』陸奥新報社、一九五九年)

「お城に桜を植えて、花見をやるとは何事だ」という士族の声が強く、抜かれたり折られたりしたのが多かったとのいい伝えがある。(小林範士「桜」『陸奥新報』一九九四年四月十三日)

いずれも後年の聞き書きであるが、ここからは、桜は近世以来の物見遊山の対象であるがゆえに城にふさわしくないという理由と、そもそも城に庶民が入ることをよしとしない旧士族の意識、が読み取れる。[10] このことから、明治二十年代以前には、桜は「女性の花」「庶民の花」と、近世以来連続する意識で旧士族はみなしていた、と思われる。かかる明治十年代の弘前城への植樹は、日本で最も早い時期のソメイヨシノの大規模な植えつけとなる(小林範士「日本の古いソメイヨシノ」『採集と飼育』四八、一九八六年)。

さて今日の桜(ソメイヨシノ)につながる城への植樹は、日清戦争戦勝紀念植樹である。内山覚弥『花《か》翁《おうい》遺詠《えい》』(一九三五年)からの引用。

(明治)二十八年五月翁は市会議員に当選したる祝意を兼ね、日清戦捷《せんしょう》記念として桜樹(吉野桜)一百本を植栽の上寄附したり、次に明治三十三年東宮《とうぐう》殿下の御慶事に際し翁は市会議員として市当局及同僚議員間を奔走《ほんそう》し、奉祝記念として桜樹一千本植裁の件満場一致市会の決議、翌三十四、三十五の両年に亘り、之を実施せしめたるが、翁自らも亦此時右の内へ三百本を寄附したり、同三十九年市は公園全部を払下ぐる事に決すると共に、翌四十年日露戦勝記念として、更に三百本を植裁し、爾来屢々《じらいしばしば》補植増植を為して今日に至りしものなるが、内山翁も亦大正八年に三年乃至《ないし》四年生のもの一百本、昭和二年四月には六尺乃至一丈のもの二百本即ち前後五回に亘り、合計七百二十を寄附したり云々

内山覚弥は、旧津軽藩士で、明治初年には東北鎮台第一分営の用度掛をへて、一八七四年旧城内の館番から、一八九五年には市会議員となる。日清戦後から昭和初年までのソメイヨシノ植樹活動の中心人物であった。

また『弘前市沿革概要』および『弘前市制五十年史』(ともに一九三八年)は、一八九八年(明治三十一)と一九〇三年(明治三十六)に桜の植樹が多いとする。確実な史料としては、一九〇五年(明治三十八)以前は、『弘前新聞』が現存しないので、青森市に本社のある『東奥日報』を繰って弘前からの通信を検討するか、弘前市議会の史料(弘前市立図書館所蔵)で裏づけるしかない。

まずは、一九〇〇年(明治三十三)四月二十七日付の『東奥日報』から。

弘前市にては御慶事の奉祝紀念として旧城公園地内に桜樹を植附くべしとの議案を発せる趣きハ過日(四月二十四日)の本紙に記載する所ありしか、一昨二十五日の市会にて該案に対し別に方法を案し、本年度に於て金一千円支出したる上、慈恵基金として積立□(不明)置くの決議を為し、尚《な》ほ積立金をば重立《おもだつ》有志の寄附金を加へて三千円とするの予定なりと

嘉仁《よしひと》皇太子の結婚記念として弘前城への桜の植樹が、弘前市議会で建議される。市からの千円の支出を元手として有志者の寄付を募り、三千円の桜の植樹基金をつくる計画である。そしてこの記事に先んじる四月二十四日付の『東奥日報』では、参事会員と、公園地に桜樹の植えつけを検討する専門委員とが、二十一日に市役所で会合をもった旨、報じられる。しかし市議会の史料でこれに対応するものは、管見の限り残されていない。

弘前城への桜の植樹が明確な『東奥日報』の記事は、一九〇三年(明治三十六)四月二十五日付のものである。

　昨年来数百円の資を投して公園城廓内の荊棘《けいきょく》を切り掃ひ雑木雑草を刈除《がいじょ》し園内の修飾に力を用ひつゝあるか、今般桜樹を植へ付、〔一〕層の一美観を添へんものと、過般来内濠堤上一円に二間若くは三間毎《ごと》に植へ付けしか、総数千本に達せりと

昨年以来、公園の雑木雑草をはらって、城の内堀の堤上に約四―六メートルごとに新しいモダンな品種のソメイヨシノを植えて、総数が千本に達したとする。

同年、月があらたまった報道は重要である。「弘前市役所にては同公園に風致を添へんものと桜樹千本を植付けた」が、植えるやいなや、九本、そして二本と盗み取られたという(『東奥』同年五月三日)。ここでは千本の桜の植樹の目的が、弘前公園に「風致」を添えるものと明言する。

一九〇三年(明治三十六)春の植樹については、市議会の史料に記述がある。

弘前市の参事会では、同年一月十三日に、「予備費支出二件、本市公園地内客歳《かくさい》大掃除、伐採木払

下代金ニテ桜苗木注文之件」(『自明治三十四年至明治三十六年　弘前市参事会決議書綴』弘前市立弘前図書館所蔵)が決議される。「伐採木払下代金」とは、公園内の杉・松・漆などの有用木を売却した費用と思われる。この参事会決定は、一九〇二年度(明治三十五)の歳出追加予算として、雑支出七六七円三五銭のなかから、公園地の桜樹植付費として八四円二八銭を計上することで、二月十三日の弘前市議会に提出され、十七日に原案可決にいたる(『自明治三十四年至明治三十六年　弘前市会決議書綴』同所蔵)。

以上、日清戦争以後の弘前城への桜植樹にかかわる断片的な史料をみてきた。おそらく一八九五年の弘前公園の開設と日清戦勝紀念の内山覚弥による桜植樹とを契機にして、一九〇〇年(明治三十三)の皇太子成婚紀念に議会でも植樹の話がもちあがり、一九〇三年(明治三十六)までに、弘前公園に総数一〇〇〇本の桜(ソメイヨシノ)が植えられたのが、真相であろう。内山覚弥の活動はあきらかではないし、総額はわからないものの、市の経費も桜の植樹に用いられたことは間違いない。

さて一九〇〇年(明治三十三)の皇太子成婚を紀念して、青森県各地で市町村や小学校において桜や松の植樹がなされる。

下北郡田名部《たなぶ》の小学校では、生徒一同が山から山桜や松などを掘り起こして荷車で運び、紀念樹として植える(『東奥』同年五月十日)。また三戸《さんのへ》郡三戸町では、小学校の生徒一同が小学校構内に、町内の青年は、「古城其他風致上適当の個処《かしよ》」に、紀念として桜樹を植えた(『東奥』同年五月十九日)。『東奥日報』五月十日付、「横斜」なる者の「青森市と樹木」の記事では、慶事の紀念として桜か松あるいは両者を、学校構内に植えるものが多いが、「桜の文、松の武、桜の華、松の実、旭に向ふ山さくら」

といった意味から、桜と松が最も学校の紀念樹に適している、と論じる。

そして、弘前城に呼応するかのように、黒石町の旧城址でも桜の植樹が計画される。

南郡黒石《くろいし》町有志者相謀り、約五千円の予算にて旧城趾を改修し黒石公園地となさんとの計画なりしが黒石町会も此美挙を援《たす》けんとて金弐百五拾円の補助を決議せり(中略)若し二三年の後を期して完成したらんには烏城の風光燦《さん》として一眸《ぼう》に映じ、勝景、合浦、鷹城に劣るなからんか、因に記す今回の挙は加藤宇兵衛氏の主唱にして、同氏ハ金弐百円桜樹百五十本を寄附せり(『東奥』同年五月八日)

青森市の合浦《がっぽ》公園、弘前の鷹城に匹敵する勝景を、黒石で桜の植樹によりつくりだそうとする。これが一九〇四年(明治三十七)の日露戦争勃発以後になると、桜の植樹には、もっとナショナルな意味あいが増してくる。

日露戦争の開戦紀念および商業繁昌の祈禱のため、弘前市内の呉服商蛯名助一郎が岩木山《いわきやま》神社に桜一〇〇本を献じる。蛯名が、献樹には何の木が良いか、と岩木山神社の神職に相談したところ、「同社にても兼ねて企画中のこと丶て、敷嶋《しきしま》の大和桜こそよからめ」とアドバイスされたことによるという(『東奥』同年四月二十日)。

そして四月三十日には、大々的に『東奥日報』紙上で「岩木山神社日露開戦紀念献桜募集」が呼びかけられた。その趣旨書には、神代《じんだい》の木花之開耶姫命《このはなのさくやびめ》、南朝忠臣の逸話につづいて、宣長の歌をひいて、桜は「大和心の旨趣」をあらわすし、「忠臣孝子節婦義僕の言葉に匂ひ、筆に薫じて世々教化の輔《たす》け」になった、とする。そして「我邦特有の名花たる」桜で、「東奥の名山津軽富士の麓、県下唯一の社頭」を飾り、その目的として「一は神慮を慰め奉りて皇基の擁護を祈り、一は地方遊覧の名区として上下享楽の神園」をつくろうという。

『東奥日報』の一九〇四年五月二十四日に、山田文庸は「献桜募集の事に勇み立ちて」と題し、「後の世の語り草ともみ軍《いくさ》の紀念に植うるこれの桜木」と詠じる。

趣意書には、桜の苗木(種類を問わず)でも金員でも献納はどちらでもよいとする。しかし『弘前の栞』(一九〇六年)によれば、結局一万本のソメイヨシノ(吉野桜)が植えられたようである。

日露戦争を通じて、桜と軍隊は密接なイメージとなった。

弘前の兵営には桜が植えられ、「花神《かしん》の芳を争ふものは軍人の武勲」とうたわれる(『東奥』一九〇四年四月三十日)。そして、毎年五月はじめの招魂《しょうこん》祭は、桜の弘前城でおこなわれた。「招魂祭は爛熳たる花中の中に盛式を見る」ありさまであった(『東奥』一九〇四年四月二十七日)。そして一九〇六年(明治三十九)の日露戦争時の津川隊の忠魂祭においては、桜花や梅花の紋の幕が師団の神殿を飾り、神殿の西側には桜樹が植えられた(『東奥』一九〇六年四月八日)。第五連隊の忠魂祭で連隊長は「散り香ふ大和心の雄々しさは、我敷嶋の宝なりけり」との祭文《さいもん》をよみあげる(『東奥』同年四月十日)。

一方、津軽藩の顕彰もはじまる。

一九〇六年(明治三十九)九月には、前年の七月から準備されてきた藩祖為信三百年祭がおこなわれる。各町は、山車《だし》飾物を競い、また「美観、勇壮は弘前の特色」とされた七夕祭のねぷたはこの年は見合わせ、この三百年祭のために運行する(『東奥』同年九月十一日)。招待された津軽家の英麿は、「第一に感じたのは旧藩士と旧藩主との関係が如何にも親密」であることとし、文明の中心から離れた津軽について、「世界的の教育を受け、世界的に自分の郷里を愛し」てほしいと講話する(『弘前新聞』一九〇六年九月十四、十五日)。

一九〇八年(明治四十一)には、嘉仁《よしひと》皇太子が台臨《たいりん》し、「鷹揚園《おうようえん》」の名が与えられた。藩祖為信三百年祭で計画された、藩祖津軽為信の銅像が三年後に完成し、一九〇九年(明治四十二)九月三日に除幕式がとりおこなわれる。銅像は高村光雲の弟子、山崎朝雲《ちょううん》の手になった。

三百年祭準備会は二万五〇〇〇円を目標に銅像建設の募金活動を行なう(吉村和夫「弘前公園百年余話」『市史ひろさき』五号、一九九五年)。弘前市の校長会で、高等小学校生徒は一人五銭、尋常小学校生徒は一人三銭を募金する決定となった。こうした背景には小学校教員に旧士族が多かったことが考えられる。

旧士族の旧藩主に対する崇敬は学校行事からもわかる。第二大成《たいせい》小学校においては、一九〇六年九月の藩祖三百年祭では、三日は革秀寺、五日は長勝寺、十一日は高照《たかてる》神社というように、津軽家由緒社寺へ職員生徒が参拝する。同年、十月一日には二の丸で津軽家伯爵の前で五年生が連合体操をしている(『大成の華かぐわし――第二大成小学校八十年史』一九八二年)。

大正期に入ると、一九一四年(大正三)には本丸下西濠に、桜の三年木五〇〇〇本を植えつける計画に、菊池楯衛、須郷商業銀行支配人などが発起人となっている(『弘前新聞』一九一四年四月二十八日)。担い手は士族と商工業者である。

そして一九一八年(大正七)五月三日より一週間、初の観桜会がとりおこなわれる。夜桜は電灯で映し出され、天守閣にはイルミネーション、芸妓の手踊り、鍛冶町などの仮装行列、自転車競争、相撲などの余興が行なわれた。(11) 一九一八年から、弘前商工会は市へ桜を五百本寄附する(内山覚弥『花翁遺詠』一九三五年)。

昭和期に入ると観桜会について、「二千株の桜樹は今や正に成熟の域に達し陽春和風の候、古城と翠松《すいしょう》を背景とせる紅霞《こうか》爛漫の光景は直《ただち》に天下に誇る(中略)毎年五月初旬観桜会を開催し会期中遠近の観客実に数十万に止《とど》まらず、頗《すこぶ》る盛会を極む」と評される(弘前五十年史刊行会『弘前市制五十年史』一九三八年)。

かくして桜の弘前城を軸として、大衆社会状況下では観光から地方文化運動へと、津軽らしさが掘り起こされ「お国自慢」が生成してゆく。

まさに三好学の *Sakura* が国際観光局から発行された年である、一九三四年(昭和九)の一戸謙三《いちのへけんぞう》の方言詩「弘前」を引用する(一戸謙三ほか『津軽の詩』津軽書房、一九八六年)。

五月《ゴグワツ》ネなれば……
松《マツ》の林どお隅櫓《すみやぐら》サ青空かぶさて、
あの公園、お城!
何方《ドヅ》見でも日本一《にっぽんエッ》の桜《サグラ》だネ!

菱ア浮かぶ掘サ映さるその桜《サグラ》
おッとらどしたその眺《なが》め……
あゝ日本国中《コクヂユウ》さがしても、
こした公園だけァ何処《ドゴ》ねある……

むすびにかえて

弘前城への桜の植樹は、まず何よりも一八九五年(明治二十八)に開園する公園の風致上の整備、という大目的があった。その上で、この年の日清戦勝紀念や一九〇〇年の皇太子結婚式に対して地域として、どのように祝意を表すかという課題が重なる。そこで選ばれるのが日清戦争以後にブームとなる桜(ソメイヨシノ)の植樹である。それは日清戦争以降に、国花としての桜観が喧伝されだすこととどもかかわるだろう。そして群れなすソメイヨシノは、モダンな東京そのものであり、それは近世の城下町になかった第八師団の軍隊、武蔵楼《むさしろう》など寿町の遊廓とともに「文明」として享受された。あくまで植樹の主体は、国家ではなく弘前市であり、地方の名望家である。

日露戦争後には、津軽藩祖為信公三百年祭(一九〇六年)、藩祖為信銅像の本丸への建立(一九〇九年)といったように、旧津軽藩の顕彰がおおっぴらに進行する。皇室への崇敬と旧藩への崇敬が重層的に進行し、その顕彰の担い手は旧士族や新興商工業者をはじめとする地域社会弘前の名望家であり、知識人なのだ。旧藩への崇敬が、津軽らしさを掘り起こす「お国自慢」の生成として、昭和期以降の大衆社会状況を背景に、観光や地方文化運動へとつながってゆく。

しかし弘前の普通の庶民は、国花としての桜ではなく、近世以来の物見遊山としての桜を、武士から庶民に開放された新たな公園で、ひたすら楽しむ。

一九二二年(大正十一)に小学校にあがった森山泰太郎《たいたろう》は、そのころの観桜会の思い出を語っている。握り締めた十銭の白銅貨、アイスクリーム・そば屋・ゆでたガサエビ、見せ物、興行の花形のサーカス、と思い出はつきない。

半年もの長い間を雪の下で寒さに耐える日々は、灰色の冬空のように陰鬱であった。それが文字通り一陽来復《いちようらいふく》、明るい春の光の中で、爛漫の花の宴が展開されるのである。大人は花下に酔いしれ、子供は花見の雑沓にまぎれて、人ごみをかき分けただ右往左往する。それだけで楽しさに昂《こう》奮《ふん》しているのである。(『なつかしの弘前』)

(補考)「近代が変えた桜の景観」(『京都新聞』二〇〇三年四月十一日付より抜粋)

国花となった桜は、一九一八年(大正七)に国定教科書に登場し、ナショナリズムの高まりとともに朝鮮をはじめ植民地にも植えられる。爆発的な普及の理由は、ソメイヨシノが東京からやってきた「近代」「文明」として地方で積極的に選びとられたからだと考えられる。実は、桜並木、すなわち群として桜を植樹するのは、十八世紀の享保期、吉宗の時代に始まった江戸・東京地域の文化なのである。

他方、京都では近世以来のしだれ桜・山桜など伝統種を重んじる気風があった。嵐山右岸、法輪《ほうりん》寺の南の西行桜は、天明七年（一七八七）の『拾遺都名所図会』（図27）に「ながむとて花にもいたく馴《なれ》ぬれば、ちるわかれこそ悲しかりけれ」という『新古今和歌集』の西行の歌とともに記憶され、西行桜の下には歌を詠む風流人が描かれる。つねに桜は西行の歌とともにある。

『都名所図会』（安永九＝一七八〇年）の嵐山の項は、鎌倉時代末期の後宇多《ごうだ》院の「あらし山これもよしのやうつすらん、桜にかかる滝の白糸」という歌を引き、吉野から移された由緒を伝える。また菊亭《きくてい》家の築地の中から禁裏御所に向かう道へと咲きこぼれる「御車返《みくるまがえ》しの桜」は、十七世紀の後水尾天皇があまりの美しさに車を返してめでた物語とともにある。

図27　『拾遺都名所図会』に西行の歌とともに描かれた西行桜

一八八五年（明治十八）四月十六日の『日出新聞』は「洛東八阪神社の東林にある絲《し》垂《だれ》桜は明日此《これ》が好時機、また洛北平野神社の絲《し》垂《だれ》も今が真盛り、その他の山桜は一両日のうちに咲《わら》ひそむる容子《ようす》なれば、嵐山・御室《おむろ》等は来る廿四五日が最上ならん」と桜の便りを寄せる。ここでは近世以来の名所が、いまだ報じられる。円山公園のしだれ桜は、近世には八坂神社の神宮寺の寺桜であった。

近世の桜は歌の世界や由緒のなかにあった。明治維新後、桜の脱神話化が起きる。東京からソメイヨシノがやってくるのは近代の開発や土木事業に伴う「風致」が一つの目的である。ソメイヨシノは、豪奢な花だけで画一化した、ある意味で無個性な景観を形づくった。

一八九五年の遷都千百年事業の鴨東開発以後、疏水や動物園にソメイヨシノが植えられる。疏水工事とともに明治二十年代に京都府知事北垣国道が桜を植えたが、ソメイヨシノが確実に植樹されるのは大正期である。岡崎の動物園は一九〇〇年の大正天皇成婚を記念し開園するが、一九〇四年にソメイヨシノの苗木六百本を東京に注文し、一九一〇年四月には観桜会を催す。植物園の桜は、一九一五年大正天皇即位を記念し開園して以降のものである。大正大礼記念では賀茂川堤防にも桜二百五十本が植樹される。また日本画家の橋本関雪が一九一八年ごろに若王子—銀閣寺間の「哲学の道」にソメイヨシノを植える。ソメイヨシノの名所は、賀茂川とその東側の開発にともなって成立する。

京都郊外の向日町を例にとれば、近世以来、八重桜などの名所だった向日神社にソメイヨシノの参道が整備されるのは一九三二年(『図説 20世紀のむこうまち』向日市文化資料館、二〇〇二年)。また新京阪鉄道株式会社が一九二八年以降開発する西向日住宅には、ソメイヨシノが街路樹として植えられた。浄水場完備の先端をゆく郊外住宅に、東京からやってきたソメイヨシノはモダンな景観としてふさわしいものであった。

西国街道に面した向陽《こうよう》尋常小学校の正門両わきにソメイヨシノが植えられるのも、昭和初年。かくして桜の入学式がはじまる。

注

（序）

（1）「古都」の用例について、大槻文彦『言海』（印刷局活版科、一八八九年）にはこの語はないが、「旧都《きうと》」は「旧ノ都《モトノミヤコ》」とある。明治期の『必携熟字集』（村上怪誠編輯兼出版人、永田調兵衛発売人、一八七九年）や『新編漢語辞林』（山田武太郎、青木嵩山堂、一九〇四年）にも、「旧都」の語はあっても、「古都」はみえない。しかし同じ大槻文彦の『新編大言海』（富山房、一九三二年）には、「旧都」とならんで、「古都」の語が「フルキ、ミヤコ。前カタノミヤコ。旧都」として登場する。

また国立国会図書館所蔵の書籍に「古都」を冠したものを探すと、明治期に発刊されたのは、伊藤猛吉『吾川の古都——安徳天皇の行在所』（伊野村（高知県）、一九〇七年）一点のみである。一九四五年までの刊行でも、勧修寺経雄『古都名木記』（一九二五年）、鳥山喜一『北満の二大古都址』（京城帝国大学満蒙文化研究会、一九三五年）など約一〇タイトルがあるにすぎない（再版や翻刻された史料名を含めて）。一九四六年から一九七〇年までには一挙に五八件のタイトルがあがる。とくに一九六〇年代にこの言葉は一般化してゆく。この点にかかわって、野田浩資は、川端康成『古都』（新潮社、一九六二年）の発刊が、「京都＝古都」図式をつくったとする（「京都イメージの固定化・制度化のプロセス」『京都観光学のススメ』人文書院、二〇〇五年）。また法令を見ても、一九六六年の古都保存法が、京都の自己認識として画期となる。奈良や京都が自己表現として古都を使い、また一般的用語になるのは、一九六〇年代の高度経済成長期以降とみてさしつかえない。

そして、「みやこ」(「都・京師」)とは、本来、「帝王ノ住マセラルル地ノ称」(大槻文彦『言海』一八八九年)であった。しかし現行の辞書には、「みやこ」に首都や都会の意味が加わる(『広辞苑』)。この点、園田英弘は『「みやこ」という宇宙』(日本放送出版協会、一九九四年)で、平安京以来の「みやこ」がもっていた王宮性・首都性・都会性の重層的な意味を先駆的に分析する。

一九六六年一月十三日に公布された、古都保存法(古都における歴史的風土の保存に関する特別措置法)では(『六法全書 平成十五年版』)、

第一条　この法律は、わが国固有の文化的資産として国民がひとしくその恵沢を享受し、後代の国民に継承されるべき古都における歴史的風土を保存するために国等において講ずべき特別の措置を定め、もつて国土愛の高揚にに資するとともに、ひろく文化の向上発展に寄与することを目的とする

と規定され、「古都」は、本来もっていた古の「帝王ノ住マセラルル地」から概念を拡大させ、「我が国往時の政治、文化の中心等として歴史上重要な位置を有する京都市、奈良市、鎌倉市及び政令で定めるその他の市町村」となる。しかし、一九六九年段階から古都の候補になっていた大津市においては、一九七九年七月の近江大津京錦織《にしこおり》遺跡の国指定をへてはじめて、二〇〇三年に全国十番目の古都(「その他の市町村」としては、天理市・橿原市・桜井市・斑鳩町・明日香村・逗子市に次ぐ)としての政令指定を受けることになる(「社会資本整備審議会都市計画・歴史的風土部会議事要旨」第一回～第七回、二〇〇二年四月二十二日～二〇〇四年八月二十日、国土交通省ホームページ)。二〇〇四年十一月二十六日の「大津市歴史的風土保存計画」(国土交通省告示一四六五号、『現行日本法規』二二)では、「七世紀中頃に天智天皇が遷都した近江大津宮は、律令国家体制への転換を象徴する都であり、わが国の歴史上重要な地位を占めている」こと、すなわち宮跡であることが大きなポイントとなっている。天皇がいた都であることの、イデオロギー的意味は今日でも大きい。したがって以下の表題が示すように、高久嶺之介「天皇がいなくなった都市の近代 —— 小林丈広『明治維新と京都

——公家社会の解体』を素材に」(『新しい歴史学のために』二二四号、一九九九年)、および伊従勉編『平成十一年～十三年度科学研究費補助金研究成果報告書 近代京都研究——みやこから一地方都市への軌跡』(二〇〇二年)と本書とは、問題意識を共有するところが大きい。またT・フジタニ『天皇のページェント』(日本放送協会、一九九四年)は、明治二十年代以降の日本における、帝都東京と京都との「儀礼的地景(トポグラフィー)」を問題にする。

なお戦前期、一九一〇年代に、元禄期の光琳の文化を育んだものと位置づける、美術史家福井利吉郎の「古都」論がある。福井は「翻つて光琳の幼時を思へば彼れが千年の古都に——八坂の塔の王朝の面影を伝へて優麗なる姿を仰ぐところ、或はや、遠く洛外に離れては宇治より日野を経て醍醐山科のあたり、王朝芸術の遺芳をさながらに見る寺めぐりに——古美術のかをりを心ゆく許《ばか》り嗅いだ」ことが、「世界的眼光より見て真に我国芸術の最も本色的なる精髄と認められる特殊の装飾的芸術」をうみだしたとする(福井利吉郎「光琳考」一九一五年、『福井利吉郎美術史論集』下、中央公論美術出版、二〇〇〇年。福井利吉郎の再評価は、玉蟲敏子『生きつづける光琳』吉川弘文館、二〇〇四年、に教えられた)。芸術にかかわる「古都」論が、安土桃山から十七世紀にかけての京都文化の顕彰とあいまって一九一〇年代に出てくることは興味深い。

(2) 木下道雄『側近日誌』(文藝春秋、一九九〇年)。昭和天皇の「神の裔」としての意識や三種神器への固執に対して、吉田裕は、現実の国民より「皇祖皇宗」に対してより強い責任を感じる「神権主義的な統治者意識」をみる(『昭和天皇の終戦史』岩波新書、一九九二年)。

(3) 高木博志「近代天皇制と天皇の身体」菊地暁編『身体論のすすめ』(丸善書店、二〇〇五年)。その神学については、宮地正人「天皇制イデオロギーにおける大嘗祭の機能」(『歴史評論』四九二号、一九九一年)を参照。また奥平康弘は、「天皇(家)を正当化(正統化)する唯一、最大の論拠が、「萬世一系」の観念体系」であり、戦後の憲法・皇室典範体系に引き継がれたことを論じる(『「萬世一系」の研究』岩波書店、二〇〇五年)。

(4) 天皇制を「万世一系」の国体イデオロギーにみる視座と、一九三〇年代以降の「国体国家」への移行については、増田知子『天皇制と国家』(青木書店、一九九九年)と、牧原憲夫編『「私」にとっての国民国家論』(日本経済評論社、二〇〇三年)における安田浩発言が参考になった。また「天皇親裁」の実例については、安田浩『天皇の政治史』(青木書店、一九九八年)に、そして文書学からみた「天皇親裁」の形成過程については永井和「太政官文書にみる天皇万機親裁の成立」(『京都大学文学部研究紀要』第四一号、二〇〇二年)に教えられた。本書は、丸山真男のいう「皇祖皇宗もろとも一体」となった天皇の存在を、近代に惹起した問題として捉えることになる(「超国家主義の論理と心理」『現代政治の思想と行動』未来社、一九六四年)。

(5)「模範国」の用語は、山室信一『法制官僚の時代』(木鐸社、一九八四年)による。また政治史からみても、伊藤之雄は、五・一五事件(一九三二年)による政党政治の崩壊をもって、天皇の政治関与の画期とみなす(『昭和天皇と立憲君主制の崩壊』名古屋大学出版会、二〇〇五年)。

(6)「身分」とは、『広辞苑』では、「社会関係を構成する人間の地位の上下の序列。封建社会においては制度的に固定し、世襲的で、他への移行が認められなかった」と規定される。「貴種」としての天皇・皇室の「序列」は、「封建社会」のみならず、国家と市民社会の分離が進む近代における、今日の象徴天皇制においてもあてはまることは明瞭であろう。「身分」という用語について、大槻文彦『言海』(印刷局活版料、一八八九年)では「人ノ身ノ分際、貴賤貧富ノ位置」とされ、「世襲的」とされる今日とは用例が違う。しかしマルクス主義の「階級」と「身分」概念の受容により変化する。たとえば日本共産党の創設にかかわり、のちに社会大衆党へ移る田所輝明の執筆による『社会運動辞典』(白揚社、一九二八年)では、「階級は生産上の地位で規定されるが、「身分は法制的、法律的社会秩序に於ける共通の地位によつて結ばれた人々の集団である」(ブハリン)。現在では地主は階級である。しかし貴族は身分である」と規定される。

水平社運動において、「階級」と混同していた「身分」が概念化される過程を、一九二二年三月三日に京都の岡崎公会堂で開催された全国水平社創立大会から時代を追って順にみてゆくと、一九三〇年十二月五日の全国水平社第九回全国大会が画期であることがわかる。そこでは「封建的身分制廃止のスローガン」が明記され、

「賤視観念」の「物質的基礎」が「絶対主義的専制勢力と抱合せる支配階級たる資本家、地主」と主張される（渡部徹・秋定嘉和『部落問題・水平運動資料集成』第二巻、三一書房、一九七四年）。井上清は、これは当時において合法文書とするために明記できなかったが、「絶対主義的専制勢力」とは天皇制そのものであり、ここに水平運動は、天皇制に対する身分闘争と位置づいたとみる（『部落の歴史と解放理論』田畑書店、一九六九年）。「天皇制」と「身分」とは、不可分のものとして同じ時期に概念化されたのである。

したがって私は、近代に創りだされた「一君」、そして「皇室の藩屏」としての華族（戦後の広い意味での皇室）といった貴種の存在により、「天皇制」は近代における一種の「身分制」として存在すると考える。日本国憲法第二条は、「皇位は、世襲」であることを定めるし、松本治一郎の「貴族あれば賤族あり」との言葉で明らかなように、部落問題のみならず今日の在日外国人をめぐる問題や、市民における貧富の階層化が序列意識につながる問題をも含めて、「天皇制」は差別を再生産する一要因となっていると思われる。

（7）高木博志「「郷土愛」と「愛国心」をつなぐもの――近代における「旧藩」の顕彰」（『歴史評論』六五九号、二〇〇五年）、同「紀念祭の時代――近代における旧藩と古都の顕彰」（佐々木克編『明治維新期の政治文化』思文閣出版、二〇〇五年）。

（8）『谷崎潤一郎全集』第一巻（中央公論社、一九八一年）。藤原学「谷崎文学の中の近代京都」『京都新聞』二〇〇三年三月二十日。

（第一部　第一章）

（1）鈴木良「天皇制と部落差別」（『部落』二二六号、一九六八年）。また鈴木は、洞部落について、一九一七年（大正六）の強制移転時、「戸数二〇八戸・人口一〇五四人、人びとの職業は下駄・麻裏製造が中心で自作農はわずか三戸というまずしい村であったが、他村地主の小作地などをふくむ田畑および宅地・溜池・墓地など約三万坪をもち、畝傍山麓の清水のわきでる好適地にあった」と概観する(鈴木良編『奈良県の百年』一三三—一三四頁、山川出版社、一九八五年)。

(2) 鈴木良「歴史研究にとっての聞き取りの方法」(歴史学研究会編『オーラル・ヒストリーと体験史』青木書店、一九八八年)。

(3) 高木博志「近代神苑試論」(『歴史評論』五七三号、一九九八年)。

(4) 竹末勤「近代天皇制と陵墓問題」(『部落問題研究』一四九号、一九九九年)。

(5) 「明治参拾弐年 神武御陵取拡用地買収一件書類」(『奈良県行政文書』二八八・四六-九-一、奈良文化財研究所所蔵)から、一九一七年の被差別部落である洞部落の移転に先行し、字大久保の民家が強制移転させられている史実がわかる。この一九〇一年の字大久保の民家六戸の買収、移転問題こそが、「明治参拾弐年 神武御陵取拡用地買収一件書類」の最大の史料上の意義であると、私は考える。さらに一般村の移転については、時期的に最も早くは、一八九〇年三月に神武陵東南の岩井徳三郎(字大久保)の宅地二九歩が買い上げられている(「明治二十四年 御陵墓地買収一件」『奈良県行政文書』一-M二四-三一、奈良県立図書情報館所蔵)。畝傍山山麓の民家の移転問題を、部落問題に特化できないという論点は、「近代神苑試論」(『歴史評論』五七三号、一九九八年)以来一貫する私のオリジナルな視角である。

(6) 吉田栄治郎「洞村移転考」(『奈良県立同和問題関係史料センター研究紀要』第一〇号、二〇〇四年)。奈良県立同和問題関係史料センター『奈良県同和問題関係史料第九集 大和国高市郡洞村関係史料』二〇〇四年、吉田栄治郎「洞村移転=「天皇制権力による部落の強制移転」論は成立するのか」(『奈良歴史研究』第六三・六四号、二〇〇五年)。

(7) 『紀元二千六百年祝典記録』七冊所収の「橿奈第三図 橿原神宮境域 畝傍山東北陵参道拡張整備事業竣成図」でも、畝傍山東麓においては、北の綏靖天皇陵から神武天皇陵をへて桜川橋に至るまでを「陵域拡張区域」とし、桜川橋から橿原神宮をへて南側の(吉野—大阪を結ぶ)大阪鉄道までを「境域拡張区域」と明示する。

（8）「大正七年　御料地一件　知事官房」（『奈良県行政文書』一－T七－三）。
（9）今尾文昭「新益京の借陵守――「京二十五戸」の意味するところ」（『考古学に学ぶ――遺構と遺物』同志社大学考古学シリーズ刊行会、一九九九年）。山田邦和「始祖王陵としての「神武陵」」（日本史研究会ほか編『「陵墓」からみた日本史』青木書店、一九九五年）。
（10）岡田精司「前近代の皇室祖先祭祀」（日本史研究会ほか編『「陵墓」からみた日本史』青木書店、一九九五年）。
（11）安田浩「近代天皇制における陵墓の観念」（陵墓限定公開二〇回記念シンポジウム実行委員会編『日本の古墳と天皇陵』同成社、二〇〇〇年）。
（12）『孝明天皇紀』文久二年一一月十三日条。この点、飛鳥井雅道『明治大帝』（筑摩書房、一九八九年）が指摘。
（13）羽中田岳夫「江戸時代における天皇陵と幕府・民衆」（前掲『「陵墓」からみた日本史』）では、神武天皇を始祖とする水戸学の主張が、嘉永期以降になって幕府も認めざるをえなくなると論じる。
（14）『諸陵周垣成就記』（元禄十一年、国立公文書館所蔵、一四四函一二一二号）。
（15）本章注（1）に同じ。
（16）「谷森種松手録」（『孝明天皇紀』文久三年二月二十二日付）。
（17）（18）『谷森家旧蔵関係史料』上（宮内庁書陵部所蔵、谷函二四九号）。
（19）『陵墓沿革伝説調書』（宮内公文書館四一〇四七）、堀田啓一「江戸時代「山陵」の捜索と修補について」（『考古学研究』八一号、一九七四年）、「文久帝陵図」宮内庁書陵部所蔵（別冊歴史読本『歴史検証　天皇陵』新人物往来社、二〇〇一年）。
（20）たかだ歴史文化叢書『竹園日記』二、奈良県同和問題関係史料センター編『奈良県の被差別部落』二〇〇一年。
（21）『岩倉公実記』中巻（岩倉公旧蹟保存会、一九〇六年）。

(22) 日本近代思想大系『天皇と華族』(岩波書店、一九八八年)。
(23)『藤田文庫』○九〇-四-一一(奈良県立図書情報館所蔵)。
(24)『明治天皇紀』一八七七年二月七日・十日条。
(25)『陵墓沿革伝説調書 陵墓課』(宮内公文書館四一〇四七)。
(26)「庶務社寺之部旧堺県之分 御陵墓一件書」(『大阪府庁文書』宮内公文書館三三九四八〜五六)。
(27)『大阪日報』一八八〇年三月二十四日。
(28)「御陵墓願伺届」(『大阪府庁文書』)。
(29)「官省指令」(『奈良県行政文書』一-M一五-九)。
(30) 注(13)羽中田論文。
(31)『岩倉公実記』下巻(岩倉公旧蹟保存会、一九〇六年)九九八頁。
(32) 飛鳥井雅道「近代天皇像の展開」(岩波講座『日本通史』第一七巻、一九九四年)、藤田覚『幕末の天皇』(講談社、一九九四年)。
(33)「明治十三年七月内務省二」(『公文録』二A-一〇-公二八七三、国立公文書館所蔵)。
(34)『奈良県行政文書』一-M一三-四(奈良県立図書情報館所蔵)。この点、茂木雅博『天皇陵の研究』(同成社、一九九〇年)が指摘する。
(35)『畝傍山口神社文書』一六一-三-近二四-一(天理大学図書館所蔵)。
(36)「神苑」の形成については、中嶋節子「近代京都における「神苑」の創出」(『日本建築学会計画系論文集』四九三号、一九九七年)があり、伊勢神宮「神苑」の、松尾大社をはじめとする全国の神社の「神苑」整備への波及効果を指摘する。また青井哲人は、神社境内と公園の結びつきが問題視されるのは一九二〇年代であるとする。明治神宮造営(一九二〇年竣工)を通じて、「森厳」な内苑と公園化された外苑とが峻別される、「分割」(ゾーニング)の明確化を指摘する(『神社造営よりみた日本植民地の環境変容に関する研究——台湾・朝鮮を事例として』京都大学博士学位論文、二〇〇〇年、および『植民地神社と帝国日本』吉川弘文館、二〇〇五年）。上原敬二は、地方改良運動の主導者井上友一が序文を寄せる『神社境内の設計』（嵩山房、一九一九年）において、地域に適した樹種による内域・外域の設計を論じる。
(37) 本多静六「社寺の風致林に就いて」（『神社協会雑誌』一六四号、一九一二年）。
(38) 上原敬二「神社の森林」（『神社協会雑誌』一九八号、一九一八年）。
(39) 『橿原市史』史料、第三巻（一九八六年）。この史料は、藤井稔氏にご教示頂いた。
(40) 『畝傍山口神社文書』一六一－一－近二二－一。
(41) 『畝傍山口神社文書』一六一－三－近二四－三二。
(42) 高木博志『近代天皇制の文化史的研究』（校倉書房、一九九七年）。
(43) 「昭和二十一年稿 橿原神宮史」五冊－五（橿原神宮所蔵）。このガス燈は、写真が語る近代奈良の歴史研究会編『酔夢現影：工藤利三郎写真集』（奈良市教育委員会、一九九二年）所収の明治期の「橿原神宮の鳥居」として写っている。
(44) 『京都市政史』第一巻（京都市、二〇〇九年）および坪内祐三『靖国』（新潮社、一九九九年）。
(45)(46) 「御創立関係書類 橿原神宮」七の七（橿原神宮所蔵）。
(47)(48)(49) 「橿原神宮史原稿」（橿原神宮所蔵）。一九四六年の史料編纂作業にともなう高階研一宮司の手になると推測される。高階研一は、一九四二年（昭和十七）橿原神宮宮司、一九四九年には神社本庁事務総長となる。
(50) 『橿原神宮関係文書』一六一－一二、近二九－三・四（天理大学図書館所蔵）。
(51) 「昭和二十一年稿 橿原神宮史」五冊－二（橿原神宮所蔵）。
(52) 注(47)に同じ。
(53) 『橿原神宮史』巻二（一九八二年）、二六六―二六七、二八〇―二八五頁。なお、「明治三十五年十一月七日西内成郷宮司誹謗一件弁駁書」（『橿原神宮関係文書』一六一－一二、近二〇－一、天理大学図書館所蔵）は、奥

野陣七が広瀬神社兼橿原神宮宮司の西内成郷を誹謗したものである。結果は、高田区裁判所より、「西内成郷ニ係ル標柱取戻事件ニ付強制執行」をうけ、奥野は三五円二銭五厘が支払えず、「家資分散者」を宣告されている。この史料に西内成郷の明治初年よりの橿原宮趾顕彰の軌跡が記される。新出史料のため長い引用をしたい。

（前略）明治九年二月ヨリ専ラ調査ニ従事セシモノニシテ、明治十一年九月ニ実地ノ調査ヲ了ヘ此上民間ニテハ充分ノ調査出来ザルニ付、俸給ニ不拘地租改正掛（名所調）等ノ役人トナリ、明治十一年十月ヨリ明治十六年二月迄、堺県及大阪府ニ勤務続シ、地方官及地方学者ニ就テ充分ノ研究シテ大阪府属ヲ辞シ、決心シテ茲ニ於テ大阪府知事へ建言書ヲ出シ、其後屢々書面ノ訂正ヲ為シ遂ニ其建言ニ関スル事ハ奈良県再地〔置〕ノ際、一件書類引継キニ相成居レリ、尚一方面ニハ内閣総理大臣兼宮内大臣伊藤博文公へ該建言書ヲ捧呈シ、御陵守長トナリテ香川〔敬三〕諸陵頭へ御陵ノ事ト合併シテ建言シ屢々上京シテ吉井〔友実〕宮内次官、西四辻〔公業〕侍従、品川〔弥二郎〕御陵〔料〕局長、丸山〔作楽〕図書助、其他佐野〔常民〕顧問官、井上頼國翁、為ニ誠心誠意皇室ノ為メ、国家ノ為メ、千辛万苦内議ノ末、内議ノ次第モ有之、議員ノ肩書ヲ付シ、明治二十一年最後ノ建言書ヲ改メテ奉呈シ、其後又屢々上京土方〔久元〕宮内大臣、吉井次官、西四辻侍従、品川御料局長、丸山図書助、桜井〔勉〕地理局長等ニ面会シ、皇統連綿タル大日本皇祖神武天皇橿原御宮址御決定ナキハ外人へ対シテモ愧ヌベキノ甚シキモノナリトテ大ニ迫リ、其筋ニ於テモ畝傍山東南ノ橿原ト葛上郡ノ柏原ト豊浦ノ甘橿ノ宮ト三説アリシヲ充分御詮議被為在、且ツ吉井宮内次官、丸山図書助并ニ実地ノ撿分ヲ命セラレ又西四辻侍従ニモ時ニ実地撿分ニ差シ遣ハサレ、詳細取調ノ結局成郷建言ノ通リ御採用相成リ（後略）

西内の明治十年代における伊藤博文や宮内省関係者への働きかけが詳細に記される。

（54）「昭和二十一年稿　橿原神宮史」五冊－二（橿原神宮所蔵）。

（55）「昭和二十一年稿　橿原神宮史」五冊－五（橿原神宮所蔵）。

(56)『鳥屋村森川家文書』一六一－一、近二二－一（天理大学図書館所蔵）。および「昭和二十一年稿　橿原神宮史」五冊－二（橿原神宮所蔵）、にも記載がある。
(57)『橿原神宮史』巻一（一九八二年）三二〇―三二二頁。
(58)奈良県行政文書『神苑会関係書類』一－M二四－二五（奈良県立図書情報館所蔵）。
(59)福山敏男監修『神社古図集　続編』（臨川書店、一九九〇年）。
(60)注(36)参照。
(61)『神苑会史料』（神苑会清算人事務所発行、一九一一年）。
(62)のちの徴古館につながる、当初の歴史博物館の「陳列項目　大略調査」は、東京美術学校の福地復一が、一八八九年三月まで担当した（『神苑会史料』神苑会清算人事務所発行、一九一一年）。
(63)(64)(65)『神苑会史料』（神苑会清算人事務所発行、一九一一年）。
(66)熱田神宮宮庁『角田忠行翁小伝』（一九八九年）。
(67)「熱田神宮改造一件」（神宮司庁編『神宮・明治百年史』下巻、一九七〇年）。
(68)日清戦後の一八九六年（明治二十九）五月六日に、奈良県知事から宮内大臣宛に一二万一一九二円三銭四厘の下賜金を求める「橿原神宮大修繕並永世維持之儀ニ付上申」（『神苑会関係書類』）を起草している。このなかで、「規模宏荘構結森厳」たらんとして畝傍山の御料地を橿原神宮の付属とすることを上申している。
(69)『神苑会関係書類』では、神苑会の立案にかかわった、奈良県の脇本・岡本両属の名は不明である。山上豊氏の御教示によれば、『奈良県職員録』（明治三十年九月二十日現在）には、内務部・第一課・属に脇本米司、中嶋政吉編集『奈良県人名鑑』（明治三十三年六月査、廿七八新聞奈良局出版）には、第二課・土木係・属兼技手・兼地理係と知事官房・秘書係・属に岡本伊左夫の名がみえる。
(70)古社寺保存法（一八九七年）施行後、奈良県技師となった関野貞は、一八九九年（明治三十二、推定）四月四日、「橿原神宮大修繕及付属建物新築費調査」を上司の藤本充安参事官に提出している。添付された書簡には、一〇万円の予算内では伊勢内宮・熱田神宮より「稍小」になるとし、「橿原神宮の規模としてハ、右計画ハ決して充分なる者ニハ無之、此上の縮少ハ却て尊厳を汚す」と訴える。注目すべき次の一節。

一、今回ノ計画ニてハ唯今の本殿を移殿となし、拝殿を熱田神宮の如く長殿と名け長大なる宝物・祭器等を収蔵する所ニ充て御社殿全体の規模ハ伊勢内宮・熱田神宮の者と準へき、其理由ハ日本書紀ニ、神武天皇の御事を称賛して、

畝傍の橿原に、底磐《したついは》の根に宮柱太としき立て、高天の原ニ搏風峻峙《ちきたかし》りて始馭天下之天皇《はつくにしらすすめらみこと》

と書けるを見る丶、当時橿原の宮殿ハ宮柱を地盤まで掘り立て屋根ニハ千木交叉して高く空ニ聳へしを称賛したる者ニて、今の内宮の制度ハ実ニ当時宮殿の規制ニ合する所多く、橿原神宮の規摸としてハ之ニ準ふを尤も理由あることと存し候、特ニ他の建築法ニ於てハ必す多少の仏教式を混し居候故、旁図面の通りの計画相立申候(奈良県行政文書『神苑会関係書類』一‐M二四‐二五)。

橿原神宮の神苑計画案が登場した日清戦後に、のちに帝国大学教授となる建築学の関野貞が、奈良県のスタッフであったことは重要であろう。関野は、神苑そのものの設計よりも社殿の建築にかかわる建言を残しているが、そこでは伊勢内宮がモデルとなっている。「宮柱を地盤まで掘り立て屋根ニハ千木交叉して高く空ニ聳」えるとの『日本書紀』の橿原の宮殿の記述が、現実の伊勢内宮にみられ、それゆえにモデルになると説いている。

奈良県行政文書『自明治三十二年至明治三十六年 履歴書(二)』(一‐M三二‐一〇、奈良県立図書情報館所蔵)によると、慶応三年(一八六七)十二月新潟県生まれの関野貞は、一八九五年に工科大学造家学科卒業、九六年古社寺保存委員となる。一八九七年六月二十二日、関野は、奈良県技師・高等官七等・年俸六〇円に任ぜられ、一九〇一年九月に東京帝国大学工科大学助教授になるまでの間に、奈良県古社寺建造物修繕工事監督、名勝旧蹟臨時調査委員などに任ぜられ、唐招提寺金堂・秋篠寺・薬師寺などの修繕工事に従事した。

(71)(72)『神苑会関係書類』。

(73) この絵図は、『神苑会関係書類』の簿冊の最後に「神苑会一件 脇本属」と墨書された袋につづり込まれており、年代はないが、神苑域が一八九九年十二月案とほぼ一致すること、神苑会構想を奈良県庁が押し進めていた段階であることから、一八九九年十二月の図と推定した。
(74) 「明治二十四年 御陵墓地買収一件」（『奈良行政文書』一－M二四－三二、奈良県立図書情報館所蔵）。
(75) 「明治参拾弐年 神武御陵取拡用地買収一件書類」（『奈良県行政文書』二八八・四六－九－一、奈良文化財研究所所蔵）。
(76) 増田惣次郎は別の文書では、字久米の住人となっている。
(77) 『神苑会史料』（神苑会清算人事務所、一九一一年）四七三―四九七頁。
(78) この史料は、竹末勤「日本近代史研究における洞部落移転問題の位置」（『部落問題研究』一四三号、一九九八年）に教えられた。
(79) 畝傍山麓の神苑形成にかかわり、一九〇五年（明治三十八）六月一日に、日露戦勝紀念として桜井高等女学校、教職員生徒が、「櫻樹二株奉納栽植」する（「昭和二十一年稿 橿原神宮史」五冊－四）。また一九一一年（明治四十四）五月には、大阪市の吉増幾之助等の在郷軍人振武会が、戦利品展示のための畝傍村大久保に振武館を建設する。振武館は、一九二五年九月に神宮に移管される（「昭和二十一年稿 橿原神宮史」五冊－五）。
(80) 鈴木良編『奈良県の百年』（山川出版社、一九八五年）一二二―一二三頁、橿原神宮『橿原神宮規模拡張事業竣成概要報告』（一九二六年）。
(81) 洞部落の移転をめぐって、奈良県による明治三十年代の神苑形成案と大正期の第一次拡張事業とは具体的にどうつながるのか、そして第一次拡張事業の全体のなかで洞部落移転問題の位置づけはどうだったのか、そして久米・畝傍などの一般村の移転問題を明治期から昭和期の紀元二千六百年奉祝事業（一九四〇年）まで通観すること、と論じ残した点が多い。
(82) 『陵墓沿革伝説調書 陵墓課』（宮内公文書館四一〇四七）。

(83) 大正七年『洞移転一件書類』(県立同和問題関係史料センター所蔵、奈良県立同和問題関係史料センター『奈良県同和問題関係史料第九集 大和国高市郡洞村関係史料』二〇〇四年)に所収。
(84)「白樫村大字洞新部落敷地ニ関スル書類」(『奈良県行政文書』二・六-T七-一、奈良県立図書情報館所蔵)。
(85) 帝室林野局『帝室林野局五十年史』(一九三九年)。
(86)「昭和十三年 畝傍御陵拡張用地買収一件 奈良県」(『奈良県行政文書』一-S一三-四九、奈良県立図書情報館所蔵)。
(87) 注(4)に同じ。
(88)(89)『陵墓沿革伝説調書 陵墓課』(宮内公文書館四一〇四七)。
(90) 後藤秀穂『皇陵史稿』(木本事務所、一九一三年)。
(91)『橿原神宮史』巻一、六六〇―六七七頁。
(92)『橿原神宮史』巻一。
(93)『橿原神宮規模拡張事業竣成概要報告』(一九二六年)。および「大正四年 橿原神宮拡張工事雑件」(『奈良県行政文書』一-T四-五三)。一九一七年(大正六)四月には、橿原神宮勅使館、社務所が完成し、一九二二年(大正十一)三月五日には、衆議院に八木逸郎ほか五名より「橿原神宮第二回宮域拡張及建物修築ニ関スル建議案」がだされ、伊勢神宮・明治神宮に匹敵する、国家的な規模での宮域拡張を訴える。議会での高草美代蔵《たかくさみよぞう》の発言で、興味深いのは、字畝傍(一般村)の村落の歌舞・管弦の音が、神宮に聞こえて森厳を欠くのが不都合とする指摘で、これは字畝傍全体の移転を示唆するものである。さらに大阪や奈良からの鉄道の敷設計画と参拝者の増加への対応を訴え、一九一四年には六万人だった参拝者が、一九二一年には八〇万人をこえる実態を示す(『帝国議会衆議院議事速記録』四一)。
(94)『橿原神宮史』巻一、二九八頁。

(95)『大阪朝日新聞』一九一〇年四月三日。
(96)『橿原神宮規模拡張事業竣成概要報告』一九二六年。
(97)文部省『神武天皇聖蹟調査報告』一九四二年。
(98)鈴木良編『奈良県の百年』（山川出版社、一九八五年）。前圭一『奈良』（あずみの書房、一九九〇年）。
(99)「昭和二十一年稿　橿原神宮史」五冊‐三、五冊‐五（橿原神宮所蔵）。
(100)鈴木良「「建国の聖地」の祝典と統合」（文化評論編集部編『天皇制を問う』新日本出版社、一九八六年）。
(101)「昭和十三年　畝傍御陵拡張用地買収一件　奈良県」『奈良県行政文書』一‐S一三‐四九。
(102)『紀元二千六百年祝典記録』七冊。

（第一部　第二章）

(1)水戸学の藤田東湖が、皇統が「一姓」である意において、「万世一姓」という語を使っていたのに対し、明治維新後、外交の場で、「万世一系」の皇統という表現がはじまる。立憲制の形成期に、天皇の人格をも含み込んだ「万世一系ノ天皇」という大日本帝国憲法の規定につながる用例があらわれる。これについては、山室信一『近代日本の知と政治』（木鐸社、一九八五年）、島善高「「万世一系」の天皇」（『明治聖徳記念学会紀要』六号、一九九二年）、岩本通弥「日和見から血スジへ」（筑波大学民俗学研究室編『都市と境界の民俗学』吉川弘文館、二〇〇一年）、を参照のこと。
(2)一九四六年八月二〇日、宮内大臣松平慶民宛帝室博物館総長安倍能成「正倉院御物及正倉院宝庫特別展観並正倉院改装事務所ニ移納中ノ御物ヲ正倉院ニ還納ノ儀稟申」（『大臣官房総務課　自昭和五年至昭和二十二年正倉院録』宮内公文書館一〇五三八）。近代の陵墓については、本書第三部で展開した。
(3)後藤守一「仁徳天皇陵を発掘すべきか」（『文藝春秋』二七‐七、一九四九年）、外池昇『幕末・明治期の陵

墓』(吉川弘文館、一九九七年)、都出比呂志『王陵の考古学』(岩波書店、二〇〇〇年)。

(4) 伊藤純「元禄時代の文化と情報――元禄六年(一六九三)正倉院開封をめぐって」(由良大和古代文化研究協会『研究紀要』第五集、一九九九年)が元禄六年の開封次第、情報の伝播を紹介する。

(5) 梶野良材『山城大和見聞随筆』(『諸国叢書』六、成城大学民俗学研究所、一九八八年)、西洋子前掲書を参照。

(6) 「諸陵周垣成就記」(国立公文書館所蔵、一四四函二一二号)、歴史地理秋季増刊『皇陵』(一九一三年)。

(7) 井上勝生は、孝明天皇が神武以来の「皇統」を強調する理由を、閑院宮系という彼の血脈の弱さに求める(『開国と幕末変革』講談社、二〇〇二年)。

(8) 天皇家の天孫降臨―神武創業に起源する近代の系譜づくりの前提として、十八世紀後半以降に社会の由緒や歴史を掘り起こす動向がある。岩橋清美・久留島浩・吉川邦子らは、十八世紀後半以降に村役人層が「旧記」作成や文書整理をつうじて由緒を語る時代に入ることを指摘する(岩橋清美「近世社会における「旧記」の成立」『法政史学』第四八号、一九九五年、久留島浩「村が「由緒」を語るとき」『近世の社会集団』山川出版社、一九九五年、吉川邦子「文書整理と家の由緒」『地方史研究』二九九号、二〇〇二年)。また羽賀祥二は、十九世紀を通じて、地域社会の歴史的価値を掘り起こし、歴史的遺跡を顕彰することを通じて倫理的共同体をつくりだそうとした運動をみいだす(『史蹟論』名古屋大学出版会、一九九八年)。市川秀之は大阪狭山市内の墓標の悉皆調査を通じて、元禄期に生成した個人を供養する墓に代わり、十八世紀後半には「先祖代々之墓」が成立し、一八九〇年代にはそれが一般化し、死者を祀るものから、先祖を祭祀・記念するものに変化したことを明らかにした(「先祖代々之墓の成立」『日本民俗学』二三〇号、二〇〇二年)。朝廷へ芸能や宗教をつかさどる賤民が参入していた実態や近世後期に賤民が朝廷に由緒を求める動向については、最近の研究として、間瀬久美子「被差別集団と朝廷・幕府」(岩波講座『天皇と王権を考える』七、二〇〇二年)をあげておく。

(9) 蜷川式胤「明治五年正倉院開封に関する日記」(『正倉院の研究 別冊(東洋美術特輯)』一九二九年)、同

『奈良の筋道』（中央公論美術出版、二〇〇五年）。

(10) 米崎清美「解題」（『奈良の筋道』中央公論美術出版、二〇〇五年）、および同「蜷川式胤の明治五年の社寺宝物調査」（『明治維新と歴史意識』吉川弘文館、二〇〇五年）。

(11) 鈴木廣之は『好古家たちの19世紀』（吉川弘文館、二〇〇三年）のなかで、明治四年の古器旧物保存の布告に、各府県にある「古器旧物」の所在調査の意味をみいだし、古物糾合を説く。またこの布告で、「古《いにしえ》ヲ稽《かんがえ》テ今ヲ暁《さと》ル」、すなわち「古今」が渾然とし調和的であった近世のパラダイムが解体したことを示唆する。

(12) 『明治七年 庶務課 什宝録』（宮内公文書館四七六）。ここには、一八七四年四月に再度調査のうえ提出された、明治五年段階の「勅封」か否かの調査リストが掲載される。京都府では、後醍醐天皇勅封の仏舎利壺を有する東寺、光格天皇勅封の弥勒菩薩他を有する広隆寺、太元明王曼荼羅の理性院、そのほか因幡堂、金蓮寺、大覚寺、東寓寺、上善寺、泉涌寺、長講堂、十禅寺、金蔵寺、滋賀県下では延暦寺止観院、そして東大寺正倉院、といった内容である。

(13) 正倉院宝物の内務省移管の画期としての意義を強調したのは、西洋子前掲書である。

(14) 一八七六年七月二十四日「博覧会へ御物御出品之儀ニ付願」（『内務省博物館 明治九年 正倉院録』宮内公文書館六〇八三）。また『読売新聞』（一八七八年四月二日付）には、正倉院御物の織物類を、京都府の河原町の織工場へ「見本のために陳列して縦覧」させるとの報道がある。それが実行されたかどうかはわからない。

(15) 御物については、その実態がわかりにくい。一九九九年に出版された週刊朝日百科『皇室の名宝』（朝日新聞社）の前書き「読者のみなさまへ」では、以下のように、皇室の御物の変遷を概観する。

皇室の宝物は、聖武天皇遺愛の品々を中心とした正倉院宝物から近代美術家の作品まで、「御物」として各部局で保存管理し、皇居のなかの調度品や装飾、また帝室博物館での展覧などにも供されていました。これらの中には、古くから皇室に伝来してきた遺品以外にも、明治維新以後に貴族・大名家・寺社などから献上されたり、買い上げたりしたものも含まれていました。

> 戦後、天皇家の私有財産を除くすべての皇室財産は国有財産となりました。これに伴い正倉院宝物、書陵部所管の典籍・古文書類は宮内庁管理となり、同じく「御物」であった法隆寺献納宝物の大多数は、昭和二十四年に東京国立博物館へ移管されました。

昭和から平成への代替わりで、「御物」の美術品三一八〇件が国へ寄贈され、その多くが新しく設置された三の丸尚蔵館に保管された。多数の旧「御物」である典籍・古文書類を保管する宮内庁書陵部は、一八八四年の図書寮、一八八六年の諸陵寮を引き継ぐものである。

現在天皇の手元に残っている御物や御由緒物には、聖徳太子画像、法華義疏、桂万葉集、太刀、宸筆、東山御文庫に伝来のもの、などがある（森暢平『天皇家の財布』新潮新書、二〇〇三年）。

明治維新以来、集積され、形成された御物の出自をみてみる。まず現在も天皇の手元に残る聖徳太子画像、法華義疏などの一八七八年に皇室に入った法隆寺献納宝物がある。三二二点の献納宝物に対して、法隆寺には一万円の下賜がなされた。法隆寺献納宝物の多くは皇室財産の解体、戦後改革のなかで東京国立博物館（法隆寺館）に移管された。また、一八八一年に家が絶えた桂宮家伝来品には、檜図、源氏物語図屏風などがある。正倉院御物は一八八四年に最終的に、宮内省の管轄になっている。そのほか、代表的な御物をあげれば、一八八七年に井上馨から献上された「蘿《ら》蔔蕪《ふくぶ》菁図《せいず》」（伝牧谿《もっけい》）、一八八八年に毛利家より明治天皇に献上された「唐獅子図屏風」（狩野永徳）、一八八九年に相国寺から献納された「動植綵絵」（伊藤若冲）、一八九〇年に熊本の大矢野家から宮内省に買い上げられた「蒙古襲来絵詞」、などがある（東京国立博物館『皇室の名宝』一九九九年）。また「百福図」、明治天皇の肖像画などのほか、帝室技芸員（一八九〇年設置）の作品もふくむご下命の作品、といった由来のものがある（前掲『皇室の名宝』、「物語御物史」『芸術新潮』一九九〇年一一月号）。

こうした戦前の御物についての唯一の規程は、実は意外にも一九三〇年（昭和五）になってはじめて制定された。

御物調査委員会規程（『宮内省報』一九三〇年三月四日）

第一条　宮内省ニ御物調査委員会ヲ置ク
第二条　御物ハ帝室ニ属スル書画図書其ノ他ノ物品ニシテ、帝室ニ由緒アルモノ、歴史ノ証徴トナルヘキモノ及美術的鑑賞ノ価値アルモノニ付宮内大臣之ヲ指定ス

この第二条の規程がすべてであるが、「帝室ニ由緒アルモノ、歴史ノ証徴トナルヘキモノ及美術的鑑賞ノ価値アルモノ」という基準は、あいまいで恣意的なものである。御物の成り立ち・集積の多様さから、基準のあいまいさも生じたと思われる。しかしながら結果的には全体として、優れた「書画図書其ノ他ノ物品」を秘匿する御物として、皇室が近代に集積した。

(16)『内務省博物局　明治十三年　正倉院録』『内務省博物局　明治十四年　正倉院録』（宮内公文書館六〇八四）。

(17)　この『御物目録』の年代の下限は、一八八四年（明治一七）一二月二十五日に「調度課ヨリ受取」った行幸図（「寛永三年東福門院入内之図」画狩野永納）三軸の記載である。

(18)「正倉院秋期曝涼並拝観者概則」（『正倉院宝庫一件』東京国立博物館一〇八〇）。
一八八九年七月に正倉院宝庫「曝涼中拝観手続」が定められた。曝涼中の八月一日より三十一日まで毎日二〇人に限り、図書頭が認可した、「高等諸官員」「有爵者有位華族」「勲六等以上」「従六位以上」「諸博士・諸学士」「歴史、美術工芸専門篤志者」、右に該当の「外国人」、に拝観が許された（『大臣官房内事課　自明治二十三年至明治三十二年　正倉院録』宮内公文書館一〇五三六）。

(19)　小杉榲邨「寧楽の宝庫」（『好古類纂』第二編第二集、一九〇四年）、『明治天皇紀』。

(20)『顕宗天皇外十二方御陵御治定の際、足立諸陵助より其意見を陳せられたる書類』（宮内公文書館四〇一六九）。なおこの史料の全文は、高木博志「近代の陵墓問題と継体天皇陵」（『仏教大学総合研究所紀要別冊　近代国家と民衆統合の研究』二〇〇四年）に翻刻した。

(21)　時間をめぐるパラダイムが、調和的な「古今」から、対立する「新旧」へと変化することを鈴木廣之は『好古家たちの19世紀』（吉川弘文館、二〇〇三年）で論じた。田中聡「「上古」の確定」（『江戸の思想』八、一九

九八年)が、日本古代史の「史実」の確定という方法論を、近代がもたらす時間認識の変化に関連づけて論じる。また直線的で連続して流れる、近代の時間意識については、今村仁司『近代性の構造』(講談社選書メチエ、一九九四年)、岩橋清美「近世後期における地域史「範型」の成立」(『千葉史学』三一号、一九九七年)、内田好昭「日本考古学の履歴」(『物質文化』六七号、一九九九年)に教えられた。

(22) 拙著『近代天皇制の文化史的研究』(一九九七年)以後の文化財保護史研究として、西村幸夫は「「歴史的環境」概念の生成史 一―四」(『日本建築学会論文報告集』三四〇・三五一・三五八・四五二号、一九八四・八五・九三年)をはじめとする先駆的研究をふまえ『都市保全計画』(東京大学出版会、二〇〇四年)を著した。また京都木曜クラブ編『考古学史研究』一―一〇号、(一九九二―二〇〇三年)が、考古学史を中心に「モノ」の分析の近世・近代の変遷、関野貞の植民地朝鮮の活動などをとりあげている。

(23) 高木博志「岡倉天心と日本古代美術史」(『それぞれの明治維新』吉川弘文館、二〇〇〇年)。東京国立博物館資料部には、「壱等 宝物精細簿(再議ニ係ル)」(和一〇八)、「再議ニ係ル 二等宝物精細簿」(和一〇九)、「再議ニ係ル 三等宝物精細簿」(和一一〇)があり、「壱等」には、北野神社天神縁起、法界寺阿弥陀如来座像、高山寺鳥獣戯画など、全部で三十四件があがっている。なお岡田健「国宝指定と日本美術史」(『月刊文化財』四一一号、一九九七年)は、「支那隋代ノ作」(「壱等 宝物精細簿(再議ニ係ル)」)と当時認識されていた都跋毘沙門天立像に則し、指定の過程をトレースしている。

(24) 熊田由美子は「岡倉天心の古代彫刻論――その年代観・作品観の変遷について」(『五浦論叢』第七号、二〇〇〇年)において、天心の古代彫刻論の変遷を丹念にトレースする。そして『稿本日本帝国美術略史』については、岡倉天心の「日本美術史」(一八九〇―一八九二年)を基本とし、天心の「日本美術史編纂綱要」(一八九七年ごろ、『岡倉天心全集』第四巻)を採用しながらも、「近代史観的特徴を巧みに皇国史観に塗り替えて、「文明史の体裁」だけを整えた」ものと評価し、天心の美術論との違いを指摘する。

(25) 『内事課 自明治二十三年至明治三十二年 正倉院録』(宮内公文書館一〇五三六)、『内事課 自明治三十二年

至明治四十一年 正倉院録』（宮内公文書館一〇五三七）。

(26) 一八八八年九月二二日、図書寮において「毎回精覈ニ原稿検閲」の上、『大阪朝日新聞』への掲載が許可される（『内事課 明治廿一年 什宝録』宮内公文書館四七四）。『大阪朝日新聞』松本幹一記者は、古代以来近代までの正倉院の沿革を、「正倉院御物拝観記」として連載している（一八八八年九月二二日、二七日付）。

(27) 武田佐知子『信仰の王権聖徳太子』（中公新書、一九九三年）、東野治之「近代歴史学と作品評価」（『美術フォーラム21』四号、二〇〇一年）、『聖徳太子展』（東京都美術館ほか、二〇〇一年）、新川登亀男「聖徳太子――その格闘と創造」（『歴史評論』六五一号、二〇〇四年）。

（第二部　第三章）

(1) 近世初期、公家町の道路の概観は、内藤昌ほか「公家町の道路について」（『日本建築学会東海支部研究報告』第一〇号、一九七二年）を参照。

(2) 国立公文書館所蔵、古四二函七五二号。広橋光成が武家伝奏になった安政四年に、武家伝奏東坊城聡長より借用して写したものである。なお本史料は井伊岳夫氏の教示による。

(3) 高木博志『近代天皇制の文化史的研究』第一章（校倉書房、一九九七年）。下橋敬長『幕末の宮廷』（東洋文庫、平凡社、一九七九年）、岡佳子『国宝 仁清の謎』（角川書店、二〇〇一年）。

(4) 九門の下馬札は、明治四年一二月七日の京都府から史官宛の「九門之下馬札所置方伺」によると、京都御所の建礼門などの門前に移される（「土木ニ関ス沿革取調帳」『京都府庁文書』明二－三一－二、京都府立総合資料館所蔵）。

(5) 近世の丸太町、今出川通、烏丸通、寺町通に統一した築地はなかったが、今日の京都御苑の領域を特別と見なす認識があったことは否定できない。そのことは宝永五年（一七〇八）の大火以後、烏丸通の丸太町角より新在家(蛤)御門まで、公儀が下した竹矢来で囲むように指示されたり(『京都御役所向大概覚書』)、享保九年(一七二四)四月二十八日条の「月堂見聞集」(『続日本随筆大成』吉川弘文館)には、丸太町に面した公家町の空き地については、土手を築き松を植えるように仰せ渡された、との事例よりうかがえる。

(6) 本章で参照した地図は、ことわらない限り、京都大学総合博物館所蔵の「大塚京都図コレクション」のものである。京都大学附属図書館編集『近世の京都図と世界図』(二〇〇一年)の図録も参照のこと。

(7) 慶応四年(一八六八)三月二十二日に、はじめて朝廷に参内したアーネスト・サトウは、禁裏御所について、九門として知られている郭内を通り、皇居(京都御所)のそばを過ぎた。皇居は、基部の厚さ四フィート(約一メートル二〇センチ)もある見事な漆喰の塀で取りかこまれ、塀の屋根は小さい木葉板ですこぶる清楚に葺いてあり、仏寺のそれに見られるように、幾つかの門がついていた。(『一外交官の見た明治維新』岩波文庫)

とのべる。築地の屋根が「木葉板」とは、絵図類を見る限り瓦葺きの間違いであろう。かつて天明の大火後、残った築地を撤去するのが大変であった。当時の築地の製法は、初土《はつに》を煮て、塩のニガリを溶いてつくったため、草木や虫が寄りつかなかったという(「北窻瑣談後編」『日本随筆全集』第四巻)。

最近、京都御所の南東部で、寛政度造営時の拡張部にあたる南北の築地の石組遺構が発掘されている。築地の基礎石と推定される石組は、幅約三メートル、二列で南北に走っている(「京都御所の築地跡」『つちの中の京都 二』(財)京都市埋蔵文化財研究所、二〇〇一年)。

(8) 「千度参り」については、井ケ田良治「天明七年の御所御千度参り」(『同志社法学』四六、一九九四年)、藤田覚『近世政治史と天皇』第二章(吉川弘文館、一九九九年)、北川前掲論文、を参照。

(9) 絵解き案については、村上明子「リアリティー、コスモロジー、イデオロギーとしての「名所図会」」(『国文学論叢』二〇〇二年)を参照。

(10) 文政十三年(一八三〇)七月の大地震の折、「仙洞御所御築地物見窓」が破損し、幕張がなされたという

（『甲子夜話』）。

(11) 近世の禁裏御所への庶民の参詣を指摘した先行研究として、先駆的なものに、桜井秀「宮廷と一般民衆の接近」（『風俗史の研究』宝文館、一九二九年）があり、宮地直一「内侍所神鏡考」（『神道史学』第一号、一九四九年）、安丸良夫『近代天皇像の研究』（岩波書店、一九九二年）、岡田精司「町なかの京都御所から「神聖不可侵」の宮城へ」（『別冊宝島 帝都東京』一九九五年）、飛鳥井雅道「近代天皇像の展開」（岩波講座『日本通史』一七巻、一九九四年）、小野将「国学者」（横田冬彦編『芸能・文化の世界』吉川弘文館、二〇〇〇年）、などがある。また野村玄は「後光明天皇の即位と江戸幕府」（『日本史研究』四六七号、二〇〇一年）で十七世紀の即位における観客の実態を明かにし、松澤克行は、元禄文化における公家サロンが、「武家社会・市中などと知的・文化的空間をも広く共有」していたことを指摘する（「元禄文化と公家サロン」高埜利彦編『元禄の社会と文化』吉川弘文館、二〇〇三年）。

(12) ここにみるのは、庶民が公式に禁裏御所に入れた近世のありようであるが、非公式の参観もあった。この点、小野前掲論文が公式・非公式を明晰に分類する。浜松の地方文人高林方朗は、文政十年（一八二七）十一月十四日に町方禁裏被官中島九左衛門の手引きで、インフォーマルに新嘗祭を参観している。また本居宣長は宝暦六年（一七五六）正月十三日に、東寺の僧侶が聖賢の障子を飾りおこなう後七日御修法を、紫宸殿でみて「おそろしき迄そおほゆ」と感想をもらす（「在京日記」）。尊王論者の野村望東尼も、文久二年（一八六二）正月五日、「よきつて」を頼って千寿万歳の見物をした（「上京日記」）。

(13) 『京都御所取調書』（宮内公文書館三四六六四～五）。なお同史料は、高木博志『明治維新と京都文化の変容 平成十三～十五年度科学研究費補助金（基盤研究C2）研究成果報告』二〇〇四年三月、に全文を翻刻した。

(14) 『京都町触集成』（岩波書店）元禄五年以降を繰ると、早くは、宝永七年（一七一〇）十一月十一日の中御門天皇即位式で「僧尼並法躰之もの」以外の「拝見」が伝えられる（第一巻）。享保二十年（一七三五）十一月三日の桜町天皇「御即位拝見之儀、此度者切手札を以男ハ御台所門、女者日之御門より入レ候」とある（第二巻）。

（15）「京都守護始末」『稿本』文久三年五月二十日条。なお、京を語る会・田中泰彦編『幕末の京都がわかる絵図・武鑑』（一九八九年）、所収の「内裏守護御固大名方之図」および「文久三年九月改京都御守衛御持場所」などの刷りものは、文久三年八月十八日政変後の諸藩による九門警備の実態を示す。

（16）飛鳥井注（11）論文、北川前掲論文。

（17）『国歌大系』、『公卿補任』。中世天皇の身体の「安穏」が、国家の安泰、五穀豊穣、人民快楽などに直結していたことを、黒田日出男は論じる（『王の身体 王の肖像』平凡社、一九九三年）。

（18）森忠文「明治初期における京都御苑の造成について」（『造園雑誌』四一－三、一九七八年）。以下、本論文に学ぶところが多かった。

（19）この史料は、沿革の下限の記述から一八九〇年（明治二十三）十一月二十八日の京都皇宮の世伝御料編入以前に成立したと思われる。

（20）『撮影鑑』（京都府立総合資料館所蔵）には「明治十四年四月調製 京都舎密局蔵板自」と記され、京都・奈良名所旧跡の撮影年代が特定できる貴重なものである。「名所撮影帳弐組代」六〇円が、英皇孫の接待掛から舎密局に支払われている（「明治十四年 英国皇孫接待一件」『京都府庁文書』明一四－四八）。

（第二部 第四章）

（1）近年の美術史研究において、「国風文化」の近代における意味を考える仕事として、皿井舞「平安彫刻史論における「和様」言説の規範化とその過程」（『京都大学大学院文学研究科 二一世紀COEプログラム グローバル化時代の多元的人文学の拠点形成』第二回報告書、二〇〇四年）および、武笠朗「平等院鳳凰堂阿弥陀如来像の近代」（木下直之編『講座 日本美術史』第六巻、東京大学出版会、二〇〇五年）がある。

（2）「百たらず日記」（『史料京都見聞記』第三巻）、宇治市歴史資料館『幕末・明治京都名所案内』（二〇〇四年）。

（3）奈良女子大学六十年史編集委員会『奈良女子大学六十年史』奈良女子大学、一九七〇年。浜野兼一「奈良女子高等師範学校の修学旅行に関する史的考察」（『アジア文化研究』一一、二〇〇四年）。

（4）岸文和は、「伝説のなかの「芸術家」」（岩城見一編『芸術／葛藤の現場』晃洋書房、二〇〇二年）において、仏像や仏画そして制作者としての仏師や画人が、説話集（古典文学）や縁起の中で語られてきた前近代の言説を問題にする。書画・古物・仏像のみならず史蹟・名所にいたる「近代化」の問題、脱神話化の立論に大きな示唆を受けた。また西田正憲は、歌枕や故事・伝説のなかにあった伝統的風景が、欧米人の影響で自然景や人文景といった近代的風景へと、明治後期に転換することを論じる（『瀬戸内海の発見——意味の風景から視覚の風景へ』中公新書、一九九九年）。

最近、由緒・伝説で語られてきた書画や古物の前近代の語られ方が、欧米の美術理論が入った近代においても持続し重層する視点が現れた（内田好昭「日本考古学の履歴」『物質文化』六七号、一九九九年、表智之「明治初頭期における古物趣味の持続と転回」『美術研究』三八六号、二〇〇五年）。近代美術を制度のみならず社会のなかで考える方法論の課題において重要な視座であるし、美術だけでなく前述の奈良女子高等師範学校生の鳳凰堂をめぐる記述のごとく、近代の史蹟・名所においても連動する論点である。

（5）もっとも鈴木良の研究によると、一九三〇年代までは「文化財」という言葉は成立しない（「文化財の誕生」『歴史評論』五五五号、一九九六年）。

（6）大村西崖、湯本文彦については、吉田千鶴子「大村西崖の美術批評」（『東京芸術大学美術学部紀要』第二六号、一九九四年）、および小林丈広『明治維新と京都』（臨川書店、一九九八年）、同「『平安通志』の編纂と湯本文彦」（『明治維新と歴史意識』吉川弘文館、二〇〇五年）を参照。

（7）『平安遷都千百年紀念祭協賛誌』（一八九六年、『明治後期産業発達史資料』第一九四巻、一九九四年）に再録。

（8）国風文化に「固有」な文化をみいだすイデオロギーは、建築史の関野貞を介して、「朝鮮美術史」に連鎖する（山室信一は、『思想課題としてのアジア』岩波書店、二〇〇一年で、西欧に端を発する制度・思想が模範国日本を結節環としてアジアへ「思想連鎖」することを説く）。奈良県最初の技師となった関野貞は、ヨーロッパの「古典古代」ギリシャに比せられる奈良の地で、文化財行政の最前線において、法隆寺や東大寺・薬師寺などの古代文化に向きあってゆく。関野は一九〇一年、東京帝国大学工科大学助教授になり、翌年より朝鮮半島で古蹟調査に取り組む。統監府（一九〇五年）が置かれる前の大韓帝国時代である。一九〇四年八月にだされた『韓国建築調査報告』（東京帝国大学工科大学学術報告　第六号）は、新羅時代―高麗時代―朝鮮時代の時期区分を有し、たとえば仏国寺の石塔をその時代の政治・文学・宗教などとのかかわりで考察するものであった。そして関野の歴史観は、統一新羅時代に「最も洗練されたる固有の趣味」（『朝鮮の建築と芸術』岩波書店、一九四一年）を見いだし、その頂点とする仏教美術が、その後衰退し、儒教が支配的な朝鮮時代の芸術は「粗大稚拙」でみるべきものがないとみる。

関野による統一新羅時代の顕彰は、かつて工科大学造家学科への卒業論文で、「鳳凰堂建築説」（『建築雑誌』一〇二、一八九五年六月）を書いて、中国とは異なる「藤原式」文化（のちの国風文化）に「固有」の価値を求めたのと、同じ論理にもとづいた。関野の卒論が書かれたのは、シカゴ博覧会で天心原案の鳳凰殿が現出した二年後、平安遷都千百年紀念祭が開催された年である。そして平等院鳳凰堂と慶州の石窟庵（八世紀景徳王時代）とは、今日も、日韓において中国とは異なる「固有」な文化の核心をしめる起源、と位置づけられている。ちなみに『国定韓国高等学校歴史教科書（一九九六年初版）』（大槻健ほか訳、明石書店、二〇〇〇年）の巻頭カラー図版は、石窟庵本尊像である。

以上の内容は、高木博志「日本美術史／朝鮮美術史の成立」（岩本通弥編『世界遺産時代の民俗学―グローバル・スタンダードの受容をめぐる日韓比較』（風響社、二〇一三年）で、展開した。なお同論文は、李成市ほか編『国史の神話を越えて』（ヒューマニスト社、ソウル、二〇〇四年）で朝鮮語に翻訳されている。

（9）『京都の歴史』四、五（学芸書林、一九六九―一九七二年）、津田三郎『秀吉英雄伝説の謎』（中公文庫、一九九七年）。

（10）「豊国神社砂持之義ニ付伺書」（『京都府庁文書』、明九―三七、京都府立総合資料館所蔵、『豊国神社建営一件』所収）、『豊国神社誌』（一九二五年）。

（11）「御物目録」（宮内公文書館七二五〇一〜六）、『明治天皇紀』一八八〇年七月十七日条、本書第二章。

（12）『豊国会趣意書』一八九七年、「豊国会に就て」（『太陽』二巻一六号、一八九六年）。秀吉の顕彰については、津田三郎『秀吉英雄伝説の謎』（中央公論社、一九九七年）が、秀吉の死から現代までにわたり総合的に論じている。

（13）「豊公三百年祭図会」（『風俗画報』臨時増刊一六四号、一八九八年）、『京都の歴史』八。

（14）また木内知事は一九一八年四月二十八日に維新以来贈位された京都府に縁故のある先賢三三三人の慰霊祭や先賢遺墨展覧会をおこなった（『贈位先賢小伝』、『贈位先賢遺墨陳列目録』）。

（15）『日英博覧会事務局事務報告』（農商務省、一九一一年）。三上美和「明治期官立博物館の特別展」（『LOTUS』二五号、二〇〇五年）。

（16）梅原末治『考古学六十年』平凡社、一九七三年（内田好昭氏の御教示による）。

（17）『歴史地理』一八巻三号、一九一一年、日本歴史地理学会編『安土桃山時代史論』一九一五年（日本図書センター、一九八六年復刻）。玉蟲敏子は、大正期に福井利吉郎が、桃山絵画の「装飾性」のなかに大和絵の復興をみ、光琳をして京の「環境」で育まれた「天才」とする議論を、日清・日露戦争後に賞揚された「光琳派＝日本美術の代表論」の次のステージに位置づける（『生きつづける光琳』吉川弘文館、二〇〇四年）。

（18）遠山茂樹『戦後の歴史学と歴史意識』（岩波書店、一九六八年）、小熊英二『〈民主〉と〈愛国〉』（新曜社、二〇〇二年）。なおスターリンは、「民族とは、言語、地域、経済生活、および文化の共通性のうちにあらわれる心理状態、の共通性を基礎として生じたところの、歴史的に構成された、人々の堅固な共同体である」と規定する（「マルクス主義と民族問題」一九二五年、スターリン全集刊行委員会『マルクス主義と民族問題』大月書店、一九五三年)。林屋の民族論はスターリンの引き写しでないことを二〇〇七年に小林丈広氏より学んだ。

(19) 平安遷都千百年紀念祭が皇室を全面に出した地域振興策である点については、高久嶺之介「「地方化」する京都――「建都千百年」のころ」(日本史研究会ほか編『京都千二百年の素顔』校倉書房、一九九五年)、を参照。

(第三部　第五章)

(1) 戦前に皇室財産(御料財産)であった陵墓は、一九四八年六月改正の国有財産法第三条で、皇居・離宮・京都皇宮・正倉院などともに、国有財産のなかの皇室用財産となる。ここに天皇の代替わりによる課税の対象とならず、戦前と同じく皇室の使用となり、宮内庁が聖域として所管する体制が維持されることとなった。

二〇〇三年現在、宮内庁が管理する陵は一八八、墓は五五二のほかに、準陵である分骨所・火葬所・灰塚が四二、髪歯爪塔《はつしそうとう》六八、陵墓参考地四六で、合わせて八九六(四五八カ所)である。北は山形県羽黒神社内の崇峻天皇の皇子、蜂子皇子《はちこのおうじ》墓から南は鹿児島県の神代三陵の一つ鸕鷀草葺不合尊《うがやふきあえずのみこと》陵まで、一都二府三〇県にわたる。また宮内庁は、多摩、桃山、月輪、畝傍、古市の五監区三八部にわけて管理する。

(2) 私は、旧稿「「仁徳天皇陵」を世界遺産に!」(『歴史学研究』七二五号、一九九九年)、および「陵墓の近代」(篠原徹編『近代日本の他者像と自画像』柏書房、二〇〇一年)において、陵墓は世伝御料であったとしたが、それは誤りである。

(3) 『帝室林野局五十年史』(一九三九年)。黒田久太『天皇家の財産』(三一新書、一九六六年)。

(4) 「宮内省陵墓専管体制」とは、竹末勤が「近代天皇制と陵墓問題」(『部落問題研究』一四九号、一九九九年)で用いた語である。

(5) 『明治天皇紀』一八七六年三月二十八日条。一八七五年十二月九日「式部頭伺」(『公文録』二A－一〇－公

二五八五、国立公文書館所蔵）。

（６）『郵便報知新聞』のこの記事の存在については、鈴木良編『奈良県の百年』（山川出版社、一九八五年）に教えられた。

（７）大石雅章「平安期における陵墓の変遷」（都出比呂志編『日本古代葬制の考古学的研究』大阪大学文学部考古学研究室、一九九〇年）、山田邦和「平安京の葬送地」（『季刊考古学』第四九号、一九九四年）。

（８）見瀬丸山古墳は一八七四年二月十八日の奈良県の「天武持統天皇御陵兆域地取調」では前方後円墳と認識されたが（『公文録』二A－九－公一四五三）、一八八一年の治定の変更をへた、一八九三年三月、奈良県属野淵竜潜『大和国取調書』では、円墳の絵図が描かれる。今日、見瀬丸山古墳が円墳であることの起源は、天皇陵からはずれた時期にありそうである。

（９）『顕宗天皇外十二方御陵御治定の際、足立諸陵助より其意見を陳せられたる書類』宮内公文書館四〇一六九。高木の第六章と同名論文に全文を翻刻した（『仏教大学総合研究所紀要別冊　近代国家と民衆統合の研究』二〇〇四年、所収）。

（10）高木博志『近代天皇制の文化史的研究』（校倉書房、一九九七年）三一八―三二〇頁、および李成市「コロニアリズムと近代歴史学――植民地統治下の朝鮮史編修と古蹟調査を中心に」（『植民地主義と歴史学』刀水書房、二〇〇四年）。

（11）佐々木克「天皇像の形成」飛鳥井雅道編『国民文化の形成』（筑摩書房、一九八四年）所収、および多木浩二『天皇の肖像』（岩波新書、一九八八年）。

（12）『陵墓沿革伝説調書』（宮内公文書館四一〇四七）。近世の誉田八幡宮については、荒木由起子「神仏習合寺社における一山組織の確立と神職」（藪田貫編『近世の畿内と西国』清文堂出版、二〇〇二年）および『応神天皇陵上六角堂ノ件』（宮内公文書館四〇五六三）を参照。

この応神陵の四方には、応神天皇の遺勅により大和国からやってきて、数代連綿と「神役」をつとめたとの由緒を主張する、元社人の菅居延親・右兵衛がいた。天保十二年（一八四一）に大坂町奉行所から「身分不相応」と守戸役を退かせられ、元治元年（一八六四）段階では、隣接する古室村の庄屋・年寄・頭百姓が取って代わる。身分の低い社人から地域の名望家へと守戸が入れ替わる鮮やかな事例である（外池昇『幕末・明治期の陵墓』吉川弘文館、一九九七年、一一四—一一五頁に史料紹介）。外池の論考では言及されないが、賤業としての陵墓の守戸役が、幕末の修陵事業の中で、ステイタスのあるものへと変化してゆく、陵墓管理をめぐる幕末畿内の動向がある。なお陵墓問題を、当該期の政治史や地域社会の動向にかかわらせ、近世史のなかに位置づける新しい水準の研究として、鍛治宏介「江戸時代中期の陵墓と社会——享保期陵墓政策の展開」、上田長生「陵墓管理制度の形成と村・地域社会——幕末期を中心に」（ともに『日本史研究』五二一号、二〇〇六年）がでてきた。

(13) 皇霊祭祀の制度形成についての実証的研究に武田秀章『維新期天皇祭祀の研究』（大明堂、一九九六年）がある。武田は、山陵御穢の儀に関して、谷森の構想に呼応する津和野派の路線として、「近世朝廷の山陵・葬祭にかかわる禁忌を打破し、天皇が祖先に「大孝」を申べる皇室祖先祭祀」の確立を神祇官改革とかかわらせて位置づける（一八三—一八九頁）。

(14) 日本近代思想大系『宗教と国家』（宮地正人・安丸良夫編、岩波書店、一九八八年）。村上重良『国家神道』（岩波新書、一九七〇年）。

(15) 磯前順一『近代日本の宗教言説とその系譜』（岩波書店、二〇〇三年）。高木博志「「郷土愛」と「愛国心」をつなぐもの——近代における「旧藩」の顕彰」（『歴史評論』六五九号、二〇〇五年）。

(16) 実際、帝国憲法体制成立後も、陵墓管理の不備はあった。桜田文吾の『皇陵参拝記』（一八九七年）には、陵道が糞田となったり、獣が兆域に入ったり、陵墓の扉を荒縄で縛るなどの「山陵の荒廃」を嘆き、土方久元宮内大臣に抗議した経緯が記される。

(17) 一九二八年の昭和大礼時の星野の大嘗祭論の神学的位置づけを、宮地正人が分析する（「天皇制イデオロギーにおける大嘗祭の機能」『歴史評論』四九二号、一九九一年）。星野は、大嘗祭により「皇祖の霊徳を肉体的に」承けて、天皇が神になるとする。

(18) 近世において多くの陵墓が、入会山として単なる丘であったり、応神陵に誉田八幡宮が隣接したり（幕末の「聖蹟図志」「山陵図絵」、遠藤鎮雄訳編『史料 天皇陵』新人物往来社、一九七四年所収）、現顕宗陵には村社があった。このことを考えると、一般庶民・社会の陵墓観は、朝廷の「穢」観とは異質なものであったと思われる。今後の研究課題である。

（第三部　第六章）

(1) 明治期の陵墓治定については、先駆的な研究として、今井堯「明治以降陵墓決定の実態と特質」（『歴史評論』三二一号、一九七七年）があり、その後、茂木雅博『天皇陵の研究』（同成社、一九九〇年）、外池昇『幕末・明治期の陵墓』（吉川弘文館、一九九七年）などがでてきている。

(2) 「池之山之由来書」は、大阪府三嶋郡三嶋村大字太田、当時村長斉藤半兵衛所蔵の文書を一九二四年（大正十三）二月十四日に、宮内省の陵墓守長西野伊之助が謄写したものである（『三島藍野陵・開成王墓 沿革 大正十三年調査 三島部』宮内公文書館三二九四五）。この他に、一九二六年に写された同文書がある（四〇四六六）。篠田皇民『自治沿革史 昭和風土記』（東京都新聞社、一九三一年）の「自治功労者、斉藤半兵衛、三島郡三島村太田」の項目には、「君の厳父半兵衛君（父子は同名）は、曽て久しく戸長を勤め、又御陵の守部に奉仕す、大正十二年の関東大震災当時に、継体天皇御陵に関する記録焼失せるが、君の家の文書によりて其等の記録を詳にせしため、内閣統計局は感謝状を送り来した」とある。現在、斉藤家では「池之山之由来書」の原本が行方不明である。

(3) 大沢清臣の履歴は、奈良県『大和人物志』（一九〇九年）参照。なお大沢清臣の『山陵考』の継体陵＝太田茶臼山古墳説のこの引用部分は、大橋長憙の『自応神天皇 斉明天皇 諸陵要記』(宮内公文書館三三二三八)のほとんど引き写しである。

(4)『三島藍野陵・開成王墓 沿革 大正十二年調査 三島部』(宮内公文書館三二九四五)には、「一、明治四十一年二月、大字太田ノ内小字T氏神社地御買上ケ、此面積三畝三坪」とある。

(5) 神功皇后の絵馬のモチーフについては、リチャード・W・アンダーソン「征韓論と神功皇后絵馬」(『列島の文化史』一〇、一九九六年)を、神功皇后伝説については、脇田修『河原巻物の世界』(東京大学出版会、一九九一年)、塚本明「神功皇后伝説と近世日本の朝鮮観」(『史林』第七九巻第六号、一九九六年)を参照。洞部落の生国魂神社については、一九〇一年「村社生国魂神社御由緒調査書」(奈良県立同和問題関係史料センター『奈良県同和問題関係史料第九集 大和国高市郡洞村関係史料』二〇〇四年)に記され、絵馬については、辻本正教『洞部落の強制移転』(解放出版社、一九九〇年)に写真が掲載される。夙村と土師部の由緒については、拙著『近代天皇制の文化史的研究』第六章、および吉田栄治郎「幕末~明治初年の夙の動向」(『明治維新と歴史意識』吉川弘文館、二〇〇五年)に詳しい。

(6) 木村一郎は三重県人で、一八九八年に奈良県下の教職をなげうって、正木直彦の「同情」を得て、一八九九年三月六日貴族院第十三議会に「御歴世宮址保表ノ建議案」を提出する立て役者となった。さらに同年、大阪市の仁徳天皇一千五百年祭で高津宮址紀念碑の場所の比定にも貢献したという(『歴史地理』一巻一号、一八九九年十月、同誌二十巻四号、一九一二年十月。黒岩康博氏の御教示による)。

「御歴世宮址保表ノ建議案」(『帝国議会貴族院議事速記録』一五、明治三十二年、東京大学出版会)の抜粋。

御陵墓ニハ既ニ諸陵寮ヲ置カレ保崇修理ノ職掌アルモ、御宮趾ニハ未タ其挙ナク、全数五十三箇所ノ内、其保表ヲ得タルハ大和国ノ橿原、山城国ノ長岡、平安、河内国ノ樟葉、近江国ノ大津等僅々五箇所ニ過キスシテ、其他ハ概ネ湮滅韜晦シ国民ノ仰慕、歴史ノ考証ニ途ナカラシムルハ我国体上ノ欠典遺憾ノ極ト云サルヲ得ンヤ

一八八九年のすべての天皇陵の治定を受けて、天皇治世を視覚化するものとして「御歴世宮址保表」が位置づけられている。本書第五章、および内田和伸「古代遺跡の履歴と風景」（『奈良国立文化財研究所学報』第五八冊、一九九九年）を参照。

（第三部　第七章）

（1）『月刊文化財』四九六号、二〇〇五年。奈良大学世界遺産を考える会編『世界遺産学を学ぶ人のために』世界思想社、二〇〇〇年。

（2）文化財をめぐる国際的な状況だけでなく、国内でも最近、宮内庁の姿勢に変化が見られる。西都原古墳群における陵墓参考地への墳丘への立入調査の許可、あるいは飛鳥の猿石など陵墓の石像物への調査など、自治体と宮内庁との共同調査も行なわれだした（『朝日新聞』一九九八年十二月二十四日）。また地域の自治体の側でも新たな局面が現れ出した。天皇陵の中でも象徴的意味をもつ、全長四八六メートルの堺市の「仁徳天皇陵」（大仙陵）については、堀のヘドロの悪臭に対し、堺市が自ら水質浄化し、「仁徳・履中・反正」の三代の天皇陵を含む百舌鳥古墳群を「古代ロマンの香り漂うみちづくり」として周遊路を整備する計画である（「百舌鳥三陵周遊路整備計画の概要」堺市建設局土木部道路建設課、一九九〇年）。また一九九六年の築山古墳（陵墓参考地）などの調査を起点とし、宮内庁は文化財保護法上の手続きをとりはじめ、二〇〇五年七月八日には田林均書陵部長が、「陵墓は文化財的側面を持つと同時に、皇室用財産として現用である。陵墓の本義である静安と尊厳を維持しつつ、文化財としての対応を考える、という方向で対応したい」と明言する（今尾文昭の発言「天皇陵を考える」『読売新聞』二〇〇五年六月二十四日、「宮内庁との陵墓公開交渉〇五」『古代学研究』一七〇号、二〇〇五年、後藤真・福島幸宏「近年の陵墓問題の動向について」『日本史研究』五二一号、二〇〇六年）。

（3） 塚本学「文化財概念の変遷と史料」（『国立歴史民俗博物館研究報告』第三五集、一九九一年）。鈴木良「文化財の誕生」（『歴史評論』五五五号、一九九六年）。

（補　論）

（1） 竹国友康『ある日韓歴史の旅――鎮海の桜』（朝日新聞社、一九九九年）は、最新のDNA鑑定で、ソメイヨシノは「オオシマザクラとエドヒガンとの一回の交配によってつくられた雑種（ハイブリッド）であること、つまり現存するすべてのソメイヨシノはその一本のクローン（複製）であること」が京大グループの研究で確認されたことを紹介する（二五〇頁）。

（2） 斉藤正二『植物と日本文化』（八坂書房、一九七九年）、小川和佑『桜の文学史』（朝日文庫、一九九一年）、同『桜誌』（原書房、一九九八年）など。竹国友康『ある日韓歴史の旅――鎮海の桜』（朝日新聞社、一九九九年）は、植民地時代の日本の海軍基地における桜の植樹とその地域の歴史を解放後まであとづけ、佐藤俊樹『桜が創った「日本」――ソメイヨシノ起源への旅』（岩波新書、二〇〇五年）は、クローンとしてのソメイヨシノの性質に着眼し、ソメイヨシノが「新しい」ものとして、東京から地方に広がったことや、本格的に流行する戦後社会をはじめて俎上にのせる。なお大貫恵美子『ねじ曲げられた桜』（岩波書店、二〇〇三年）は、私の旧稿など「桜とナショナリズム」論の延長に、特攻隊など昭和期の諸相を分析する。

（3） 神崎宣武『物見遊山と日本人』（講談社現代新書、一九九一年）。西山松之助『花と日本文化』（吉川弘文館、一九八五年）。花見論として、白幡洋三郎『花見と桜――「日本的なるもの」再考』（PHP新書、二〇〇〇年）をあげる。

（4） 山田孝雄の『桜史』（一九四一年）のなかで印象的なのは、一八九六年（明治二十九）に山田孝雄が吉野に遊んだときに桜が若いのに驚いていることである。その理由を聞くと、近世までは蔵王権現の神木として保護されたのが、文明開化とともに伐採されたという。

一八八九年（明治二十二）春に数千本の桜が中千本に植樹されるように、近代に奈良県や吉野山保勝会により中世の桜の景観が復興される（「名所の桜　大坂　永井卯雄」『風俗画報』一三二号、一八九一年、『吉野郡史料』上、一九一九年）。

また『桜史』のなかで、一八七九年（明治十二）ごろ靖国神社の境内に桜が植えつけられたとある。また千鳥ヶ淵の桜は、明治初年にアーネスト・サトウが植樹し、東京府知事岡部長職《ながもと》が、東京府に寄付したものという。もっとも靖国神社編『靖国神社百年史　事歴年表』（一九八七年、原書房）によると、一八九一年（明治二十四）十一月二十四日条に、「境内遊就館前その他に桜二二〇本、楓二〇本を植栽す」、一九〇六年（明治三十九）四月九日条に、「橿原神宮宮司西内成郷より吉野桜苗木二五本を献納さる（桜樹献木の書類上の初見）」とある。

（5）　弘前市史編纂委員会『弘前市史　明治・大正・昭和編』一九六四年。山上笙介『弘前市史』下、津軽書房、一九八五年。

（6）『新編弘前市史』資料編四、七五六―七五八頁。山上笙介『弘前市史』下。

（7）　一八八五年（明治二十八）五月に開園した弘前公園に、自分で栽培した桜・梅などの苗木の寄付にかかわる文書が残っている（『明治廿七年十一月ヨリ　乙　旧城内公園設置願伺届書類』弘前市所蔵）。

記

一、桜　苗木　弐拾三本　旧本丸内江
一、梅　苗木　八本　北ノ丸内江
一、桃　苗木　拾本　右同
一、観合木　三本　旧本丸内江〔合歓木か――引用者〕
苗木
一、風蝶花　壱株　旧本丸内江

右者拙者自力植付培養致シ公衆ノ倶楽ニ供シ、公園地将来之繁盛ヲ期シ度候条、御聞済相成度、此段奉願候也

明治廿八年十月十七日　　弘前市大字徳田町五番方、奈良潤蔵

弘前公園幹事、須郷元雄殿

この奈良潤蔵の願いを弘前市が受け入れたかどうかわからないが、公園の開設が契機となり、「公衆ノ倶楽」、「公園地将来之繁盛」を目的とする花卉の植樹を申し出ている点が興味深い。

(8) 高木博志「「郷土愛」と「愛国心」をつなぐもの――近代における「旧藩」の顕彰」(『歴史評論』六五九号、二〇〇五年)。同「紀念祭の時代――近代における旧藩と古都の顕彰」(佐々木克編『明治維新期の政治文化』思文閣出版、二〇〇五年)。

(9) 船水清『ここに人ありき』第五巻(一九七三年)、『弘前市史 明治・大正・昭和編』参照。菊池楯衛のりんご栽培をはじめ「農林園芸」に関する活動は、『陸奥弘前後凋園主 菊池楯衛遺稿』(一九三八年)に詳しい。

(10) 樹木医小林範士氏や元弘前図書館長吉村和夫氏の御教示でも、一八八〇年ソメイヨシノ植樹の史料は残されておらず、古老のいい伝えを聞いたとのことである。

(11) 『弘前新聞』一九一八年四月十七日、吉村和夫「弘前公園百年余話」。観桜会がはじまったとき、武徳殿境内の八〇本を最高にして、弘前城の桜樹は六四三本であり、さらなる植樹が求められた(『弘前新聞』一九一八年五月十二日)。

あとがき

私の前書『近代天皇制の文化史的研究――天皇就任儀礼・年中行事・文化財』（校倉書房、一九九七年）と本書『近代天皇制と古都』では、アクセントの置き方が違う。前書では一九八〇年代までの絶対主義的天皇制論への批判として、明治期の天皇制の国際社会との「普遍」的な側面に着目した。それに対し本書では、絶対主義的天皇制論の思想を批判的に引き継ぎ、天皇制における近代に創りだされた「固有」な部分、「万世一系」を文化的に顕現する古都に向き合った。こうした問題意識をもつにいたったのは、「天皇は、日本国の象徴であり日本国民統合の象徴」とする日本国憲法第一条の検討を棚上げして、「女帝論議」に終始する昨今の政治や学界動向、メディアに対する、私の強い違和感から来るものが大きい。

本書は北海道から京都に移った一九九八年四月以来の仕事をまとめたもので、論文は初出時と変わらないものから大幅に書き改めたものまで、さまざまである。以下にその来歴を記す。

序　書き下ろし

第一部　古都奈良

第一章　「近代における神話的古代の創造——畝傍山・神武陵・橿原神宮、三位一体の神武「聖蹟」」。

『人文学報』（八三号、二〇〇〇年）所収の同名論文、および「近代神苑論」（『歴史評論』五七三号、一九九八年）をもとに大幅に書き換えた。

第二章　「近代天皇制と古代文化——「国体の精華」としての正倉院・天皇陵」。

『岩波講座　天皇と王権を考える』五（岩波書店、二〇〇二年）。

第二部　古都京都

第三章　「近世の内裏空間・近代の京都御苑」。

『岩波講座　近代日本の文化史』二（岩波書店、二〇〇一年）。

第四章　「古都京都イメージの近代」。

「京都のイメージはどのようにつくられたか」同志社大学人文科学研究所編『「伝統の都」の近代』（同志社大学人文科学研究所、二〇〇一年）および「平安文化論の成立」（『日本における美術史学の成立と展開』平成九—一二年度科学研究費補助金、基盤研究A二研究成果報告書、二〇〇一年）で最初に論じ、二〇〇五年七月京都大学人文科学研究所夏期講座「近代京都と国風文化・安土桃山文化」の講演で展開した。

第三部　陵墓と世界遺産

第五章　「陵墓の近代——皇霊と皇室財産の形成を論点に」。一九九八年十二月十二日に天理大学でおこなわれた「陵墓限定公開二〇回記念シンポジウム」での報告をもとに論文化したものである（篠原徹編『近代日本の他者像と自画像』柏書房、二〇〇一年、所収）。さらに原武史・吉田裕編『岩波　天皇・皇室辞典』（岩波書店、二〇〇五年）の拙稿「陵墓」で補訂した。

第六章　「近代の陵墓問題と継体天皇陵」。『朝日新聞』二〇〇三年一月三十一日付（大阪本社を除く全国配信）の拙稿「疑惑の継体天皇陵、別人説は戦前から」の問題意識を発展させ、史料的に裏づけ、同名論文を著した（『仏教大学総合研究所紀要別冊　近代国家と民衆統合の研究』二〇〇四年、所収）。

第七章　「「仁徳天皇陵」を世界遺産に！」。『歴史学研究』七二五号、一九九九年七月、所収論文を改稿。

補論　「桜とナショナリズム——日清戦争以後のソメイヨシノの植樹」。西川長夫・渡辺公三編『世紀転換期の国際秩序と国民文化の形成』（柏書房、一九九九年）所収。

京都在住後は、近代京都研究会や、職場である京都大学人文科学研究所、そして国立歴史民俗博物館や同志社大学人文科学研究所などが主な研究の場であった。たくさんの図書館や資料閲覧施設にお世話になった。茨木市史編纂や橿原神宮や上賀茂神社での調査をはじめ、東京国立博物館資料部に残された明治期以来の事務書類を整理した体験や、宮内庁書陵部で情報公開された史料群への遭遇は印象に残っている。歴史が積み重なった史蹟・名勝を歩き、社寺や家に収蔵された史料に、その場でふれているときが幸福である。また大学でのさまざまな授業や講演会では、楽しく知的な刺激をうけている。お世話になった皆さんと家族に感謝したい。

今まで私はいわば短編小説しか書いたことがない。この次は、少し長い「物語」を書いてみたいと思う。

ブッシュ大統領が小泉首相と日米会談を京都御苑の迎賓館でおこなった二〇〇五年十一月十六日、京都駅前で小島潔さんに原稿をわたせたのは、「近代天皇制と古都」というテーマにふさわしいできごとだった。

二〇〇六年一月五日

京都洛西にて　　高木　博志

■岩波オンデマンドブックス■

近代天皇制と古都

2006年7月7日 第1刷発行
2014年5月15日 第3刷発行
2024年11月8日 オンデマンド版発行

著 者 高木博志《たかぎひろし》

発行者 坂本政謙

発行所 株式会社 岩波書店
〒101-8002 東京都千代田区一ツ橋2-5-5
電話案内 03-5210-4000
https://www.iwanami.co.jp/

印刷/製本・法令印刷

ISBN 978-4-00-731503-9 Printed in Japan

〈事項索引〉

ア行

カ行

サ行

タ行

ナ行

ハ行

マ行

ヤ行

ラ・ワ行

〈人名索引〉

ア行

カ行

ハ行

マ行

ヤ行

ワ行